グローバル時代の平和学
◆第4巻　しおり

◇目　次◇

法律文化社

イラク戦争と平和研究

臼井　久和

二一世紀は、誰も予想できなかった「テロ」から始まった。「9・11」である。ブッシュ大統領は即座に「これは戦争だ」と叫んだ。アメリカは、テロを戦争にすり替え、軍事的報復と称してまず「アフガン戦争」に踏み切った。いまアフガンを見ても、平和が到来したという気配はない。むしろ部族争いは、先鋭化し、カルザイ大統領は米軍の警護なしには外出さえおぼつかないと言われている。翌年の一月、ブッシュは「一般教書」のなかでイラクなどを「悪の枢軸」と非難し、九月の国連総会演説では武力行使の姿勢を強調した。そして、二〇〇三年三月二〇日、ブッシュ政権は、国際社会が国際協調主義と単独主義の間で揺れるなか国連を無視し、イラクに戦争を仕掛けた。小泉政権は日米同盟を重視し、アメリカを支持した。日本の「国連中心主義」は見るも無残であった。

このアメリカの対応には、いくつかの疑問がある。まず考えるべきは、テロは戦争ではないということである。このようなテロは、国際法の枠組みのもとで国際社会が共同して対処すべき問題である。昨年亡くなったサイードは『戦争とプロパガンダ』のなかで「国際法のルールが適用させられるべきです」と書いている。「戦争に訴える」のではなく「裁判で裁く」というのが民主的な法治国家の本来の姿である。次に重要な問題は、同時多発テロの背景に何があるのかという問題である。グローバリゼーションの進展は、貧富の格差をもたらした。その格差は、一九六〇年代前後の南北問題の登場、つまり「貧困の発見」以来、拡大の一方である。国連開発計画（UNDP）によれば、世界の最も豊かな一〇%と最も貧しい一〇％の所得格差は、三二四対一にまで拡大している。途上国では「エイズ」「麻薬」「人身売買」「テロ」が日常化し、五歳未満の子どもが毎日三万人も亡くなり、テロの温床としての「貧困」が支配的であり、絶望感に覆われている。

イラク開戦前後、世界の各地で多数の市民が「No War!」を叫び、デモに繰り出した。それは、ベトナム反戦、ヨーロッパの反核運動を彷彿させた。それにもかかわらず、開戦後間もない四月九日、米英軍はバグダッドを陥落させ、巨大なフセイン像を引き倒した。市民は歓喜した。五月二日、ブッシュは「イラクは自由になった」と戦闘終結宣言を出した。しかし、その後も戦闘は継続し、米軍の犠牲者も五〇〇人を超えている。市民は、米英軍に感謝するどころか、ゲリラ活動を続け、不満は解消されていない。戦争の大義とされた大量破壊兵器もいまだに発見されていない。ケイ前米調査団長は辞任した。このように国際法的にも正当性のないイラク戦争は、「終わらない戦争」であり、無辜の市民を傷つけた「不必要な戦争」であったといってよいだろう（*Foreign Policy*,Jan./Feb.,2003, *Bulletin of the Atomic Scientists*, May/June,2003)。イラクの復興は困難をきわめ、アフガン同様、主権移譲についても展望は暗い。国論が二分するなか、憲法に反して自衛隊が派遣された。平和や人権問題に個人で取り組む女優の吉永小百合さんは「イラク戦争は、開戦の口実となった大量破壊兵器がいまだ見つからないなど根本的な部分で間違えている。そこに自衛隊を派遣するのも間違い」と述べている（『朝日新聞』二〇〇四年一月三〇日）。

こうしたなかで平和研究に問いかけられている課題は大きい。平和研究は、構造的暴力のない未来を科学的にデザインし、最適解を求めることである。暴力や戦争の理論的研究、テロの温床としての「貧困」、平和教育や人間の安全保障の研究などの深化であろう。日本の平和研究の創始者川田侃は「平和研究の道のりはけわしいが、それを放棄してはならない。世界平和は、手をこまねいているあいだに、おのずから到達する、というようなものではないからである」と書いている（『平和研究（国際学Ⅲ）』東京書籍、一九九六年、三七頁）。肝に銘じなければならない。（二〇〇四・三・七・記）

（うすい　ひさかず・中央大学教授）

日本での平和研究と国際関係論

初瀬　龍平

日本の国際関係論は、第二次大戦後に戦後の平和主義の一環として、米国から導入された。平和研究は、戦後の米ソ冷戦と、六〇年代以降の深刻な南北問題を背景として生まれ、一九七〇年代に米国と北欧から日本に導入された。日本での平和研究は、戦前日本の軍国主義への反省と、広島・長崎の被爆・被曝体験に根ざし、あわせて発展途上国（とくにアジア諸国）の人々との友好関係を志向するものである。

平和研究（平和学）は、平和という研究主題上、学際的研究分野であり、日本平和学会には多くの国際政治学者が参加している。ここで、このうち平和学会の会長を務めた三人の故人の国際政治学者に注目してみると、関寛治先生（一九九七年没）は、平和学会の創始者の一人であり、その発想と行動力からして、通常の国際政治学者を超えていた。先生は、行動科学、シミュレーション、ゲーミングなど新しい学問の方法を積極的に日本に導入し、すでに一九七七年に『地球政治学の構想』（筑摩書房）を出版し、「地球政治の成立」を説いていた。馬場伸也先生（一九八九年没）は、アイデンティティ概念を日本ではじめて国際政治学に導入し、一九八〇年に『アイデンティティの国際政治学』（東京大学出版会）を出版した。この著書は、いまでも若い人々をひきつけている。先生は、さらに一九八三年に『地球文化のゆくえ』（東京大学出版会）を出版し、トランズナショナルな活動やNGOに注目した。高柳先男先生（一九九九年没）は、パワー・ポリティクスやフランス政治外交の研究をすすめていた。先生の遺著『戦争を知るための平和学入門』（筑摩書房）は、パワー・ポリティクスを知ることで、パワー・ポリティクスを越える途を分かりやすく解説したものとして、高く評価されている。このように、平和研究の立場に立つ国際政治学者の特徴は、将来の展開を見通して、まったく新しい視点や方法を導入することか、あるいは古典的問題を深く考え抜くことにある。

いま、平和研究と国際関係論を取り巻く国内外の環境は、大きく変わってきている。米国が「デモクラシーの帝国」（藤原帰一）として、世界に一極的支配を樹立しようとし、アフガニスタンで空爆と特殊工作、イラクでは空爆と占領と、おそらく特殊工作で「復興」支援をしようとしている。このことには、いくつかの根本的疑問が出てくる。たとえば、第一に、そもそも他国の政権の打倒を目指して、その国を攻撃することが、超大国に許されてよいのか。第二に、自らが壊しておいて「復興」というとき、それは自らの好む形での復興に限られており、それは単なる支配の構築のことではないか。「復興」支援は、近代西欧の植民地支配の延長ではないか。第三に、ハイテク兵器と空爆で、当地の人心を掌握できるのか。そこで、追加的、あるいは事後的に地上掃討作戦を展開すると、かえって人心が離反するのではないか。第四に、介入する米国などの諸国の側で、自国民兵士の犠牲者はどこまで許されるのか。第五に、諸軍閥（地方軍事政権）や諸宗教勢力が割拠する分裂国家に、手軽で殺傷力の強い現代兵器を外から供給することは、国内治安をいっそう不安定にするのではないか。第六に、中東世界に限定していうと、イスラム世界への十字軍の再登場ではないか。最後に、要するに、このような現状は、いったい誰の利益になっているのか。等々。

日本国内では、近年グローバリズムのもとで国家主義の思考が浮上しており、国際関係論（国際政治学）も戦後当初の平和主義と離れつつある。このとき、平和研究（平和学）には、平和主義の原点を堅持することが、求められている。このような内外の状況の進展に対して、関、馬場、高柳先生なら、どのように答えられるのであろうか。

（はつせ　りゅうへい・京都女子大学教授）

高柳彰夫＋ロニー・アレキサンダー❖編

私たちの平和をつくる

環境・開発・人権・ジェンダー

グローバル時代の平和学／4

法律文化社

〈グローバル時代の平和学〉刊行の辞

日本平和学会は、一九七三年の設立以来、戦争をはじめとする暴力的紛争の解決・予防、核兵器などの軍備の縮小・廃絶、人間社会の安全を脅かす貧困、環境、人権をめぐる諸問題など、広く人類社会の平和に関わる諸問題の解決に向けて、学術研究活動を進めてきた。

本学会の設立三〇周年を記念して、平和学の各基本分野を網羅して日本の平和学の今日における到達点を明らかにする〈グローバル時代の平和学〉全四巻が刊行されることになった。刊行主体は、〈グローバル時代の平和学〉刊行委員会であり、各巻の編集は、同刊行委員会の下に組織された編集委員会が担った。

本シリーズは、単に学会三〇周年の節目の企画という以上に、新しい戦争や暴力の時代の到来とも見える二〇世紀末から二一世紀初頭にかけての世界的な平和の危機に対して、平和の実現をその目標に掲げる平和学は、一体どのようなメッセージを社会的に発信しうるのかという問題意識の下に構想された。

グローバル時代とは、ボーダレスで個人の活動のフロンティアと機会が限りなく広がってゆく、寛容と可能性に満ちた世界であるのか。それとも、戦争とテロ、環境破壊、個人・集団のエゴの渦巻く、身構えながら生きて行かなければならないような世界であるのか。混迷を深める時代環境の下、現代世界の深層を明らかにしつつ、明日への希望を与えてくれるような知的な道標が、いま、切実に求められているように見える。刊行委員・編集委員一同、本シリーズが、平和の問題に対する市民の知的関心に応えうるものであることを願ってやまない。

本シリーズの企画の最初から刊行に至るまでの全プロセスは、法律文化社編集部担当者、小西英央氏の的確なアドバイスとかじ取りによって支えられた。各巻の表紙カバーにおける作品利用に関し、第2巻については、福田繁雄氏、第3巻については、小柏二郎氏と窪島誠一郎氏、第4巻については、世界身体障害芸術家協会関係各位のご好意を得た。記して感謝申し上げる。

刊行委員：ロニー・アレキサンダー（第4巻編集にも参加）、小柏葉子、岡本三夫
（第1巻編集にも参加）、北沢洋子、藤原　修（編集委員長を兼ねる）
村井吉敬（刊行委員長）、最上敏樹（五十音順）

編集委員：第1巻　藤原　修、第2巻　磯村早苗、山田康博、第3巻　内海愛子
山脇啓造、第4巻　高柳彰夫

刊行に寄せて

村井　吉敬

日本平和学会は三〇年前の一九七三年九月に生まれた。その設立趣意書の一部にはつぎのように書かれている。

「われわれは……被爆体験に根ざした戦争被害者としての立場からの普遍的な平和研究を制度化しようと考えている。他方、七〇年代の日本は今後アジアの小国に対しては、再び加害者の立場に移行する危険性をも示しはじめている。日本平和学会はあくまで戦争被害者としての体験をすてることなく、将来日本が再び戦争加害者になるべきでないという価値にもとづいた科学的、客観的な平和研究を発展させようと考えている。研究は客観的、科学的であるべきであるが、研究の方向づけにおいてけっして道徳的中立性はありえない」

「アジアの小国」という言い方が最近の学会理事会で問題にされた。「諸国」の間違いではないか、という意見も出された。その議論はここではおくとして、「将来日本が再び戦争加害者になるべきでない」との宣言が、いまあやしくなり始めている。とりわけ一九九〇年代に入っての湾岸戦争は、アメリカに押されて「国際貢献」という準軍事支援のきっかけを作った。国連の名の下に自衛隊によるＰＫＯ活動がカンボシア、ゴラン高原、ルワンダ、東ティモールで展開され、「軍隊」の国外派遣が常態化した。そして有事法制の成立、準戦闘地とも言えるイラクへの人道支援という名の自衛隊派遣。こう見てくると、平和学会の三〇年は「加害者に向かっての三〇年」「戦争に向かっての三〇年」と言えるような道筋を歩んできたことになる。わたしたちの非力を悔いざるをえない。

しかし戦争は好戦的政治家だけによって引き起こされるわけではない。アメリカの主張する「対テロ戦争」、あるいは大量破壊兵器ゆえの先制攻撃的侵略戦争は、ブッシュやネオコン・グループの好戦性だけを根源としているのではない。テロも地域紛争もあるいはアメリカの戦争も遡って考察すればさまざまな政治経済的利益の衝突から起きると言うことができるだろう。宗教・民族紛争の背後にも政治的経済的利害の衝突を見てとることができる。これを解明し、処方箋を提示することが「平和学」の課題である。そして、平和学者を名乗る以上、ある時には果敢なる実践も厭わぬ覚悟が必要とされる。六〇年代後期に日本で盛り上がったベトナム反戦運動、とりわけ「べ平連」(ベトナムに平和を!市民連合)による市民の運動の合い言葉は「殺すな!」というものだった。これこそが研究と実践の究極の目的ではないだろうか。

さて、本第4巻は「私たちの平和をつくる――環境・開発・人権・ジェンダー」と題し、前の三巻のように「平和学」という言葉を避けた。それは、テロや地域紛争、民族・宗教紛争の背後にあるさまざまな日常的な「暴力」状況がやがては戦争に行き着くとの前提に立って、世界各地のミクロな紛争をも扱うことによって「私たちの平和」を築いていきたいと念じているからである。開発も環境も、貧困も、そして差別も、さらにはジェンダー間の不公正も、日常的な「平和でない状況」をつくりだしている。この日常的な「平和でない状況」についての最前線の研究が本書には収録されている。

(むらい　よしのり・上智大学教授)

目次

序論　グローバルな諸課題——平和学の視点

高柳　彰夫

私たちにとって平和とは何だろうか。戦争は間違いなく私たちの平和を奪う。9・11（アメリカでの同時多発テロ）以後の世界では、テロも平和への脅威とますます言われるようになっている。「対テロ戦争」は暴力の連鎖を招き、平和への脅威をさらに大きくしている。しかし戦争やテロなどのあからさまな暴力がないとしても、私たちは平和なのだろうか。貧困、飢餓、環境破壊、抑圧、差別……こういった問題は、私たちの日常生活を「平和でない」と感じさせているのではないだろうか。

平和学は当初、「戦争と平和」をめぐる諸問題を主要な研究対象としていた。しかし、ヨハン・ガルトゥングによる「構造的暴力」概念の提唱をきっかけに、「直接的暴力」である戦争だけでなく、貧困・抑圧・差別・環境破壊なども「平和でない」状況を作り出すものとして認識されるようになった。ガルトゥングは「直接的暴力」のない状態を「消極的平和」、「構造的暴力」もない状態を「積極的平和」と呼んだ。ガルトゥングは平和の問題をより広い視野から捉える必要性を唱えたのであった。貧困・抑圧・差別・環境破壊といった諸問題も平和学の研究テーマとして次第に取り上げられるようになっていった。

九〇年代に入り、国連開発計画（UNDP）の『人間開発報告書』により「人間の安全保障」概念が提唱された。本巻第10章（大芝論文）でも論じられるようにこの概念の曖昧さは指摘されるが、安全保障とは国家間の戦争・武力紛争の防止だけでなく、人々の貧困や飢餓、抑圧や差別、環境破壊などからの安全の問題であることを唱えるものであり、平和学が長年唱えてきたことと問題意識を共有する側面を持つと言えよう。「人間の安全保障」が最初に提唱された一九九四年版『人間開発報告書』は、「現代の人が感じる不安とは、世界の政治的、悲劇的な恐怖よりも日常的な生活にまつわることが多い。つまり安定した雇用、所得、健康、環境や犯罪のない安全性である」（邦訳：3）と述べるのである。

本巻では、平和学でますます重要な課題となっている、開発、環境、人権、ジェンダーのグローバルな諸課題を取り上げる。今日の世界では、依然として一二億もの人々が絶対的貧困の状況に置かれている。従来の経済成長中心の開発戦略は貧困問題を十分解決せず、経済のグローバル化の下で、貧富格差はますます拡大している。また貧困や貧富格差、差別、抑圧などの構造的暴力は、冷戦終焉後の世界で増加している地域紛争の背景にもなっている。あるいはこうした問題はテロの根底にあるとも言われてきた。環境破壊は地球社会が直面する大きな問題であるが、成長中心の開発戦略は環境破壊や資源収奪を進め、貧困と環境破壊の悪循環も世界各地で見られる。地球温暖化やオゾン層破壊をはじめとする地球環境をめぐる諸問題は、地球の生態系にさまざまな影響を与え、人間だけでなく全ての生き物に脅威を与えている。人権の促進やジェンダー平等をめざしていくつもの国際条約がつくられてきた。しかし成長中心の開発戦略は抑圧を正当化する根拠となってきた側面があり、ジェンダー格差を生み出す要因となってきた。その一方で、文化や伝統の名の下に、差別や抑圧を正当化する議論も聞かれる。

このように見ていくと、貧困、環境破壊、人権抑圧、ジェンダー不平等、さらに武力紛争は相互に関連した問題であることがわかる。これら諸問題の根源の解明やこれらの関連性の検討、構造的暴力の克服と「積極的平和」のための新しい価値や方策の提示と唱道は平和学にとって重要な課題となっている。

本巻の第Ⅰ部では、私たちの平和に向けた重要な課題を考える。第1章（アレキサンダー論文）は「当事者」をキーワードに平和学の課題を検討する。平和学の課題として新たな「当事者」を発掘し、社会的に弱い人々の主張を受け入れる社会を創造することをあげる。第2章（西川論文）はグローバル化時代の平和学の課題を特に貧困問題との関係で検討する。世界銀行をはじめとするグローバル化を推進する機関がもっぱら所得貧困・絶対的貧困に焦点を当てることを批判し、平和学は物質的豊かさに依拠する貧困概念を問い直し、現代世界システムが相対的・構造的貧困を生み出す点に注目すべきであると唱える。第3章（横山論文）は環境問題をテーマにする。既存の社会科学の環境問題へのアプローチは戦後の支配的イデオロギーである開発主義に縛られていることを指摘し、代わりにサブシステンス（人間の本来性としての平和の条件）を志向することを提唱する。第4章（森澤論文）は近年の国際人権問題のダイナミズムを取り上げる。近年の人権擁護活動、9・11以後の人権状況、自由権と社会権の関係、インターネットの役割にふれつつ、グローバル化の下での新たな課題を検討する。

第II部はグローバル化の中で周辺化されていくさまざまな人々のおかれている状況について、子どもと難民を例に検討する。第5章（勝間論文）は、子どもの基本的ニーズを満たす発想から、子どもの権利を実現するアプローチに転換していることを述べる。子どものエンパワーメントと、搾取からの保護が不可欠である。第6章（小泉論文）によれば、九〇年代以降、各国が難民の庇護に対して抑制的で厳格な政策をとってきていることがあり、その背景には各国が難民問題を安全保障上の問題と捉える傾向が強まっていることがある。難民の保護、権利擁護は最優先課題とならねばならないし、その方向で各国の難民政策も作り出されなければならない。

戦争・武力紛争の根底にはしばしば構造的暴力があると言われてきた。第III部の論文はフィールド調査にもとづきながら、ミンダナオ（フィリピン）、アチェ（インドネシア）二つの地域の紛争を取り上げる。第7章（石井論文）は、著者自身のミンダナオにおけるフィールド調査の経験を踏まえ、女性の紛争への主体的対応をオーラル・ヒストリーから掘り起こしていくことの重要性とともに、調査者と被調査者の間の非対称性にも注意を払う必要性を述べる。こうした点は、住民のオーナーシップ（主導性）が強調される紛争後の復興・開発で、女性たちの主体性や尊厳にもとづく真の主体性を実現していくのかという問題に対しても示唆を持つ。第8章（佐伯論文）でも、著者による女性たちへの聞き取り調査をもとに紛争の実状を紹介し、構造を探る。アチェは植民地支配下に入って以来さまざまな暴力に直面し、特にスハルト政権下で進められてきた大規模開発の成果を享受したのはアチェでなく中央政府であった。日本やアメリカなども企業が利権を持つことや地政学的理由から結果的にインドネシア国軍のアチェでの暴力を助長している。

グローバルな諸課題は従来の国家間の関係だけでは解決が難しく、実際、国際機構、NGOなどの市民社会組織の取り組みは注目を集めてきた。第Ⅳ部では、NGOと国際組織の役割を検討する。第9章（高柳論文）は開発NGOに注目し、その政策提言と現場での開発活動の両方の活動にふれつつ、グローバル化との関係でのNGOに多様な方向性が出ていることを述べる。グローバル化への批判勢力として注目される一方で、政府間関係の枠内での下請けに過ぎない存在になる危険性も示唆する。第10章（大芝論文）は最初UNDPが示し、その後概念の曖昧さが指摘されながらも国連やいくつかの諸国のキーコンセプトとなった「人間の安全保障」を批判的に検討する。二〇〇三年に出された人間の安全保障委員会の報告書『安全保障の今日的課題』の特徴と限界も述べられている。人間の安全保障概念が主権国家を基本単位とする体制への挑戦として登場したものであるが、その理念実現には国際機関の改革と、人間を基本単位とするグローバル・ガバナンス・システムの構築が不可欠であることを唱える。

本巻の諸論文が示唆していることは多様であるが、共通することをいくつかあげてみよう。第一に、国家間関係で平和や安全保障の問題を考えることの限界である。個人や地域の視点から平和を捉えなおすこと、市民社会などの役割も踏まえ主権国家システムを超えたグローバル・ガバナンスのあり方を構想することは不可欠である。第二に、開発概念の再検討も重要な課題である。経済成長や工業化を中心とした開発でなく、人間を中心に据え、人権を基盤にした開発への転換が求められる。これは途上国だけの問題ではなく、先進工業国でも従来の開発のあり方や過剰消費的なライフスタイルを問い直すことでもある。関連するが、第三に、貧富格差を拡大させ、環境破壊を招き、効率や競争力の名の下に新たな不平等や差別をもたらしてきた経済や企業を中心とした現在のグローバル化のあり方も根本的に再検討が求められている。

本巻で取り上げたさまざまな問題、あるいは現場からの報告が、平和や「人間の安全保障」にかかわる諸問題は、私たちにとって身近な問題であり、私たちの生活にかかわるという視点で読者の皆様に考えていただく一つにきっかけになることを願っている。「私たちの平和」をつくっていくために、身近なところからの私たち市民の取り組みが重要なのである。

第Ⅰ部

グローバル時代の平和の諸課題

第1章　グローバルな課題と平和学——「当事者」を中心に

ロニー・アレキサンダー

最近、「当事者」という言葉を耳にする機会が多い。たとえば、先日、NPO法人ユニークフェイスの石井政之会長と日本反陰陽者協会（PESFIS）の橋本秀雄世話人の対談を聞いた[1]。両団体は「当事者」とその家族（親）を対象としており、石井さんも橋本さんも「当事者」である。しかし、PESFISの場合、ほとんどの「当事者」は医学的な判断がきっかけで会に連絡してくるのに対して、ユニークフェイスの場合は、医学的な診断以外にもさまざまな経路で会にたどり着く。会が独自の判断基準を設けて、それに該当する人のみを対象にするようである。なぜなら、重度の「当事者」は、軽度の「当事者」の前では本音で話せないからだ、という[2]。二人の話の中で「当事者」という言葉がかなりの頻度で出てきたが、それらの「当事者」は本人の自己意識と同時に外からの判断（医学的な診断、外見など）によって「当事者」と定められた人たちのことを指しているように解釈できる。

こうした「当事者」は平和学とどのように関係しているのか。本章では、グローバル化や暴力の多様化を背景に「当事者」を中心とする平和学の可能性を探りたい。構成としては、「当事者」

を定義してから、暴力との関係をとりあげて論じる。その後、いくつかの事例を通して、「当事者」の概念の有効性について言及する。

1 「当事者」の定義

「当事者」という言葉は、「社会的弱者」という意味で使われることが一般的であるが、巻き込まれた人たち（交通事故など）や被害者（災害、犯罪など）として使われることも多い。本節では「当事者」の定義を試みるが、それに先立って認識すべきは、「社会的弱者」と呼ばれる人たちは、自らが弱い存在ではなくて、社会的に弱い存在にされている、ということである。こういう意味での強い・弱いというのは社会的につくられているのだから、社会にその意思があれば変化しうるのである。

では、「当事者」をどう定義するのか。ある当事者運動に見習って、「当事者」を「ニーズを主張する人々」という定義を採用するが、それに加えて、「代わりにニーズを主張する人たち」も「当事者」としてみる。[3] ニーズを主張したくても、弾圧などのために声を上げることができない、いわば「声なき『当事者』」たちも「当事者」としてみる。しかし、ニーズを主張したくない人や、むりやりに主張をさせられた人については、ここでは「当事者」と呼ばない。

平和学の研究対象は、広義の意味における暴力であるために、最も重視すべきは「声なき『当事者』」かもしれない。しかし、彼らは目に見えにくい存在である。本章では、ニーズを主張できる人たちに着目しつつ、その影に隠されている「当事者」たちや、完全に不可視化されている潜在的な「当事者」たちも視野に入れ、彼らにかかわる暴力を探る。それらの潜在的「当事者」を可視化するためには、多くの場合、彼らを押さえつけている規範の変革が不可欠であるが、主張のできる「当事者」はそれらの規範に対する異議の申し立てをしていると考えられる。

声を上げることができる人たちのニーズに対する主張は、さまざまなところから発生する。一般的なイメージとして、「当事者」は、障害者、性的マイノリティ、高齢者、少数民族など、いわゆる社会的弱者である。それぞれのグループの人たちが、自らがおかれている状況について主張すれば「当事者」になる。「当事者」であるという意識の根底になんらかの外発的な要因（診断、差別など）があるにしても、本章においては、「当事者」性は本人の自らの主張によるもの（いわば自己申告）と規定する。しかし、ここでいう「当事者」は必ずしも「弱者」だけではない。「強者」も「当事者」になりうる。

こうして定義される「当事者」は必ずしも少数者であるとは限らない。携帯電話利用者、ペットと同居する人も「当事者」になりうる。自らがおかれている状況に所属意識をもったうえでニーズを主張すれば、誰でもがその状況において「当事者」になれる。しかし、「当事者」としての主張を個人でもつことは、社会的に「当事者」として認められることとは異なる場合もある。たとえば、先のユニークフェイスでいうと、顔の傷跡が五ミリ以下である人は同会の「当事者」の基準に該当しない。当人は「当事者」意識をもっているかもしれないが、団体の活動方針などからみて、同様な「当事者」として認めることができない。これは「当事者」の正当性という、

「当事者」の概念に付随してくる問題の一つを表している。

この「誰が正当な当事者か」という問題は極めて厄介な問題である。たとえば、「女性」という「当事者」の場合、それは誰のことを指すのであろうか。生物学的に女ではない人が「私は女性だ」と主張し、可能な限り身体をあわせれば、その人は「女性」として認められるのか。身体をいじらなくても、本人の主張だけでもいいのか。この問題を示す具体例をみてみよう。

八〇年代にアメリカで女性の手による女性のための音楽祭が流行っていたが、そのときに問題になっていたのは、トランスジェンダー（TG）・トランスセクシュアル（TS）のメイル・トゥ・フィメイル（MtF）[4]の人々の参加を許可すべきかどうか。つまり、TGの人たちが主張した「女性」としての「当事者」性を、コンサートを運営する側が主張する「女性」のメンバーとして認めるかどうかという問題であった。結論として、認めないことが多かったようである[5]。

問題をさらに難しくしていることは、「当事者」が多くの場合、いわゆる社会的弱者の範疇に入る人たちであるという事実である。先のTGの人たちのように「弱者」として声を上げても社会はなかなか耳を傾けてくれない。だからこそ、「当事者」として主張する。しかし、先ほどのコンサートのように、他の「当事者」を容認しない「当事者」がいる。容認しない理由はいろいろ考えうるが、ある「弱者」グループがもう一つの「弱者」グループに対して、その正当性を認めないということは、自らが体験する差別を再生産している可能性がある。複数の「当事者」が同様の正当性を主張しながら、それらの「当事者」が対立関係にあるという場合や、「当事者」の間でも差別や不平等な権力関係が再生産されることも「当事者」の平和学の対象である。本章では、「当事者」を、自らの自己主張を中心に定義しているので、主張する側の正当性や、それに絡む対立などは別の問題として考える。

本章でいう「当事者」は、必ずしも被害者（あるいは弱い人たち）であるとは限らない。加害者も「当事者」になりうる。そこで、社会的・経済的・政治的な権力により近い位置にいる「当事者」はニーズを主張することによって、権力からより遠い「当事者」を傷つけることがある。先の例でいうならば、参加許可を求めていたTGの人たちも、参加の是非について議論した人たちも判断を下した人もみんな、「当事者」であるが、決定する立場にいる人たちは権力により近い位置にいる。

誰が「当事者」かという問題に伴って、誰が「当事者」ではないか、という問題もある。本章では、「当事者」と「非当事者」の境界線を流動的なものとして捉える。つまり、当事者・非当事者を二分法的に分けない。なぜなら、人々を二項対立的に「当事者」・「非当事者」にわけること自体が、後ほどにとりあげる構造的な暴力（場合によっては文化的な暴力）になりうると思うからである。

このように「当事者」の概念を広げてしかも曖昧なものにすると、概念としての意味を失う可能性が出てくる。しかし、「当事者」の範囲を限定しない視点をもつことによって、個人の問題を世界につながるものとして見ることができる。こうすることによって、はじめて、「私たちはみんな『当事者』である」という主張に正当性が備わるのである。「当事者」は、ある特定の機能や構造の中でエイジェンシー(6)（agency）や役割を含むが、それだけではない。本章で提唱する

「当事者」という概念は、受動的に属性（belonging）を主張するものにとどまらず、属性を創造する（creating）側面もある。そういう意味で、「当事者」性とは極めて行動的なものである。

平和学のアプローチとして、「当事者」に着目することは新しくない。「証言」という形で被害者の生の声を聞くという手法は以前からあったが、最近、被害者が自らの声を「証言」としてあげるという運動が活発になってきている。原爆被爆者、日本軍「慰安婦」の被害者、民族・人種差別の被害者や、ＨＩＶ／ＡＩＤＳ感染者・患者、レズビアン・ゲイなどの性的マイノリティ、身体障害者などの人々が、自らの体験をさらけだすことによって、国家の影に隠れていた暴力を可視化する活動を始めている。その活動の結果、いままで、いわゆる「当事者」の目にしか見えなかった現実が、より多くの人々に知られるようになった。知識の共有によって、「当事者」の支援活動をするとともに、追体験や国境を越えた連帯が可能になり、サポーターとしての「当事者」が生まれているのである。

2　多様化した暴力にかかわる「当事者」

加害者であっても被害者であっても、「当事者」は社会に対して、なんらかの要求をもっている。本章では、こういった要求の根底にはなんらかの暴力が存在すると仮定し、その暴力を非暴力的に解消するのが平和学の目指すところであると考える。暴力の存在は、人々が生活を営む上で安全を妨害し、人々を不安にさせてしまう。このような広い意味で妨害された安全を「不安全」(insecurity)と呼ぼう。長い間、そういった不安全の解消ないし減少を国家にもとめていたが、国家だけでは十分に解消できない。なぜなら、グローバル化時代において不安全そのものや、不安全を主張する「当事者」が多様化してきているからである。本節では、暴力を中心に不安全の多様化をみてみよう。

不安全の根底には暴力がある。平和を「暴力の不在」と定義するヨハン・ガルトゥング(Johan Galtung)は、暴力を潜在的実現性(potential)と現実(actual)、あるいは、達成され得たはずのものと現実の状態との格差の原因として説明している[7]。暴力をさらに直接的な暴力、構造的な暴力、文化的な暴力に分けて論じる。戦争などの直接的な暴力においては加害者も被害者も目に見えるのに対して、貧困や差別といった構造的な暴力においては被害者は見えても、多くの場合、加害者の姿は目に見えない。文化的な暴力においても、被害者はできても、加害者は特定しにくいのである。

平和学の重要な研究対象は、戦争という直接的な暴力であるが、戦争の背景には構造的な暴力や文化的な暴力がある。戦争は本来、主に国家と国家の間で行なわれるものである(もちろん内戦や国家と組織といった「戦争」もある)。しかし、「当事者」の視点からみる戦争は、個人にかかわるものとしてみることができる。たとえば、戦うのは国家のためであっても、実際に戦っているのは個人である。しかし、戦争は戦いだけではない。戦争にいたるまでの過程において、環境破壊や貧困など、さまざまな構造的な暴力が生じているはずである。「当事者」という概念を用いると、これらの構造的な要因を明確にすることができよう。

直接的な暴力が「当事者」に及ぼす影響は、技術発展や戦争・紛争の形態の変化によって多様化してきている。国家間の紛争以外にもテロや犯罪組織と、それらに対抗する警察や軍隊による暴力も、「開発独裁」や「破綻国家」の結果として生じる暴力も「当事者」に深刻な影響を与える。さらに、小型武器の増加により、個人が個人に対して行なう暴力の頻度や程度が上昇し、種類も多様化してきているし、直接的な暴力の根底にある構造的な暴力も多様化傾向にある。貧困、人身売買、伝統社会の崩壊といった暴力のみならず、「テロに対する戦争」によっていっそう強くなってきたアラブ民族・イスラームに対する文化的暴力も深刻な問題である。

こうして新しく登場したさまざまな暴力は、新たな不安全をもたらしている。このような不安全の影響をもっとも顕著に受けるのは「当事者」で、とりわけ最も弱い立場にいる「声なき『当事者』」であろう。しかし、平和や戦争に対する研究アプローチは、個人より、直接的な暴力を行う側あるいは受ける側のアクターに着目することが多い。国家や、国家が形成する国際機構、場合によってはテロ集団やNGOなどといった、加害者としての「当事者」集団、あるいは被害者としての「当事者」集団が対象となるわけである。比喩的に人間と国家をダブらせたりすることがあるが、実際に検討しようとしているのは人間の集合体であったり、それらを統治する国家（政府）であったりする。それに対して、「当事者」を中心とする平和学は、個人としての「当事者」に焦点をあてて、集団や国家との関係を明らかにしようとする。

国家を「当事者」を通してみるというアプローチは、たとえば民主化や人間の安全保障といったものをとりあげるときに役に立つと思われる。国家は主として国民を対象とするわけであるが、国境内には国民以外にさまざまな人がいる。人間の安全保障の対象となる「人間」や、民主化の主体となる「民主」は誰なのか。国家政策の対象として、誰が、どういうときに正当な「当事者」になりうるのか。特に困難なのは、性的マイノリティ、先住民など、今まで正当性が認められなかった少数者の扱い方であろう。次節では、これらの具体例をみてみよう。

3　さまざまな「当事者」の平和学

本節では、五つの事例を通じて、「当事者」と平和学の関係を考える。

携帯電話の「当事者」

上述したグローバル化時代の新たな不安全に対して、国家が単独でそれらの不安全をすべて解消することは不可能である。統治能力を失っている国家にからむ複数の「当事者」が、さまざまなレベルで、異なる（場合によっては対立する）不安全を抱えているケースをみてみよう。

コルタン（コロンバイト・タンタライトの略称）は、極めて耐熱性の高い金属元素タンタルの原鉱石である。粉末状のタンタルは、携帯電話など、小型電子機器の電流制御をする超小型コンデンサーの製造に欠かせない物質であるために、需要が大きいが、埋蔵資源を有している国は限られている。現在、世界のタンタルの約七五％はオーストラリア、カナダ、ブラジルが供給しており、この国々が輸出するタンタルには特に問題はない。しかし、埋蔵量が世界四位とされるコンゴ民主共和国（旧ザイール）から掘り出されているコルタンについては、その所有・採掘をはじめ、さまざまな問題が起きている。一九九八年から九九年にかけて、コンゴのコルタン資源は、ルワンダ軍とその同盟関係にある反政府軍のコンゴ民主ラリーの支配下にあった。コルタン資源が豊富な地域からコンゴ人の農民を立ち退かせ、ルワンダ人の囚人に採掘させ、ルワンダ産タンタルとして国際市場に流し、利益をルワンダのものにした。ルワンダによって非合法的に採掘されたコルタンは、私たちの携帯電話などに使われている可能性が高い。しかし、タンタルがいったん加工されると、原産国を識別することはほとんど不可能である。(8)

消費者である私たち以外に、コルタン問題の「当事者」はだれなのか。過酷な状況で採掘する人々、立ち退かされた人々、武力紛争に直接参加している人、武力紛争によってダメージを受けている人々。紛争には、レイプなどの性暴力が伴うことが多いが、その性暴力の被害者や加害者。採掘や紛争による森林破壊のために生計が立たなくなってきている先住民。この地域に生息する絶滅寸前のローランド・ゴリラやアフリカゾウ。コンゴ民主共和国の反政府軍や政府関係者、ルワンダ側の軍人や政府も「当事者」に含まれるであろう。そして、今見えていない潜在的な「当事者」や声を上げられない「声なき『当事者』」もいるだろう。

日本では、携帯電話はもはや誰もがもつ日常的なツールになってきている。私たちの「携帯欲」が、日本から遠く離れているコンゴ民主共和国の人々に影響を与えていることは、携帯を使用する私たちにはほとんど知らされていない。仮に意識していたとしても、ある特定の携帯電話に、コンゴ民主共和国産のコルタンが使われているかどうかを知る手段を、私たちはもっていない。しかし、もし消費者の私たちがいなければ、コルタンはこのようにしてまで掘り出されることはないであろう。「携帯がほしい」と主張する私たちも「当事者」である。

この問題に絡む「当事者」を可視化することによって、さまざまな暴力が見えてくる。「当事者」が、共通にもっている不安全も独自に抱えている不安全もある。平和学としての課題は、新たな「当事者」の可視化だけではない。複数の「当事者」を見る過程において、それぞれの主張を分析し、対立を和らげる糸口を探ることも重要であろう。

HIV/エイズ問題における「当事者」

二〇〇〇年一月一〇日、HIV/エイズ問題が国連安全保障理事会で取り上げられた。安全保障問題を取り扱う理事会はなぜエイズ問題に目を向けたか。一言でいえば、エイズ問題による「脅威」はもはや個人のレベルでの感染や治療だけではない。途上国、とりわけ貧困国といった脆弱性が高い国々において、エイズ問題は貧困などの社会問題をいっそう深刻にしてしまう。エイズは病気であるが、エイズに絡む社会的な問題によって、国家の存在そのものが脅威にさらされている国もある。相互依存関係が密接な国際社会において、このような「脅威」は、一国の問題だけではない。すべての国の「不安全」につながっているのである。

HIV/エイズによる問題は、完治のための薬は現時点でないものの、エイズと診断されるさまざまな病気の発症を遅らせることができる薬を手に入れることさえできれば、問題の大部分を解決できると考える人はいる。たしかに、HIV/エイズは適切な対症療法によってかなりコントロールできるようになってはきている。しかし、薬をはじめ、そういった治療にアクセスできる人々はごくわずかである。薬の問題には、薬の特許権を保有する多国籍製薬企業やWTOなどの国際的なアクターも絡んでおり、簡単に解決できない課題がたくさんある。解決には相当時間がかかるであろう。このことを考慮するだけでも、エイズ問題は薬だけで解決できる問題ではないということがわかるであろう。

HIV／エイズ問題の「当事者」として、感染者・患者をあげることができる。国連によると、二〇〇三年末現在において、世界のHIV感染者・エイズ患者総数は四〇〇〇万人（三四〇〇万人〜四六〇〇万人）であり[9]、その大多数はサハラ砂漠以南のアフリカにいる。これらの人たちはすべて「当事者」意識をもっているわけではない。また、この数に含まれていない「当事者」や「声なき『当事者』」もいる。こういった「当事者」たちについて少しみてみよう。

二〇〇二年現在のデーターによると、サハラ砂漠以南のアフリカの成人HIV陽性者のうち五八％は女性で、主たる感染経路は異性間の性行為である[10]。これには性暴力による感染や売買春の結果としての感染も含まれるが、夫婦間や恋人同士でコンドームを使用しないために感染する人も入る。コンドームの使用について、そもそも女性がコンドームの使用を要求しにくいこと、女性の側が要求しても相手がそれに応じないことや、コンドームを手に入れることができないといった問題もある。一般的にいうと、家父長制や社会構造などによって、女性は男性より弱い立場にいる。こういった女性たちは、HIVの感染から自らを守るためにリプロダクティブ・ライツ・ヘルスに関する自己決定力、十分な知識や経済力を持っていない場合が多い。そう考えると、

HIV感染は、ジェンダー不平等と密接に関係しているのである。

どの社会においても、失業や貧困といったものは、「不安全」の原因になる。しかし、HIV陽性率が高い国やコミュニティでは、働き盛りの人々の病気や死亡が多いため、このような「不安全」がいっそう大きくなってきている。貧困問題を抱えている社会は、エイズによる労働力や生産力の弱まり、収入や資産の減少、家庭の崩壊などがさらなる貧困を生むという悪循環に直面している。全体的に弱まった社会は、天災などに対する抵抗力が弱まり、対応ができなくなる。また、食糧の生産能力や獲得・保管能力も減少するため、「食糧不足」が「食糧危機」になってしまう。「さらなる社会変化、教育と保険制度の崩壊、難民の増加を招き、女性や子どもの性的搾取を悪化させることになる。そして、これらすべてが、HIV／エイズがさらに広がるために好都合なのである」[11]。このように考えると、HIV／エイズの大規模な流行は、貧困など、さまざまな社会問題をいっそう困難なものにしており、紛争、犯罪、性暴力といった直接的な暴力や差別などの構造的な暴力、文化的な暴力とも密接に関係している。

エイズ問題に伴うさまざまな社会的問題は、コルタン問題同様、世界に存在する暴力の縮図である。すべての人が十分な知識をもち、自らをHIV感染から守ることができる社会づくりの「当事者」は誰であろうか。感染している人もしていない人も「私たち」のなかにいる。そんな「私たち」にも重要な役割があると思う。また、HIV感染者やエイズ患者が恐れずに自らの健康問題を告白し、適切な治療を受けながら社会参加ができるよう、地球上のすべての人が意識改革をする必要がある。この実現のためには、「当事者」の平和学からの視点が不可欠であるように思われる。

ドメスティック・バイオレンスの「当事者」

ＨＩＶ／エイズの問題では、ジェンダー不平等のために感染した女性たちのことを指摘した。エイズ問題をいっそう難しくしている原因のひとつは、感染ルートとして性的行為が多いという事実であろう。なぜなら、性やジェンダーに関する固定観念や道徳が絡むからである。別の意味で性とジェンダーの固定観念に絡む問題、とりわけそういった固定観念に伴う暴力は、次にとりあげるドメスティック・バイオレンス（ＤＶ）の問題である。

日本では、近年になってようやくＤＶが社会問題として重要視されるようになってきている[12]。その結果、二〇〇一年一〇月一三日に「配偶者からの暴力の防止および被害者の保護に関する法律」（ＤＶ防止法）が執行された。同法律では、暴力とは配偶者を殴ったり蹴ったりして、身体に与える暴力を指している。法律ができたことは大きな進歩としてみることができるが、この法律によって問題が解決したわけではない。運用の面では法律が今後どのように使われるかという問題もあるが、法律そのものに対する批判もある。たとえば、法律は肉体的な暴力のみを対象にしているが、言動による暴力もＤＶとしてみることができる。また、法律が婚姻関係以外（恋人など）による暴力をＤＶの定義に含んでいないことも問題として指摘されている。ＤＶは圧倒的に男性から女性に対しての暴力が多いが、女性から男性へ、あるいは同性のカップルの間にも起こることもある。

ＤＶは世界各地で起こる。文化的背景が異なるにもかかわらず、ＤＶの「当事者」をみると、加害者のほとんどが男性で、その暴力の対象となる被害者には女性がほとんどである。この現象を女性学やジェンダー研究の視点から説明すると、ジェンダー間の権力関係（不均等・不平等）や家父長制に原因を求める。本章では、その説明を受けて、平和学として、「当事者」を中心に権力と暴力の分析を加えることにする。ここで特筆すべきは、ＤＶという直接的な暴力を生み出す複雑な権力関係という背景である。これを考えるには、日本であまり知らされていない事例をみてみよう。

太平洋島嶼国のなかで、パプア・ニューギニア（ＰＮＧ）がもっとも大きな国である。面積は日本より少し大きく（約四六万平方㎞）、人口は約五三〇万人である。ＰＮＧは一九七五年に独立したが、異なる文化や言語を持つ人々が多いため、ナショナル・アイデンティティの形成は難しい。森林資源や金、銅などの鉱物資源に恵まれている一方、それらの開発には大規模の環境破壊が伴う。鉱物資源における所有権や採掘方法などに絡む困難が多く、政府の開発計画は難航している。近年は紛争が続いており、中でも鉱物資源の採掘に絡む問題が多い。そのため、鉱山の閉鎖や縮小傾向が続いている。森林伐採や鉱物の採掘には労働者として男性が多く、作業中は現場の近くで集団生活をすることが一般的である。男性労働者の周辺には、売買春が伴うので、そういった労働現場の周辺にＨＩＶ感染者が増えている。鉱山や森林伐採が縮小すると雇用の機会が少なくなり、失業者が多くなる。最近は社会問題として、仕事が見つからない若い男性のグループ（ラスコル）による犯罪や、ＨＩＶ／エイズ、ＤＶが注目されている。

パプア・ニューギニアのDV問題を考えるとき、現地の人々は何を「DV」として考えるかが問題になる。これを特定することが難しい。PNG政府の調査によると、DVが多い高地地域では女性の九〇%ないし一〇〇%、DVがもっとも少ない低地村落でも女性の四九%が夫に殴られたことがある。[13]このような統計の解釈は難しい。この統計を見る限り、PNGにはDVが多い、という印象を受ける。本章には紙面の限りもあり、PNGにおけるDV問題の背後にある社会構造や性暴力に対する考え方を詳しく説明することは省略し、ここではDVの増加要因の一つに急速な経済開発、とりわけ経済開発に伴うジェンダー関係の変化を指摘するにとどめる。

PNGでは、経済開発が進むにつれて、賃金労働に対する憧れやニーズが上昇しているが、それらのニーズを満たすだけの雇用機会はない。また、開発をすすめる側（国際機構やドナー）は近年、開発における女性の参加を重視するようになってきている。上述したように、採掘や伐採など、男性の働き口が減少している一方で、新たな仕事に女性が就くことが目立ってきている。今までは、男性は外で働き、女性は子育てなどの仕事をしていたが、最近は、夫には仕事が見つからない。もしろ、女性のほうに仕事が見つかる。女性の社会参加が強調されると、仕事のためではないにしても、女性だけの集会や訓練のために外出する女性が増えてきた。このようにして女性たちが社会に出て、場合によっては現金収入獲得に女性が中心になる。このようなジェンダー平等への接近を評価する一方、これは従来のジェンダー関係を揺らがす原因になる。

このようなジェンダー関係の変化は、夫婦生活に大きなインパクトを与えている。そのひとつがDVの増加である。再生産活動のみならず、生産活動にも積極的に参加するようになった女性たちに対して、男性の立場が弱まり、支配力の喪失を感じる人がいる。このように無力を感じることは、男性による新たな暴力の原動力であるという説がある。[14] 男性は、家庭を支えるために仕事や経済力をもつことが社会的に求められるが、それができないとストレスを感じる。それが新しいジェンダー関係と重なると、ストレスが一層強くなる。このようなストレスに対応しきれない男性、とりわけ夫たちは、妻を殴ることによってストレスを発散する、という説もある。[15] DVの問題は、昔から存在していたが、経済開発に伴う急激な社会的変化に伴って、一層深刻になってきているようである。この問題の解決には、被害者としての女性のみならず、男性という「当事者」にも目を向ける必要がある。

以上の例が示すように、DVは今までみてきたコルタンやHIV／エイズと同じように、直接的な暴力であると同時に、経済開発に伴うさまざまな暴力の結果でもある。このような重層的な暴力を、一人ひとりの「当事者」とりわけ「声なき『当事者』」というレンズを通して分析し、その解決のしかたを探るのは平和学の有意義な課題であろう。

セクシュアル（性的）マイノリティの「当事者」

今まで見てきた事例には声をあげることができない「声なき『当事者』」とそうでない「当事者」はいた。次に、どこにいても、どちらかといえば発言が困難な「当事者」たちをみてみよう。社会的な弾圧に加えて、個人的な嫌悪感によって、多くの性的マイノリティの人々は「当事者」として声を上げることができないでいる。本節では、「当事者」として社会に向かって主張している二つの事例をみよう。

まず、二〇〇〇年五月に日本で始めて同性愛者であることを理由に難民申請を申し立てたイラン人のシェイダさんの問題をみてみよう。難民条約によると、「十分に理由のある迫害の恐怖」があれば、難民として認められるが、二〇〇〇年七月に法務省に「イランでは同性愛は容認されている」として、シェイダさんの申立を却下し、退去強制送還を発付した。シェイダさんはこれを受けて、決定が違法であるとして東京地裁に法務省を訴えることにした。その最終決定は二〇〇四年二月二五日、東京地方裁判所第六〇六号法廷において、「原告の請求をいずれも棄却する。訴訟費用は原告の負担とする」という判決が言い渡された。四年近くにわたった戦いは、シェイダさん側の敗訴に終わった。争点はイランでの同性愛者に対する迫害の状況と、それに対するシェイダさんの恐怖に「十分に理由」があるのかどうかという二点であったが、いずれも認められなかった。[16]「当事者」を中心とする平和学は、個人のセクシュアリティを人権として考え、それを認めるグローバルな規範作りの必要性を主張する。

さらに、別の種類の問題も紹介しよう。二〇〇三年一一月二〇日は「第五回トランスジェンダー追悼の日」(5th Annual Transgender Day of Remembrance) であった。[17] この日には、殺害されたトランスジェンダー (TG) の人々を追悼するためにさまざまなイベントが開催される。このためのウェブサイトをつくっているグェンドリン・アン・スミス (Gwendolyn Ann Smith) によると、イベントはTGの人々に対する暴力に脚光を浴びさせることを目的としているが、広い意味ではジェンダー教育の一環である。今年の「TG追悼の日」のウェブサイトに、この一～二年の間に殺害された三八名のTGの人たちの名前、殺された地名（国）、死因、殺された日付、掲載情報の出典、コメント、写真が掲載されている。チリ、ブラジル、インド、アメリカ、ニュージーランド、コロンビア、オーストラリア、セルビア、ガァテマラ、カナダ、イタリアと国名が並ぶ。この人たちはさまざまな原因があって殺されたわけであるが、TGであるということはそのうちの重要な要因であろう。

平和学として、このようにして殺害された「当事者」たちに着目する意義はどこにあるであろうか。一人ひとりの命の尊さを認識しつつ、このような行為をもたらす構造的な暴力にも目を向ける必要がある。性・ジェンダー、とりわけ性二元論や性二項対立に関する社会的な規範、慣習、固定観念に潜む暴力を可視化することは平和学の重要な課題の一つである。(18)

ホッキョクグマは「当事者」か？

最後に、人間以外の「当事者」やそういった「当事者」をとりまく社会について考えてみよう。ホッキョクグマ（白熊）の保護の問題では「当事者」が見えにくい立場にいるために、忘れられがちであるが、問題はきわめて深刻である。

北極圏は、生物学的にきわめて豊富な海に囲まれ、北半球においてもっとも広い連続野生地域（unfragmented wilderness area）である。そこに約二二、〇〇〇頭（約二〇の個体群）の白熊が生息しており、そのうちの約六〇％はカナダ北部にいる。北極圏五カ国の間に結ばれた「ホッキョクグマやその生息地の保全に関する国際協定」（The International Agreement on the Conservation of Polar Bears and Their Habitat, 1976発効）および一九八八年に結ばれた「ビューフォート海南部におけるホッキョクグマ管理協定」（Management Agreement for Polar Bears in the Southern Beaufort Sea）[19]による保全・管理のおかげで、絶滅の危険度が高かった白熊の個体数は、総体的に見て安定してきており、レッドリストには準危険種（Lower Risk, LR）というカテゴリーの中の保護依存種（CD, conservation dependent）というランキングを得ている。[20] CDの意味は、保全・管理活動をしなかったらたちまち絶滅危機種になる可能性が高い、ということである。

白熊に関して、どのような「熊の不安全」があるのか。協定によって、狩猟は管理されているが、狩猟が持続可能なレベルを超えている可能性や密猟という危惧がある。他には、温暖化による影響（氷溶けが早まり、獲物が取れにくくなるなど）、化学物質による影響（環境ホルモン、殺虫剤、重金属、放射能などが白熊の体内に蓄積し、ホルモンや生殖機能に影響を与える可能性）、北大西洋石油開発による影響（石油流出など）、人間との衝突（人間の人口が増えることによって、人間と白熊が出会う回数が増え、人間の自己防衛のために射殺されるなど）といった脅威があげられる。[21]

北極圏の白熊たちは、人間同士の紛争に巻き込まれる可能性は高くないが、生息地や自らの健康が人間の活動のために脅威にさらされている。それには直接的な暴力ということもあれば、温暖化や化学物質の影響といった間接的な暴力もある。

食物連鎖の上位に立つ白熊は、人間同様、強そうに見えるが実は食物連鎖のトップに立っているだけに弱い立場にある。自らの命を危機にさらしている人間に対して、白熊が警鐘を鳴らしてくれているのかもしれない。白熊が「当事者」として受けた環境ホルモンや温暖化という暴力は、実は人間、そしてすべての生き物の平和を壊してしまう可能性がある。そういう意味で、「白熊の保護」は、今日の平和学の緊急テーマの一つであると思われる。もし、白熊を「当事者」としてその声を聞くことができれば、人間に遠くへ消えてもらいたいというに違いない。しかし、今となっては、白熊は人間なしでは生きていけない。保護も必要である。地球上には、声を出せても、答えが安易に出ない「当事者」が白熊たち以外にも多いであろう[22]。

4　平和学の新たな課題——「当事者」を中心に創る平和の文化

本章では「当事者」について議論を重ねてきた。「当事者」の正当性や容認の問題を指摘しつつ、すべての暴力において、誰が「当事者」なのかという問いのもつ意味も検討し、「声なき『当事者』」に対する平和学の役割も指摘した。弱い立場にいる「当事者」はいつまでも弱い立場にいるとは限らない。たとえば、上述したシェイダさんのように、現在「当事者」として声をあげている人々の中には、今まで黙っていた「声なき『当事者』」もいるはずである。新たな「当事者」を発掘し、社会的に弱い人たちの主張を受け入れる社会の創造は、「当事者」に着目する平和学の課題の一つである。

声をあげることのできる「当事者」については、加害者・被害者・強者・弱者といった複数の側面をもつ、いわば多面的な「当事者」に絡む暴力についても言及した。その暴力のひとつは、「当事者」としての正当性の判断にかかわるものである。また、「当事者」同士の対立、とりわけ正当性に関する対立や、「当事者」・「非当事者」を二項対立として捉えることが新たな暴力の再生産につながる可能性にも目を向けた。

事例として、携帯電話に使われるコルタンの問題、ＨＩＶ／エイズ、ＤＶ、性的マイノリティ、そして白熊の諸問題を取り上げた。コルタンの問題は、「無関心」でいる私たちを「当事者」として見せるのに格好な事例である。また、国家にかかわる暴力を示す事例でもある。さらに、武力紛争においては戦っているアクター以外にもたくさんの人々がかかわっていることを示すために、この事例を使った。事例を通して見えてきた数々の暴力の中で、私たちが「当事者」としてかかわっていることも認識できたであろう。

ＨＩＶ／エイズの問題は、「当事者」とその「当事者」をとりまく社会の関係を示す。エイズという病気に付随する差別は、「当事者」の立場をいっそう困難なものにする。また、エイズの大規模の流行は、「当事者」のみならず、社会全体に大きな影響を及ぼしている。感染しているか、していないかにもかかわらず、私たちはエイズの問題において、なんらかの「当事者性」をもっているのである。

「当事者」を通してジェンダー不平等を考える事例として、ＤＶの問題に目を向けた。ＰＮＧのＤＶ問題を紹介することによって、ジェンダーと開発の新たな側面を浮き彫りにした。ジェンダー不平等の是正を図ることによって生じる暴力は、実に厄介な問題である。「当事者」というレンズを通して、そのような暴力を和らげるためのヒントが得られると思われる。

本章の目的は、「当事者」を通して平和学の課題を探ることであった。複数の「当事者」を探り、それぞれの声を聞くことは、平和を求める過程において重要な作業である。また、自らが「当事者」であるという意識も大切であろう。しかし、行き過ぎた「当事者」論は要注意である。一つの「当事者」性を絶対的なものとしてみたり、他人に対して「当事者」性を押し付けたり、他の「当事者」の正当性を否定したりすることが、行き過ぎた「当事者」論の結果であろう。このようなことは、今日のアイデンティティ・ポリティックスによる二項対立を再生産するにすぎず、平和に貢献するどころか、むしろ対立する主体を増やすのである。平和学のすべてを「当事者」に託すことはすべきではないが、多様な不安全や暴力の時代に、平和学が対象とする課題に「当事者」を探ることにより、いっそう多面的で行動的な平和学へとつながっていくことを期待したい。

性的マイノリティの問題は、セクシュアリティを人権として考えることを根底においている。しかし、「当事者」という概念を通してみる性的マイノリティの問題は、人権の問題だけではない。性的マイノリティ以外の人も「当事者」として登場する。私たちは、「当事者」として、シェイダさんの支援をする可能性もあるし、否定する可能性もある。日常生活の中で、性的マイノリティに対する暴力に参加することも、見ないふりをすることも、否定することもできる。「当事者」の平和学は、自らが置かれている立場を考えなおすことを要求するアプローチとして、広い意味での平和運動においても意味があるであろうと思われる。

最後にとりあげた白熊の事例は、主に環境破壊をベースにする問題である。北極等、生活から遠く離れている地域に対して無関心である私たちは、目に見えないが、自らを支える自然環境そのものに対しても意外と無関心である。「当事者」の概念を通して、人間と自然のつながりを再確認でき、しかも「当事者」である私たちを加害者として、そして被害者として描くことができた。

注

（1）大阪人権博物館主催のリバティセミナー、「一人ひとりの身体、一人ひとりの性」二〇〇三年一二月六日。ユニークフェースは「顔や身体に病気、火傷、怪我などの病状がある人（当事者）として生きる」人たちの自助グループ。（パンフレットより）。http://www.uniqueface.org/ 日本半陰陽者協会は、「半陰陽の子どもたちとその家族のセルフヘルプ・グループ」（ＨＰより）。半陰陽とは、簡単に定義すると生物学的に男も女も両方の遺伝子を持っている人々の総称。http://home3.highway.ne.jp/~pesfis/

（2）二〇〇三年一二月六日のリバティセミナーで石井会長の発言より。

（3）中西正司・上野千鶴子『当事者主権』（岩波新書、二〇〇三年）。

（4）簡単にいうと心の性と身体の性が統一していない人たちのこと。日本では一般的に「性同一性障害」(gender identity disorder, GID の日本語訳）に該当する人たちのことである。ＴＳとは、手術や薬によって心の性に身体を合わす（あるいは合わしたいという願望を持っている）人たちのことである。それに対してＴＧとは、ＧＩＤを含めて、身体の性と異なるジェンダー・ロールを演じる人たちの総称。なお、ＴＧの範囲、つまりＴＧにどの人が含まれるかについては、論者によってかなりの幅がある。

（5）Van Gelder, Lindsy & Brandt, Pamela Robin, *The Girls Next Door: Into the Heart of Lesbian*

America, Simon and Schuster, 1996, pp. 73-77. コンサートの問題の根底に二つの異なった問題があるように思われる。一つは、「女性が女性のために」という呼びかけのもとでつくり上げられる運動としての「正当性」の主張である。もう一つは、参加する女性たちはトランスジェンダーの人たちをどうみているのか、という問題。つまり、TGの参加を拒否する主催者たちは自らの女性としての存在を確立しようとしている。同時に、「当事者」としてTGの人々を認めないことは、TGの人たちに対する偏見・差別を継続ないし再生産していることになる。個人のレベルでは、TG（MtF）の人を女性としてみなすのかもしれないが、運動として認めるかどうかは別の問題である。

（6） 'Agency' の定義は数多くある。本章では「当事者」に近いのは、例えばセンの定義である。エイジェントとは、「行動し、変革をもたらす個人。自らの目的や価値観によってその成功を図る。」センは特に政治・経済・社会システムの一員としてのエイジェントに関心をもつ。Sen, Amartya, *Development as Freedom*, Random House, 1999, p. 18-19.

（7） ヨハン・ガルトゥング（高柳先男ほか訳）『構造的暴力と平和』（中央大学出版部、一九九九年）五〜六頁。

（8） クリストファー・フレイヴィン編著『ワールドウォッチ研究所　地球白書　二〇〇二―〇三』（社団法人家の光協会、二〇〇二年）二六五頁、二七四頁及び Montague, Dena. "Stolen Goods : Coltan and Conflict in the Democratic Republic of Congo, *SAIS Review*, vol. XXII, no. 1 (Winter-Spring 2002)。

（9） http://www.unaids.org/wad/2003/Epiupdate2003 en/Epi03 02 en.htm # P16 3133 accessed 2003.12.13

（10） 「HIV／AIDS最新情報　二〇〇二年末現在」UNAIDS・WHO（日本語版）UNAIDS/02.46E, English original December, 2002), p. 2, p. 6. なお、「成人」とは一五歳から四九歳の人口統計を使用。

(11) Ibid. p. 30.

(12) http://www.ktv.co.jp/dv/ accessed 2003.12.14. 関西テレビのＤＶに関するホームページ。同ページに掲載された情報によると、二〇〇二年二月に発表された総理府の全国調査に対して、「二〇人に一人の女性が命の危険を感じる程の暴力を受けた」と応えている。

(13) Bradley, Christine. "Why Male Violence against Women is a Development Issue : Reflections from Papua New Guinea," in Davis, Miranda, ed. *Women and Violence*, Zed Books, 1994, p. 11. このデーターは、女性の発言を男性が認めているものとして提示されている。しかし、実際問題として、こういったことについての真実を知ることは難しい。

(14) Banks, Cyndi. "Contextualising sexual violence : rape and carnal knowledge in Papua New Guinea," in Dinnen, Sinclair & Allison Ley, eds. *Reflections on Violence in Melanesia*. The Federation Press, 2000, p. 95.

(15) Ibid., pp. 18-23.

(16) http://www.sukotan.com/shayda/shayda 3.html accessed 2003.12.13 イランでは同性愛は禁止され、同性間性行為をしたものは死刑により罰される。八〇年代には四〇〇〇人の同性愛者が死刑により罰せられた、という。改革派のハターミ大統領のもとでも、少なくとも数人の同性愛者が死刑にされている（上記HP, Part 1より）。判決については、http://courtdomino2.courts.go.jp/kshanreinsf/c1eea Oafce 437e 49492566510052c F36/9e14f1d4a 42457e 449256e4c 0025f195? gencopy

(17) www.gender.org/remember/day/who.html accessed 2003.11.20. ほかの情報は、筆者とのＥメールによ

る。二〇〇三・六。

(18) ロニー・アレキサンダー「平和を阻む『日常性』——ナショナル／トランスナショナル・バイオレンスにかかわる『ジェンダー』」国際協力論集（神戸大学）一一巻三号（二〇〇四年）四七～七一頁、を参照。

(19) ホッキョクグマ保全条約は、先住民の伝統的な獲り方を規制しない。管理協定はカナダのイヌヴィク（Inuvik）地域のイヌヴィアルイト獣猟評議会（Inuvialuit Game Council）とアメリカのアラスカ州バロー地域ノーススロープ漁猟・獣猟管理委員会（North Slope Barrow Fish and Game Management Committee）の間に結ばれたいわば自主管理のためのものである。(Stirling, Ian. *Polar Bears*, Ann Arbor: The University of Michigan Press, 1998.)。

(20) レッドリストのカテゴリーは、「絶滅種」（EX）、「野生絶滅種」（EW）、「絶滅危機種」（近絶滅種（CR）、絶滅危惧種（EN）、危急種（VU））、「準危急種」（保護依存種（CD）、近危急種（NR）、情報不測種（DD））である。http://www.wwf.or.jp/wildlife/redlist/ accessed 03/12/12.

(21) Norris, Stefan, et al. "Polar Bears at Risk," WWF International Arctic Programme Report, May, 2002.

(22) たとえば、WHOの新しい報告によると、二〇〇〇年に地球温暖化が一五万人もの人の死因となった。"Climate Change and Human Health—Risks and Responses" の発刊は、二〇〇三年一二月一一日にミラノで開催中の国連環境会議（COP9）で報告された。http://www.who.int/mediacentre/releases/2003/pr91/en/ accessed 2003.12.13.

参考文献
Davis, Miranda, ed. (1994), *Women and Violence*, Zed Books.
Dinnen, Sinclair & Allison Ley, eds. (2000), *Reflections on Violence in Melanesia*. The Federation Press.
Norris, Stefan, et al. (2002), "Polar Bears at Risk," WWF International Arctic Programme Report, May.
Montague, Dena. "Stolen Goods : Coltan and Conflict in the Democratic Republic of Congo (2002), SAIS Review, vol. XXII, no. 1 (Winter-Spring).
Sen, Amartya (1999), *Development as Freedom*, New York : Random House.
Starke, Linda, ed. (2002), *State of the World 2002*, W. W. Norton and Company.
Stirling, Ian (1998), *Polar Bears*, Ann Arbor : The University of Michigan Press.
Van Gelder, Lindsy & Pamela Robin Brandt (1996), *The Girls Next Door : Into the Heart of Lesbian America*, NY : Simon and Schuster.
中西正司・上野千鶴子『当事者主権』(岩波新書、二〇〇三年)
ロニー・アレキサンダー「平和を阻む『日常性』——ナショナル/トランスナショナル・バイオレンスにかかわる『ジェンダー』」国際協力論集一一巻三号(二〇〇四年)四七~七一頁

第2章　グローバリゼーションと貧困

西川　潤

1　はじめに

二一世紀初頭の世界を動かしているのは、もはや国民国家（the nation state）ではない。国民国家は一七世紀ころ西欧に生まれ、今日の国際関係（international relations）の基礎となった。だが、二〇世紀末の九〇年代に出現したグローバリゼーション（globalization）は、この国際関係を超克し、世界の風景を変える動きとして展開している。

平和学での戦争と平和は従来、国民国家、国際関係に関連する要因として、研究されてきた。しかし、グローバリゼーションが近代世界の基礎を形作ってきた国民国家を乗り越える動きとして出てきている現代世界において、この動きは、平和研究にどのような意味をもつものだろうか。この問いに答えるために、本章では先ず、グローバリゼーションとは何か、その人間社会に与える光と影の両側面を明らかにすることにする。次いで、グローバリゼーションには二つの道、すなわち、市場経済化と意識化の両面があることを論述する。市場経済化は、人間をも含むすべての資源を商品化して資本蓄積を推進すると同時に、近代世界にあい伴った身分制をこわし、民主化をすすめる。意識化は生産力が国民国家の境界を越えて拡大していくとき、同時にコミュニティ、国民国家、あるいは自分の所属する組織に規定されていた個人のアイデンティティが、これらの伝統的境界を越えて、地球社会のレベルにまで拡大し、新たなアイデンティティ、問題関心を育む現象を指している。グローバリゼーションは、この二つの動因の相関、緊張、相克を通じて進展しているのである。資本蓄積をすすめるグローバル化は、富を地球社会の特定部分に集中させると同時に、他の圧倒的多くの部分にはいわゆる貧困（poverty, deprivation）を拡大していく。ここで「貧困」というのは、「所得貧困」（income poverty）と呼ばれる絶対的貧困でもあれば、また「人間貧困」（human deprivation）と呼ばれる相対的貧困でもある。この両者の貧困がいわゆる北の先進世界にも、また、南の発展途上世界にも拡がっている。この意味で、グローバリゼーションは二〇世紀後半の国際関係を揺るがした南北問題をも越える動きである。貧困の増殖は、平和――世界的、地域的、また個人的――をそこなう動きである。

これらの点を検討した後、それでは、現代のグローバル化世界において、貧困を克服し、平和を再建する道がどのようなものであるかを、読者の皆さんと共に考えることにしたい。

2　グローバリゼーションとは何か？——経済のグローバル化と意識のグローバル化

経済のグローバル化

グローバリゼーションとは、何よりも先ず、近現代世界を特徴付けた国民国家体制を越えるような、すなわちトランスボーダー的（あるいはボーダーレス的）な動きが世界に広まっている現象を指している。これには、経済面と意識面の二つがある。

経済面では、世界的な生産力の拡大に伴い、市場経済が国境を越えて展開している。これは、貿易の拡大にとどまらず、資本の面でも同様であり、多国籍投資の拡大がまた、貿易の拡大を伴っている現象がある。この、経済グローバル化はしたがって、貿易（商品やサービス）のめざましい増大と資本移動の大きな展開として現れている。

一九六〇年時に千三百億ドル程度だった世界の貿易（輸出）額は、一九九〇年時には三兆五〇〇〇億ドルと三〇年間に二七倍にふえ、そして、二〇〇〇年時には約六兆ドルへと、さらに二倍弱にふえている。また、海外直接投資は、一九七〇年の約一〇九億ドルから、二〇〇〇年には約三・八兆ドルへと（残高ベース）これも約三〇年間に四百倍近くにふえ、それと共に直接投資以外の資金フローも膨大にふえている。今日、多国籍企業は世界に約四万社以上、その生産額は、世界ＧＮＰの約五分の一に相当する約七・五兆ドルとみられるが、これは日本のＧＮＰ四兆ドルを大幅に上回り、アメリカ、ＥＵのＧＮＰに匹敵する（西川　二〇〇〇ａ：5-8）。

これら多国籍企業は、発展途上地域から安価な資源や製品、そして稼得した外貨を先進国に移転することにより、先進国での富の蓄積、人々の快適な生活の維持に貢献している。

同時に、また、多国籍企業が本国以外で動かしている資金、いわゆるユーロ・マネーは、毎日数兆ドルに及んでおり、もしこの資金の一部でも投機に用いられれば、どんな国の為替レートも翻弄されずにはいない。それは、アジアの通貨・経済危機が示したとおりである。実際、これら多国籍企業と関連金融機関は、「マネーがマネーを生む」カジノ経済（ストレンジ 一九八五）の動因であり、近年急ピッチで拡大している南北格差をすすめる主体でもある。

経済のグローバル化はしたがって、市場経済の世界的な展開のうえに成り立っている。それが、世界的な自由化、開放体制化、規制緩和、民営化とあい伴い、今日まで国民国家間の関係として成立っていた国際関係の風景を大きく変えている。つまり、国民国家の境界は低くなり、資本や商品や労働等の行き来が活発化し、国民国家の規制力は弱まり、多国籍企業が設定したスタンダードが「グローバル・スタンダード」としてどこでも通用するようになってきた。

その反面、後述するように、世界的に南北の格差、また、繁栄地域と沈滞地域の格差は拡大し、貧困大衆が目立つようになり、しかも貧困は時を追って拡大しているようである。また、グローバル・レベルでの工業化の進展とともに、公害、環境や生態系の悪化も強まり、経済発展の持続性が危ぶまれるようになってきた。

ワシントン・コンセンサス

経済グローバル化については、国際的には、IMF（国際通貨基金）が資本の自由化をすすめる機関として存在し、また、世界貿易機関（WTO）が、貿易自由化や経済紛争調停の場として、GATTを引き継ぎ、発足している。これら国際機関は、アメリカ国務省と協議しつつ、グローバリゼーションを推進する役割を担っている。これは「ワシントン・コンセンサス」と呼ばれる仕組みである。つまり、アメリカの首都ワシントンDCに位置するこれらの機関は、国際収支が赤字で、外貨繰りが難しい途上国に融資をしたり、あるいは開発融資をしたりする場合に、その代償として「コンディショナリティ」（条件付け）と呼ばれる経済政策に関する条件をつけ、政府規制を緩和させたり、金融引締めを実行させたり（インフレになると輸出が難しいし、銀行や多国籍企業にとっては貸したおかねが減価して戻ってくることになる）、為替レートを維持させたり、また、社会支出を抑え、賃金水準が上がらないように（いずれも政府財政の赤字が拡大し、インフレを導きやすい）指導する。これらワシントン・コンセンサスに基く政策はいずれも途上国で市場経済化をすすめ、「小さい政府」を実現して、途上国市場の世界経済への統合をすすめる手段である。[1] アメリカやDAC諸国の開発援助も近年では「良い統治」「貧困削減」「市場経済化」を重視するようになっているが、これらはいずれもグローバリゼーションをすすめる手段であると言ってよい。つまり、「良い統治」とは政府の透明性、法の支配、汚職腐敗の防止、財政の健全性等を指すが、これらは、多国籍企業のビジネス展開にとっても重要な要素である。貧困削減は、市場経済化により増大する貧困問題を放置しておいたのでは、市場経済の発展も難しいので、O

DAにより貧困緩和をすすめて、社会不安を除去しようとする政策である。

経済グローバル化は、多国籍企業をプロモーターとして、国際制度に支えられつつ、ボーダーレス活動、市場経済を世界に広げているといってよい。だが同時に、この経済グローバル化は途上国における「良い統治」を鼓吹しながらも、じつは本国において、民主主義、法の支配を蹂躙するような結果を導いていることもまた多くの研究者の指摘しているところである（D・コーテン 一九九七：N・ハーツ 二〇〇三）。

意識のグローバル化

経済のグローバル化とあい伴って、人々の意識のグローバル化も急進展している。その代表的な領域は、人権と環境に関する意識である（西川 一九九九）。

人権概念はもともと、西欧で市民革命や労働運動の興隆に伴い、先ず自由権、次いで社会権として発達してきたのだが、第二次世界大戦以降、旧植民地の独立とともに、第三世代の人権と呼ばれる新しい人権概念が次々と成立するようになった。すなわち、男女の同権、自治権、発展権、環境権、情報権、性と生殖の権利等々である。

第二次大戦以降、先ず世界人権宣言（一九四八年）が、これまで人類の共通財産として発達した人権概念を整理して、人権や人間の尊厳、民族間や両性の平等が平和の基礎であることを明らかにしたが、この人権宣言で示された基準に従い、今日の段階での人権概念を法規範として示したのが、一九七六年に国連の場で発効した国際人権規約（自由権及び市民権を定めたB規約、社会的経済的文化的権利をさだめたA規約）である。この国際人権規約には大戦後、新興独立国、発展途上諸国から提起された新しい人権がかなりの程度ふくまれており、今日の人権概念が、西欧の独占物ではなく、南の世界からのインプットをもふくめた普遍的な人類の共有財産であることを示している。

二〇世紀前半までは、人権は国家の憲法に書き込まれ、国家が保護すべきものと考えれていたが、第二次世界大戦後はじめて、国際人権の概念が登場し、国際社会、国際機関が尊重すべきものとして、国際条約として示されることになった。

今日ではこれら国際条約の成文化には各国や国際NGOが審議の過程にさまざまな形で関与し、市民社会のインプットを行って、国際人権の発展に貢献している。また、グローバル問題に関連した国際条約が成立すると、必ず、その行動計画が定められ、世界的に各国、また、国内の各レベルに至るまで、これを実施していく手段が強化されていることも、今日の国際人権の大きな特徴である。その一例として、世界女性会議で採択された宣言・行動計画に基づき、各国で行動計画が設定され、それが地方政府や自治体レベルでも行動計画の採択に及んで、グローバル・レベルから地方レベルに至るまで、男女平等、男女共同参画が進展していることがある。その実施には、各国、地方レベルでそれぞれNGO、NPO等市民社会の参加があり、人権意識が草の根まで浸透していっていることが知られる。これは、人権のグローバル化を意味するものである。

また、環境問題も急速にグローバル化している。第二次大戦後の経済成長ブームのなかで、公害問題もまた激しくなったが、生産力の増大とともに、一国の公害が、酸性雨や大気・水・海洋等の汚染として、他国に拡散するばかりでなく、大気中の二酸化炭素蓄積に伴う地球の温暖化、森林伐採に伴う砂漠化や異常気象、化学物質の氾濫から起こる環境ホルモン等、われわれの将来世代の生活環境をそこなうにとどまらず、人類の再生産そのものを脅かす事態さえ生じてきた。核実験など軍拡競争から起こる環境破壊も強く意識されるようになった。「かけがえのない地球」を守ろうというグローバル意識も、一九七三年のストックホルム国連環境会議、一九九二年リオデジャネイロで開かれた国連環境と開発に関する会議（地球サミット）と「アジェンダ二一」の採択以降、急速に広まってきている。

わけても地球の温暖化が、人類にとって深刻な事態を導くとの認識から、地球温暖化防止国際会議がもたれ、温暖化防止のための国際議定書（京都議定書）も採択され、各国の二酸化炭素排出削減の目標も定められることになった。これらは、環境意識のグローバル化といえる。

それでは、次にこの二つのグローバリゼーション——経済と意識のグローバル化——がどういう関係にあるか、を見ることにしよう。

二つのグローバル化の相関と緊張関係

当然のことながら、経済や市場の発展は、情報、コミュニケーション手段・技術、交通・運輸手段等の飛躍的な発展をもたらす。光ファイバーによる大量情報伝達、インターネットやEメール、ファックス等による瞬時のボーダーレス・コミュニケーション、遠隔地テレビ対話、ＩＴ革命等は、経済や金融のグローバル化と切り離して考えることはできない。

このような情報化が国民や郷党意識をグローバル化させるのに貢献したことは疑いない。東西冷戦体制を崩壊させた「ベルリンの壁」事件のきっかけは何といっても、東の閉鎖的世界に、西側の開放体制のイメージ情報が伝わったことに発したことは否めない事実だろう。こうした意味では、経済のグローバル化と意識のグローバル化の間には、正の相関関係がある、といえる。

しかし、両者の間には、正の相関関係ばかりではなく、緊張関係、あるいは矛盾関係も存在する。それは、市場や政府の失敗と関連している。

先にみたように、経済グローバル化は市場経済をベースとしており、市場経済の世界的展開を伴っている。だが、それと同時に、貧富や地域の格差、南北問題、独占や投機、環境破壊や公害、景気循環や失業等の、いわゆる「市場の失敗」現象もグローバル規模に拡大して現れてきた。それは、一九九〇年代をつうじて、ヨーロッパの通貨危機、次いでアジアの通貨・経済危機にもあらわれている。

情報化も市場の失敗の側面をもっている。つまり、世界的な情報化の進展と共に、「デジタル・デバイド」と呼ばれる、情報格差の問題も深刻化してきた。これは、世界的にもそうだし、また、国内的にもそうである。人口一〇〇人当たりの移動電話契約数は、先進国では六〇〜八〇件（アメリカは四四件）だが、途上国では一件にも満たないところが大部分である。人口一〇〇人当たりのパソコン数もヨーロッパ先進国、日本では三〇〜四〇％（アメリカは六三％）だが、やはり多くの途上国で一％にも満たない。インターネットの人口普及率は米、英、日本ではほぼ六〇％で、学校のインターネット接続率も今日ほとんど一〇〇％だが、途上国では、特定の地域を除いて、それはとうてい望むべくもない（いずれも二〇〇〇年時の統計）（ITU 2001）。注意しなければならないのは、同じ国の内部でも人種、性、地域（都市と農村等）により、情報格差は大きいことであり、日本をとっても個人のパソコン利用率を見ると、東京、神奈川の四一—四二％に対し、東北や九州の多くの県でその普及率は半分程度の二〇数％にとどまる。アメリカでもこのような地域間、また人種間の情報格差はきわめて大きい。世界的に経済発展の中心がＩＴ（情報通信）分野にシフトしているとき、このようなデジタル・デバイドにより、南北、あるいは社会集団間の格差が増大していることは、二〇〇〇年の九州・沖縄サミットの際に注目され、日本もデジタル・デバイド解消に一五〇億ドルを拠出するとの声明を出したが、デジタル・デバイドが根本的には、絶えず格差をつくり出すような資本主義世界のシステムにビルトインされている以上、その解消はけっして容易な事業ではないだろう。

このような情報面をも含む市場の失敗に対抗して、人権意識が強まり、経済のグローバル化を批判する運動を形作ってきた側面もある。

また、他方で、先進国では、東西冷戦体制のもとで進行した軍拡競争による緊張激化、環境破壊に抵抗して、軍縮・平和、人権を強める市民運動が展開した。発展途上国では、先進国へのキャッチアップをめざす国家による開発独裁体制のもとで進行した人権蹂躙、環境破壊に対抗して、人権と民主化をめざす市民運動が台頭して、各地でＮＧＯ運動が強まった。これらはいずれも、「国家の失敗」に対抗して、人権と平和を求める運動である、といってよい。途上国ではしばしば、経済グローバル化、多国籍企業の進出と結び付いて、汚職腐敗がすすみ、これがアジア通貨危機の際にも、金融システムの麻痺を引き起こした原因となったので、意識のグローバル化は、経済のグローバル化をチェックする要因としてはたらいた、といえる。アジア経済危機以降、アジア各地で大きく進行している民主化の波はそれを示している（西川 二〇〇四）。

しかし、考えてみると、意識のグローバル化は単に経済のグローバル化につれて出てきたのではなく、独自のダイナミズムをもつものかもしれない。それは、国連憲章や世界人権宣言が第二次大戦の惨禍の教訓からつくられたように、人権、人間の尊厳、人間の自由な選択の拡大という人間社会の発展と関連している、ともいえよう。国際人権規約B規約の付属議定書（日本は未批准）で、個人が国家と対等な位置におかれ、人権を蹂躙した国家を訴追する可能性を認められていることは、このような人間尊重の世界的な思潮を示すものといえる。ビッグビジネスによる経済グローバル化を批判する主要勢力として、意識のグローバル化が強まってきた背景には、このような人間意識の世界的な進展が存在する。(2)

以上、グローバル化のダイナミズムを検討した。私たちはそこで、経済のグローバル化が貧困増大を導いていることに触れたが、次に、このようなグローバル化のコンテキストの中で、貧困はどのように現れ、いかに拡大しているか、を検討することにしよう。

3　貧困を生み出す世界システム――絶対的貧困と相対的貧困

貧困の定義

私たちは先に、経済グローバル化が貧困を生み出し、かつ増大させている、と述べた。この点を見るためには、貧困とは何か、私たちが対象としているのは「どういう」貧困か、を先ず説明しなければならない。

世界銀行は、毎年『世界開発報告』を発刊している。この報告は、発展途上国の開発問題に取り組む世界銀行が、それぞれの時点での主要な開発問題をどのようなものとして見ているか、またこれらの問題をどのように分析し、いかなる開発方向を提示しているかを示すものである。

二〇〇〇／二〇〇一年度の世界開発報告（World Bank 2000/01）は「貧困への挑戦」を主題として掲げた。本節では、先ず、世界銀行が見た貧困問題の現状はどのようなものか、また、「包括的貧困対策」という名称をもつ、経済グローバル化時代の貧困削減政策とはどのようなものか、を眺め、貧困の問題が世界銀行的な視点――絶対的貧困の視点――のみでは明らかにならないことを示し、貧困克服のためには、相対的貧困――世界システムの中で絶えず生み出される貧困――を考慮に入れなければ問題の解決につながらないことを論証することにしたい。

世界銀行の見た貧困の現状

ちょうどその一〇年前に世界銀行は、同じ世界開発報告の一九九〇年版で初めて「貧困」を主要テーマとしてとり上げ、世界の貧困者を年間三七〇ドル以下の所得で約一一億一六〇〇万人、年間二七五ドル以下で約六億三三〇〇万人と試算して（一九八五年時の統計に基く）、国際協力の主要目標を貧困削減（poverty reduction）に向けることを提唱した。この頃から、貧困人口を「一日一ドル以下の収入」とする見方が定着する。それまで、国際協力の場では、発展途上国の経済成長をはかる（北の先進国の立場）、あるいは南北格差の縮小を目的とする（南の発展途上国の主張）、のいずれかが主要目標であり、一九八〇年代初めに衣食住や保健、教育など「人間の基本的必要」（Basic Human Needs—BHN）に援助の重点を置くことが主張されはしたものの、貧困をも含めて、個々の人間の立場への考慮はけっして国際開発協力の主流となることはなかった。だが、一九九〇年の世界開発報告が公けにされて以降、経済成長が自動的に貧困を解消するとする楽観的な「トリクルダウン」（trickle down 成長の恩恵が社会の隅々に伝播する）説は影をひそめ、援助は当初から、貧困削減や環境保全をめざすべきであるとする「人間中心型発展」が力を得るようになった。今日、ＯＥＣＤの開発援助委員会（ＤＡＣ）に集まる先進諸国は、発展途上国への開発援助に際して「貧困削減戦略ペーパー」（Poverty Reduction Strategy Paper—PRSP）を策定して援助の協調をするようになっている（V・トーマス他 2002：第1部）。いまや、貧困は、紛争や災害復興と共に、国際協力の中心テーマの一と見なされるようになった。

二一世紀初頭の時点に当たって、世界開発報告が再び「貧困」問題に焦点を当てたのには次の

図表２－１　世界銀行による貧困人口* の推計

(100 万人)
(　) 内は総人口に対する比率

	1985 年	1998 年	2000 年予測** (対 1985 年)
東・東南アジア	280(20)	278(15.3)	70
中国	210	213	35
ヨーロッパ・中央アジア	6(8)	24(5.1)	5
ラテンアメリカ	70(19)	78(15.6)	60
中東・北アフリカ	60(31)	6(1.9)	60
サハラ以南アフリカ	180(47)	291(43)	265
南アジア	520(51)	520(40)	365
インド	420	N. A.	255
計	1,116(33)	1,199(26)	825

出典：The World Bank, (1990) : Table 2-1, Table 9-2 及び Id. (2000/01) : Table 1-1 より作成。

この両年の報告の統計表には整合性が欠けているので，統計の変化に多少の矛盾がある。

*　１人当たり所得の実質購買力平価 (PPP) が 370 ドル未満。

**　1990 年報告における 2000 年予測 (The World Bank 1990 : Table 9-2)。

ようないくつかの理由がある。

一つは、最初の貧困報告から一〇年を経て、本報告が示すように、世界の貧困人口は、同じ「一日一ドル」を基準として、世界人口の比率としては減っていても（三三％から二六％へ）、絶対数では減少していないばかりか、かえって増えている。図表２－１は一九九八年時で一一億九八九〇万人という推計を出している。毎年平均数百億ドルにのぼる巨額の援助が、ここ数十年北から南へと流れているが、この表によると、貧困人口が総人口に対する比率としては減少しながら、絶対数ではかえって増えているのはなぜだろうか？　当然、援助戦略自体が見直されなければならない。

なお、付け加えて言えば、一九九〇年の貧困報告では、一一億一五〇〇万人の貧困者が、二〇〇〇年時には八億二五〇〇万人に減少すると見込んでいた（図表2―1「二〇〇〇年予測」欄）。しかし、この楽観的予測は大きく外れたのである。

第二に、一九九〇年代には、世界的に市場経済化、経済グローバル化がすすみ、それに対応して、政府の経済運営に対する比重も以前と比べてより小さな政府がベターとされるようになってきている。市場経済時代の貧困削減戦略とはなんだろうか？　これは、決まった援助予算を消化することを第一義の目的としてきた国際開発がこれまで十分考えていなかった問題である。

第三に、いま私は、貧困が紛争や災害と共に国際協力の主要テーマとなってきたと述べたが、実際、2節に述べたように、グローバル化を通じ、一方では貧困の増大、他方では世界各地での民族紛争や環境悪化、天災が増大が増大している。また、この貧困の増大はテロやAIDS／HIV等の新感染症とも結び付いて、先進国の人々にも直接間接に影響を及ぼすようになっている。その結果超大国アメリカが音頭をとり、対テロ「報復」「先制攻撃」戦争もまかり通るようになった。こうして戦火や紛争の絶えぬ中で、「人間の安全保障」が国際協力の重要テーマとして浮かび上がってきた。つまり、個々人の安全を脅かすグローバル問題の根源としての貧困に新たな関心が寄せられるようになってきた。

これらの理由から、世界銀行は二一世紀当初の時点を飾る世界開発報告を「貧困」問題特集、しかも「貧困への挑戦」として、市場経済化時代に政府に可能な政策対応を考え、国際開発協力に新たな方向付けを提起することになった、と考えられる。

この新たな方向付けに際しては、次の三つの分野で国際開発協力における変化が現われていることを考慮すべきである。先ず第一に、市場経済の補完としての貧困対策の側面がある。先に第2節の「ワシントン・コンセンサス」で示したように、世界銀行は、IMFとともに、世界的な市場経済化、グローバル化を国際機関として推進する役割を担ってきた。そのために、一九八〇年代に発展途上国の債務問題が拡大してきた際に、融資・債務救済の代償として、構造的調整(structural adjustment)の条件(コンディショナリティーズ)を課し、財政赤字の縮小、インフレ抑制、民営化、規制緩和など「小さい政府」化、多国籍企業導入による輸出経済振興をはかってきたが、この政策が、社会支出の抑制、失業、貧困増大、貧困女性へのしわ寄せ等をもたらしてきたことは既に触れたとおりである。それゆえ、構造調整、市場経済化がある程度進めば進むほど、貧困対策を行わないと、途上国政権の基盤自体が脆弱化する恐れがある。実際、リベリア、スーダン、アフガニスタン等の国家体制が事実上解体した「崩壊国家」では、周辺大国の介入と同時に、国内の貧富格差拡大や利権争いが紛争の根底にある。戦争・紛争の早期抑止のためには貧困対策が不可欠であることが認識されることになった。PRSPは、市場経済化とセットなのである。

第二には、貧困者自身の自己責任、主管者意識(オウナシップ)の強調である。これは、一九九〇年代における政府開発援助(ODA)の停滞と関連している。DAC諸国のODAはこの時期にずっと年間五〇〇億ドル台で、横這いである。一九八〇年代に四〜五年毎に倍増を続けた日本のODAも一九九九年にアジア経済危機への融資により一五三億ドルと突出して増加したものの、二〇〇一年には九八億ドルへと、三分の一減少し、実際ODA予算も二〇〇〇～二〇〇三年間に毎年一〇％の減額となっている（西川 二〇〇三a）。これにはDAC諸国共通の要因（政府財政赤字の増大、新興国の追い上げ等による経済成長率ダウンや失業の増加、国民の南北問題認識の変化等）と共に、日本に見るように各国個別の要因も働いているが、大きな流れとしては、ケインズ型の「大きな政府」時代が終焉し、より成熟した経済社会において民間部門の活性化が課題となっていることが関連しているだろう。かつてODAの主流をなしたインフラ開発もいまや民間部門に次第に委譲されはじめている（外国企業によるインフラの建設 Build、運営 Operate、引渡し Transfer による社会資本調達の方法で、BOT方式と呼ばれる）。このような時代には、ODAの役割もまた緊急援助や人間の安全保障分野、技術協力等に限定されるようになり、貧困対策においても「ばらまき援助」は排され、貧困者自身の自己責任が強調されるようになる。これを「安上がりの援助」とみて非難するか、それとも「住民参加」とみて賞賛するか、については論者の立場により異なり、またケース毎によく調べる必要があるが、いずれにしてもかつて「自助」(self-help) と呼ばれた援助対象の主体性の問題はいまや、主管者意識 (ownership) と呼ばれて、国際開発協力の常識となりつつあるといえる。一九八〇年代に人間の基本的必要（BHN）が主張され始めた頃は、「援助する側」の世界認識からかなり一方的な「与える」援助がまかりとおったが、それはだんだん難しくなり、「受け取る」側の必要を先ず知る必然性が認められるようになった。[3] ただ、他方で、アメリカのようにブッシュ政権の下で「ミレニアム・チャレンジ・アカウント」(MCA)として、二〇〇二〜〇五年の三年間にODAを五〇%増額し(二〇〇二年度には約一三〇億ドル)、これを良い統治、BHN、市場経済化等に向けて、ワシントン・コンセンサスを補強する方針を打ち出した大国もあるが、増額分の多くは、イラク復興、イスラエル、パキスタン等紛争国の周辺国援助等、政治的に運用されていることに注意をはらっておこう。つまり、今日援助の現場は、「オウナシップ」と「戦略援助」のあい矛盾する二つの要請の間で引き裂かれているのである。

第三に、国際開発協力の主流は従来、政府間の協定によると考えられ、ODAが常に開発協力の柱であり、民間の自発的協力団体、非政府機関(NGO)はその外側で、ごく限られた領域でマージナルな事業を営むにとどまると見なされてきた。しかし、先に述べたような政府活動の限界(赤字財政、汚職腐敗などはしばしば「政府の失敗」と呼ばれる)が明らかになるにつれて、また、開発目標として、インフラ作り(日本の地方開発と同じく「ハコ物」援助と言われる)よりも、社会開発(貧困軽減やジェンダー配慮、環境保全等)や民主化、市場経済の枠組みや法制の整備、そしてますます頻発する災害や紛争の救援や復興が重視されるようになってきた。このような方向への転機は一九九五年にコペンハーゲン市で開催された国連主催の世界社会開発サミットであり、ここではNGO代表をも含めた世界一三二国の代表が、社会開発の目標として、貧困・失業・社会分裂への取組みと同時に「市民社会の参加」を挙げることになった(西川 一九九六)。それからやや遅れて二〇〇〇年にはやはり国連のコフィ・アナン事務総長が世界の民間企業の代表者たちとともに、人権や環境を重視する「グローバル・パートナーシップ」を発足させた。こうして、世界的な開発目標として、社会開発や人間開発（BHNなど人間の自由な選択拡大の基盤整備を重視する開発方向）が重視されるとともに、これらの開発を実現していくことは、単に政府だけでは到底不可能であり、政府と民間部門の積極的な連携が必要であると考えられるようになってきた。この考え方は、国連が一九九九年のミレニアム総会で採択した「国際開発目標」にも明確に現れている。この二〇一五年までに貧困半減等をめざす国際開発目標は実際そのすべてが社会開発目標であり、いまやNGOなど、民間部門の参加なくしては国際開発の実現が不可能になってきていることを示している。

グローバル化を補完する貧困削減戦略

こうした先進国の政府開発援助の変化を踏まえて、世界銀行が提唱する貧困削減戦略の内容を見ておこう（World Bank 2000/01: Part I）。この戦略の主要な枠組みとしては、①機会の提供（Opportunity）、②エンパワメント（Enpowerment）、③人間の安全保障（Security）の三つが示される。これらはそれぞれ、上述のODA変化の説明でみた①市場経済化、②当事者の自己責任、③貧困者を襲う生活の不安定、に対応した戦略である。これらが一つながりの問題であることが理解できる。

先ず、①の「機会の提供」では、市場経済化の推進、市場の有効な活用（情報格差の解消や融資機会の提供等）、社会的資産（医療保健、教育、技術、各種の社会サービスへのアクセス等）を充実させ、貧困者が市場で活動できる条件を整備すること、政府の再分配政策や市場指向型の制度改革等が挙げられる。

②「エンパワメント」は当事者の社会参加による貧困の削減を意味している。①でのべた諸機会の提供も貧困者自身の社会参加がなくては、当事者に活用されないままに終る危険性がある。それゆえ、貧困者の社会参加を実効性をもってすすめるために、一方では、国や政府の制度・政策を貧困者の必要を反映できるものに変えていくこと、すなわち法の支配、地方分権、民主化などがその手段として示される。他方では、性・人種差別など社会的障壁を除去すると共に、社会関係資本（social capital）と呼ばれるような社会的ネットワーク（コミュニティやNPOなどによる互助システム）の形成・発展が推奨される。ソシアル・キャピタルとは、以前は社会インフラのことを指しており、日本語では社会資本と呼ばれていたが、近年では、むしろ社会的ネットワークを指すようになり、それゆえ、「社会関係資本」と訳されることが多い。つまり、エンパワメントとは、貧困者自身の社会参加を促進する一面と、それを保障する公共政策及び社会全体の協力を示している。

③「人間の安全保障」については経済グローバル化の進行につれて、前述のとおり、貧困者の生活の不安定性、災害等のリスクや災害に対する脆弱性が高まってきている。前述の世界経済報告はこの現象を説明し、経済不況や災害リスクをどう管理・制御すべきかを、検討している。とりわけ、リスク管理については、リスクの減少、緩和、衝撃への対応、それぞれの領域で、公共政策が検討されなければならない、とする。この点では、二〇〇三年二月に国連事務総長が委嘱した人間の安全保障を検討する独立委員会（ノーベル経済学賞受賞者アマルティア・センと前国連難

民高等弁務官緒方貞子が共同議長）が報告を発表しているが（人間の安全保障委員会 二〇〇三）、この国連報告では、人間の安全保障を紛争、難民、貧困（経済的安全）、保健衛生、教育など、世界銀行の「緊急援助」に集約された人間の安全保障概念よりも、ずっと幅広く捉えていることに注意しておこう。

いずれにしても、これら市場経済化、住民参加、緊急援助等の領域において、援助供与国が協調しつつ、援助受入国に対して、貧困削減戦略に基くペーパー（PRSP）を提示し、民間企業の進出を補完しつつ、貧困削減をはかっていくというビジョンが、世銀戦略の内容である。つまり、PRSPとは、グローバリゼーションに際して、絶えず産み落とされる貧困を対象とし、グローバリゼーションの円滑な遂行をめざす援助プログラムであると言ってよい。

しかし、このような貧困削減戦略に基づいて、実際に貧困は削減され得るのだろうか。そもそも、国際援助は一九六〇年代以降、南の貧困をなくすために実施されてきたはずなのだが、現実には毎年数百億ドルという巨額の援助が北から南に対して行われてきたにもかかわらず、貧困層は減少していないことは図表2―1に見たとおりである。

この問題を検討するためには、先ず、世界銀行、PRSPで言う貧困の概念それ自体を再吟味しなければならない。

貧困の概念再検討

世界銀行が言う貧困の概念を復習しておこう。つまり、一人一日一ドル（実質購買力で見る）

の所得に満たないとき、その人は、自分及び家族の生活に必要な基礎栄養、保健、教育等のBHNを満たすことができないと考えられ、貧困状態にある、と言われる。これはいわゆる絶対的貧困（absolute poverty）の状態である。

絶対的貧困の概念はひろく各国で採用され、ある一定水準の所得に本人の所得が満たないとき、当該人は貧困者と見なされ、公的扶助の対象となる。この所得水準を貧困ラインと言う。この意味で、絶対的貧困は所得貧困（income poverty）とも呼ばれる。

日本でいうと、二〇〇二年の段階で、生活保護法の対象となった約七五万世帯一〇〇万人への給付額は母子三人世帯で一二万五三二〇円（三級地―2）から一六万〇四一〇円（一級地―1）の間だったので、一人一月約五万円の所得が貧困ラインとなる。アメリカでは約三五〇〇万人がフードスタンプ（食料切符）等の公的扶助を得ているが、その資格要件は年収一万五〇〇〇ドル程度（月収にすれば、一二五〇ドル、約一三万円で、日本の貧困ラインとそれほど変わらない）となっている。

この絶対的貧困の概念は公共政策の設定について有効だが、問題もある。なぜなら、第一に一人一日一ドルという基準はあくまでも国ごとの平均値である。ところが、貧困国にも金持ちもいれば、権力者もいる。国内構造の問題が捨象されているために、貧困国向けの援助がしばしば権力者や金持ちを肥やした例も、日本等のフィリピン援助がマルコス一族を肥やした例にも見られるように、よくある話である。第二に、一ドルという購買力の国際比較は難しい。ヒマラヤ山麓にネパールとブータンという二つの王国があるが、両者とも一人当たり所得は同じ三〇〇ドル台である。しかし、ネパールでは貧困層が多く、森林が消失して災害も頻発し、共産ゲリラが王室支配を揺るがせているのに対し、ブータンではずっとひなびた感じで、「GNP」よりも「国民総福祉」（Gross NationalWelfare—GNW）を重視する政策のもと、社会的緊張ははるかに少ない。中国でも一人一日一ドル程度の所得の村が、国の定める福祉、文化水準を満たす「小康村」に指定されている例もある（西川 2003b）。また、上述の日本やアメリカでは、一人一日一ドルどころか、一日四〇ドル強が貧困ラインとなっており、国際基準の四〇倍ということになる。しかし、これらの国に貧困層がいることはまちがいない。

絶対的貧困は多くの場合、社会関係によって生み出される。これら社会関係によって生み出される貧困を相対的貧困（relative poverty）、あるいは人間貧困（human deprivation）と言う。これを平和学の用語では、直接的暴力が行使されていない場合でも、社会構造によって人間の尊厳、平和が踏みにじられているために、構造的暴力という（G・ガルトゥング 一九九一）。

Deprivation あるいは権利の剝奪は、アメリカで一九六〇年代の公民権運動、一九七〇年代のフェミニズム運動を通じて現れ、急速に福祉政策の領域で「貧困者」を指す用語となった。

人間貧困とは、社会関係の中で、歴史的事情や差別により、人権を蹂躙されている状態である。「自分が自分でない状態」と言ってもよい。たとえば女性差別、人種差別等により、ある人が就職や進学や起業や社会活動に困難を覚えるとするとき、そこには人権の蹂躙、無視が存在する。これが貧困状態の根本にあるとする考え方である。このような貧困状態をなくすためには、公共政策による扶助ばかりでは十分ではない。社会の理解により、本人の社会参加が進められ、人間としての人権が保障されることが必要になる。これが、障害者の人権保障の分野で言われるノーマライゼーション（正常化）である。つまり、誰もが多かれ少なかれ社会活動の中では障害を持つと考え、障害の程度の大きな人にも社会活動の条件を社会の協力により整備しようとする考え方である。これが人間貧困、構造的暴力を克服する道につながる。

ここで、人間貧困がしばしば所得貧困、絶対的貧困の基礎となっていることをも確認しておこう。人権が無視されているとき、被差別者は社会の中で、富、所得、機会等に対するアクセスを阻まれ、絶対的貧困に陥りやすい。両者は同一ではないが、関連し合っているのである。

この貧困概念の進展が福祉概念の進展と結び付いていることをここで指摘しておきたい。つまり、所得貧困が貧困と考えられていた時代には、貧困を解消するのは政府の公共政策の仕事であり、政府の仕事の大きな一分野は、このような所得（絶対的）貧困の解消、すなわち福祉国家（welfare state）の建設にあると考えられた。

しかしながら、一九七〇年台の中葉以降、福祉（welfare）の概念それ自体が大きく変わることになった。第一には、先進国の福祉国家化は、安価な原燃料価格の上に商工業を発達させた一九世紀来の国際分業体制の上に築き上げられたものだが、この国際分業体制が二次の石油ショック以降急速に崩壊するに及んで、先進国は低成長、定常経済時代（Daly 1977；Daly 1996；広井 二〇〇一）に突入し、福祉国家の基盤を作っていた南の国からの資源、余剰の流入にもはやあまり期待がもてなくなったことがある。

第二には、福祉国家がある程度進んだときに、所得がたとえ高くても、また、福祉政策による社会保障で生活に困らなくても、差別等の理由により社会の中で十分な活動の場が保障されていなかったり、寄生的な生活に安住してしまったり、あるいは、物質優先的な社会風土の中で自分の人間的な活動の場を見失って暴力、非行、麻薬、引き籠もり、破壊的な活動に逃げ込む例もひんぱんに見られるようになった。つまり、社会の質的な発展の問題が提起されてきたのである。(5)

ここから、一九八〇~九〇年代を通じて、福祉概念の見直しが進行し、上からあたえられる福祉(welfare)に対して、自らが自分の能力(capabilities)を伸ばし、発現させ、活用することによって「よい生活」(well-being)を作り上げていくことが人間にとっての幸福、望ましい状態だとするケーパビリティ論、人間開発論が登場した。ここでは、人間開発論を詳述する紙数はないが、貧困概念の展開と福祉概念の展開が相伴っていることに注意しておこう(西川 二〇〇〇b:第7章及び第12章:セン 二〇〇〇:第4章)。両者を図表2―2に整理してみた。

図表2―2では、伝統的概念によれば、貧困(所得貧困、絶対的貧困)は福祉政策によって対処される。しかし、現代的概念では、権利の剝奪に由来する相対的貧困は人権を保障する公共政策と共に、個人の社会参加、それを保障する中間団体(地方自治体、NPO、NGO等)の活動によってよい生活が保障される。福祉がよい生活の概念によってとって代わられつつあることが知られるが、もちろん両者は単に対立的なものではなく、相関的なものでもある。福祉概念の進展と共に、貧困概念も以前の絶対的貧困という所得のモノサシでしか貧困を見ない考え方に代わり、人権確立を経て、人間貧困、権利の剝奪をなくしていく考え方が登場し、それが、よい生活を保障する条件となっていることが知られる。この場合にも、絶対的貧困と相対的貧困は相互に対立

図表２－２　貧困―福祉概念の進展

伝統的概念（1980 年以前）	現代的概念（1980 年代以降）
福祉（welfare） ―いい状態（wellness）を政府が作り出す	**よい生活**（well-being） ―個人が経済社会過程に参加する中で，自分の選択能力を広げていく。 この場合に NPO・NGO，地方自治体等の中間団体の役割が重要
貧困（所得貧困）（poverty） ―何かが欠乏している状態。 公共政策によって絶対的貧困が解消され得る。	**権利の剝奪**（人間貧困）（deprivation） ―社会関係の中で人権が無視され，これによって貧困が起こる。 公共政策による人権保障，個人の社会参加により，相対的貧困はなくされ得る

するものではなく、実は、絶対的貧困は前述のように、人権の剝奪の上に成り立っているものなのだ。だから、人権を確立する中で、人間開発・発展、能力の拡充、よい生活も可能になるし（西川 二〇〇〇b：第10章）、それが所得貧困をなくしていく道、すなわちすべての人の平和的生存権を保障していく道につながるのである。

以上のように、福祉と貧困の概念、両者の関係を整理すると、貧困は世界銀行や豊かと言われる国々の人たちが考えているように、南の発展途上国にのみ存在するのではなく、じつは先進国と呼ばれる国々にも広汎に存在することがただちに知られるだろう。女性や障害者、外国人差別等が存在するとき、また、引き籠もりや校内暴力が少なからず存在するところでは、平和な生活が実現しているとは言いがたい。つまり、このような場合には私たち自身の生活も、たとえ物質的に豊かであっても、必ずしも平和な生活、よい生活とは言えないのである。

このように考えるならば、世界銀行等、グローバリゼーションの推進者たちの貧困削減アプローチがなぜ有効でないかが判ってくる。

その理由は、第一に、グローバリゼーション自体が世界的に貧富の格差を広げ、貧困を拡大再生産している現実を見ず、その結果として増大している貧困層にもっぱら目標を設定して、問題の根源に取り組む姿勢も意欲ももたないために、貧困は増大する一方なのである。

第二に、貧困削減アプローチは、所得貧困しか削減対象として見ていず、じつはその基盤に人権剝奪、相対的貧困、構造的暴力が横たわる事実に目をつぶっているがために、貧困削減をたとえ住民（貧困）層参加を看板に掲げても、成功し得ないのである。

第三に、貧困削減アプローチは、一般論にとどまっており、貧困がつねに社会の現実の中で再生産される特定の社会層（女性、農民、障害者、被差別社会集団、外国人労働者、子ども、高齢者等々）と関連している現実に目をそむけているために、有効でない。つまり、貧困削減は個々の社会層ごとの人権保障と結び付かなければ有効ではあり得ないのだ。

まとめて言えば、貧困削減の試みは構造的暴力を是正する視点と結び付かないかぎり有効ではあり得ないし、グローバリゼーションの進行するこの世界に平和を実現することもできないのである。

4　結　び　に

二一世紀初頭の今日、世界の国際関係はグローバリゼーションを軸として、大きく変容しつつある。グローバリゼーションの中で、戦争と平和、構造的暴力の問題も新たに進展しつつある。

グローバリゼーションには経済のグローバル化と意識のグローバル化の両方の側面がある。両者は相互に連関している面もあれば、相互に緊張関係をもつ面もある。

経済のグローバル化をすすめているのは、ワシントン・コンセンサスと言われる超大国アメリカとそれを支える国際機関の連合だが、近年、アメリカは経済グローバル化に発する諸矛盾を乗り越えるために、軍備増強、戦争を手段とするようになり、本来、平和と民主主義をすすめるはずの経済グローバル化が血なまぐさい軍事的圧力とテロリズムの悪循環関係にとらわれるようになっている。

その根源は、経済グローバル化が市場経済化、資本蓄積、経済成長という一元的価値観にとらわれ、このような価値観を世界に押し出すことによって、かえって差別と排除、人権の蹂躙を世界に広げていることにある。このような一元的グローバリゼーションに対して、さまざまな反グローバリゼーションの動きも展開している。第一には、地域主義という形で地域個性を主張する動きがヨーロッパ初め各地ですすんでいる。第二には、これとは反対に、経済グローバル化を後押しする超大国の軍事化により養成された傭兵勢力が、グローバル化のもたらす画一的文明に対抗する勢力、グローバル化のなかで周辺化を余儀なくされた勢力等と結び付いて、テロリズムという形で、暴力により、グローバル化への報復を試みつつある。これは、グローバリゼーションの産み落とした鬼子と言ってよい。

第三には、グローバリゼーションとあい伴いつつ展開している意識のグローバル化を代表する勢力、市民社会の勢力が、グローバリゼーションに根ざしつつ、しかし、グローバリゼーションのもたらす人間存在を否定するような側面をチェックし、グローバリゼーションをより人間的なものに変えていくための努力をはじめている。これが人間開発、社会開発の努力にほかならない。

今日のグローバル化世界の中で、戦争、民族紛争、災害等平和をそこなう事態はますます増加している。その根源にはすべての人間を商品化、物象化する経済グローバル化のなかで、構造的暴力が増大している事態が存在する。構造的暴力の増大が現代世界において、貧困、失業、社会分裂、南北対立、民族紛争、戦争、テロリズム、災害等、「平和ならざる状態」(peacelessness) として現れているのである。

それでは、市民社会にとって、平和の展望はどこにあるのか。それは、グローバル化、資本蓄積の運動の根底に横たわる物質的な価値観を見直すことからはじまるしかない。つまり、豊かさ、貧しさの概念を見直すことから構造的暴力の克服がはじまるのだ。物質的豊かさを尺度とすることから、貧困 (poverty) を操作概念とする現代世界システムの支配エリートの思想、概念が作られている。この思想、概念を克服する道は、貧困概念を見直すことからはじまる。つまり、貧困をたんに所得貧困ととらえるのではなく、現代世界システムが絶えず生み出す構造的貧困

(deprivation)、相対的貧困がその根底にある、と見るとき、世界システム変化の展望が出てくる。そのような変化の方向に身の回りから一歩踏み出すとき、そこには確実に平和が存在するのである。

注

（1） ワシントン・コンセンサスに関する内部告発として、世界銀行副総裁の立場にあったスティグリッツ(2000) が興味深い。

（2） Castells (1997) の三部作の第2巻 "The Power of Identity" はグローバル化が情報技術社会の進展を伴い、それが世界規模でのネットワーク化と人々のアイデンティティを強めて、民衆運動として現れている様子を分析している。また、このような世界的な市民運動を「グローバル市民社会」ととらえた報告が、二〇〇一年から、ロンドン経済学院市民社会センター (LSE 2001—) の手により、刊行されている。

（3） これが、援助における「当事者」の立場の尊重の問題であり、開発援助の分野で「参与型観察」(participatory appraisal—PA) の重視と言われていることである。それゆえ、世界銀行も二〇〇〇年報告の作成にあたって、途上国各地で「貧困者」を集め、ヒヤリングを開いて、それを『貧困者の声』(Voices of the Poor) として出版し、PAの形を整えている。

（4） V・トーマス他 (2002) は、経済成長の質の問題を提起しているが、質の基準を教育、自然資本、金融リスク管理、ガバナンスに限っており、問題の根源としての資本蓄積・大量生産大量消費体制に踏み込んでいないため、皮相的に終わっている。なお、この社会の質的な発展の問題については、さしあたって、暉峻

（一九八九）を参照。

参考文献

参考文献G・ガルトゥング　一九九一（高柳先男他訳）『構造的暴力と平和』中央大学出版部
D・コーテン　一九九七『グローバル経済という怪物』シュプリンガー・フェアラーク東京
J・スティグリッツ　二〇〇〇（鈴木主税訳）『世界を不幸にしたグローバリズムの正体』徳間書店
S・ストレンジ　一九八八（小林襄治訳）『カジノ資本主義：国際金融恐慌の政治経済学』岩波書店
V・トーマス他　二〇〇二（小浜裕久他訳）『経済成長の〝質〟』東洋経済新報社
A・セン　二〇〇〇（石塚雅彦訳）『自由と経済開発』日本経済新聞社
暉峻淑子　一九八九『豊かさとは何か』岩波新書
西川潤　二〇〇四「二一世紀の市民社会」軍縮問題資料二、三月号
西川潤　二〇〇三a「経済協力」『ブリタニカ国際百科辞典』TBSブリタニカ社
西川潤　二〇〇三b「開発と幸福」岩波講座『アジア新世紀』第四巻「幸福」
西川潤　二〇〇〇a『世界経済診断』岩波ブックレット
西川潤　二〇〇〇b『人間のための経済学』岩波書店
西川潤　一九九九「経済グローバル化と人権」早稲田政治経済学雑誌三三九号
西川潤　一九九六『社会開発――経済成長から人間中心型発展へ』（編著）有斐閣
人間の安全保障委員会　二〇〇三『安全保障の今日的課題（人間の安全保障委員会報告書）』朝日新聞社

N・ハーツ 二〇〇三（鈴木淑美訳）『巨大企業が民主主義を滅ぼす』早川書房

広井良典 二〇〇一『定常型社会』岩波新書

Daly, Herman (1977), *Steady-State Economics*, San Francisco : W. H. Freeman & co.

ITU (2001), *World Telecommunication Indicators 2002*, International Telecommunication Union

LSE (2001–), *Global Civil Society*, annual edition edited by Center for Civil Society, London Scool of Economics

World Bank (1990), *World Development Report*, 1990

World Bank (2000/01), *World Development Report, 2000/2001* (西川 潤監訳『世界開発報告』二〇〇〇／二〇〇一年版、シュプリンガー・フェアラーク東京)

第3章　サブシステンスと環境・平和

横山　正樹

1　はじめに

本章の目的は環境問題を平和学として取り上げ、論じることにある。平和学は各種紛争を解決・防止し、あらゆる暴力を克服するために資するという明確な方向性をもつ。それゆえに他の環境関連諸専門領域の研究においては見過ごされてきた独自の視角からの接近と分析が可能であり、そこに十分な有効性がありうると筆者は考えている。その根拠をここに明らかにしていくために、次のような手順をふむ。

第2節でまず環境問題を平和学として取り上げる意味を考え、論の前提となるいくつかの基本的な概念を提示する。つぎに環境問題に関わる社会諸科学、ことに経済学（第3節）および社会学（第4節）分野の重要な論考を紹介し、両分野の議論を平和学の視角から検討する。それらの結果から共通して浮かび上がる開発主義の問題性をふまえ、第5節では平和学としての環境問題研究のあり方につきサブシステンス概念を軸に考察を試みたい。

2　環境と平和学

平和学として環境を論ずる意味

環境破壊が人類社会の直面するもっとも深刻な問題のひとつと理解されるようになって久しい。自然環境の人為的改変・破壊は近代以前から森林喪失・砂漠化・鉱害（鉱毒被害）などとして世界各地で問題化していた。古来より諸文明の滅びた遠因は過度の森林伐採や灌漑農業、放牧等による環境破壊だったとの指摘もある(1)。また江戸時代の日本でも、銅山や金山が河川を汚染して鉱毒被害を発生させたために操業禁止に追い込まれた諸例が伝えられている(2)。

歴史を通じて人類は地域の自然環境を自分たちに都合のよいように造り替え続け、またその結果の集積はそれなりに自分たち自身の生存環境に降りかかってきていた。産業革命以降は改変の規模が急激に大きくなり、より短期間かつ広範にそれが公害問題として各地域で顕在化するようになった。

自然環境の改変は、従来から必ずしも常に否定的に考えられてきたわけではない。森林伐採・開墾・新田開発・護岸や治水・埋め立て等の努力は一般に賞賛されるべきこととされてきた。近年になって環境改変が広く問題視されているのは、それが自分たち、地域社会そして人類にとって有害だと感じ取られるようになったからにほかならない。人間たちの営みが地域だけでなく地球環境の有限性という限界にすでに突き当たったことをこれは意味する。

平和学において環境破壊はしばしば重要な課題として取り上げられてきたが、環境問題の重要性は平和学のたんなる一課題・分野にとどまらない[3]。環境問題は分野を超えたさまざまな平和の問題に深く影響を及ぼしているからだ。環境を考慮しない平和はもはやありえない。飢餓・難民・内戦・資源の争奪、それらを背景として絶望的なまでに広がる暴力の行使。環境破壊が広くかつ深く進行してしまった結果、ほとんどすべての社会問題には何らかの環境問題が関わっているといっても過言ではない。現実はそこまで来てしまっている。その意味で環境問題は平和実現への基礎となる課題なのだ。

環境問題については国内外ですでに生態学（エコロジー）や環境工学など自然科学の分野を始め、学際的な環境学、さらには環境社会学、環境経済学、環境法学など社会科学分野でも各関連学会が設立されて、多様な取り組みが展開され、それらの研究成果が蓄積されてきている。諸大学に環境関係の学部・学科・大学院研究科等も相当数が設置され、多くの学生・院生が学ぶようになった。

日本平和学会においても環境に関わるテーマは一九七三年の設立当初よりそれなりに重視されてきた。筆者も参加してきた同学会の「環境コミッション」は二〇〇三年に「環境・平和分科会」（代表者・蓮井誠一郎会員）に改組され、活発な活動を展開している。また立教大学では「平和学から見た環境問題」というタイトルの授業が二〇〇一年から二度にわたり開講され、その内容は『環境を平和学する！』という書にまとめられた。

では、平和学として環境を論ずる意味は何か。

「平和とは暴力の不在を意味」し、暴力は人間の肉体的および精神的な「潜在的実現可能性」(potential realizations) と「現実に生じた結果とのあいだのギャップ」の原因であるとヨハン・ガルトゥングはかつて定義した。[4] たとえば八〇歳まで生きるはずの潜在的実現可能性をそなえた人が公害の影響により五〇歳で落命したとすれば、そこでは三〇年間の寿命短縮の原因が暴力ということになる。環境問題はそうした暴力の態様の一種、つまり自然生態系と人間との関係性にかかわる暴力として把握することができる。人間による自然の改変に起因した潜在的実現可能性の阻害という暴力が環境問題なのだ。

暴力の克服は平和実現を意味するので、環境問題の解決を図ることは平和への道筋のひとつとなる。

なお、ここでたんに環境という場合には自然環境をさす。社会環境もまた平和の条件として重要な関わり合いをもつが、ここでは本論の主題から離れるので背景にとどめおく。

環境問題における直接的暴力と構造的暴力

暴力はその行為者が存在する直接的 (パーソナルな) 暴力と、そうした行為者が不在で、むしろ社会構造に組み込まれた構造的 (間接的) 暴力に分類することができる。[5] 従来の暴力 (つまり直接的暴力) 理解に加えてこの構造的暴力という概念をガルトゥングは提唱し、それは広く受け入れられるようになった。

直接的暴力は「他者の行動の直接的結果として人間に危害をおよぼす暴力」、構造的暴力は

「諸個人の協調した行動が総体として抑圧的構造をささえているために、人間に間接的に危害をおよぼすことになる暴力」とされる(6)。

直接的暴力の行為者は具体的個人や集団だが、構造的暴力においては暴力は構造のなかに組み込まれていて、不平等な力関係として、またそれゆえに生存機会の不平等としてあらわれる(7)。

環境問題における暴力においても、そのほかの場合と同様、直接的暴力と構造的暴力とに類型化することができる。それぞれの特質に対応した方策が立てられなければ暴力克服に有効な取り組みとはならない。単純化していうなら、直接的暴力には加害者に直接働きかける対応、構造的暴力には構造変革が必要となる。

何者かが毒物を水源地に投棄したために飲料水が汚染され、被害が出たとしたら、それは直接的暴力と考えられる。当然これは犯罪として対処されよう。犯人特定・説諭・訴追・処罰・賠償請求や、場合により柵を設けるなどの再発防止策も想定しうる。

他方、大量生産・大量消費の社会で多用されてきたフロンガスが地球のオゾン層を破壊して有害紫外線量が増加し、皮膚ガンなどの発病を増やしたとすれば、ある個人の行為との直接的因果関係は特定しがたいので、これは構造的暴力と理解される。実効性のある対策には国際条約をつくるとともに各国が国内法を整備して調印批准をおこない、さらに国際的監視などを含む国際的枠組みの制度化が必要となる。

では、水俣病などの産業公害は直接的暴力か、それとも構造的暴力か。

被害者たちはしばしば公害企業の経営者を名指しで加害者だと追及してきた。公害被害者からみればその認識は当然で、私もそれに共感をおぼえる。責任者が意思決定をおこなっている以上、直接的暴力の要素があったことには違いない。だが、社長・工場長や技師・一般の工場労働者たちが別の人びとであったならば、被害の程度に変化があっただろうか…。

おそらく企業の体質と経営が根本的に変らないかぎり、目に見えるような変化は期待できなかったに違いない。工場側関係者たちは自分たちの置かれた構造の中でそれぞれの役割をはたしているだけだったからだ。その意味でチッソ（水俣病）事件を始め多くの産業公害は構造的暴力と認められる。もちろんこれは経営者や現場の管理職たちの責任を免除する意味ではまったくない。(8)

「暴力が主体と客体とを直接的、個人的に結びつけているか、あるいは間接的、構造的に結びつけているか」が直接的暴力と構造的暴力とを区別するポイントであり、「この結びつきが主体と客体とによりどのように認識されているかということではない(9)」とガルトゥングは説明していた。

自ら水俣病を病み、家族の多くを水俣病に奪われた漁師・緒方正人も、長年の闘いと思索の末に「加害者チッソとは『仕組みとしてのチッソ』『構造としてのチッソ』のことなのではないか(10)」との認識に達したと著書『チッソは私であった』に記している。

3　経済学におけるコスト論の問題点

経済発展の社会的費用論

一九七四年当時、深刻化する産業公害への関心の高まりを背景に、宇沢弘文は著書『自動車の社会的費用』の冒頭において「自動車の普及ほど、戦後日本の高度経済成長の特徴を端的にあらわしているものはない[11]」と述べた。自動車を例に上げながらも、この書の真のテーマは経済成長あるいは経済発展とその社会的費用についてだった。

自動車通行には公害・事故をはじめとする社会的害毒が大きいにもかかわらず、自動車の保有台数は伸びていく。こうした「社会的費用の発生は資本主義経済制度のもとにおける経済発展のプロセスにかならずみられる現象」でありながらも、「発生する社会的費用を十分に内部化することなく、第三者、とくに低所得者層に大きく負担を転嫁するようなかたちで処理してきたのが、戦後日本経済の高度成長の過程の一つの特徴」と宇沢は指摘した[12]。

経済発展は、第一に社会的費用を発生させて市民的権利を侵害し、さらに、費用をより弱い立場の者たちにしわよせすることで、すでにある経済格差を拡大してしまうのだ。

社会的費用の概念について宇沢は、ウィリアム・カップの論に言及しながら、次のようにまとめる[13]。

「ある経済活動が、第三者あるいは社会全体に対して、直接的あるいは間接的に影響を及ぼし、さまざまなかたちでの被害を与えるとき、外部不経済（external dis-economies）が発生しているという。自動車通行にかぎらず、一般に公害、環境破壊の現象を経済学的にとらえるとき、この外部不経済という概念によって整理される。このような外部不経済をともなう現象について、第三者あるいは社会全体に及ぼす悪影響のうち、発生者が負担していない部分をなんらかの方法で計測して、集計した額を社会的費用と呼んでいる」。

社会的費用とは一見すると適切な表現と受け取られかねないが、その費用を払わされるのは社会といった漠然とした主体ではない。人間活動が地球上のほぼ全域を覆いつくし、だれもが孤立して生きることを許されない現代社会では、かならずその費用を背負わされる人びとが存在する。悪影響の発生者が費用を負担しないということは、すなわち、その費用が他者にしわよせされているにすぎないのだ。

さらに後段で宇沢はこのように結論する。

「資本主義的な経済社会の歴史的発展のプロセスで、産業公害の問題をはじめとして、さまざまなかたちでの社会的費用の発生は不可避なものであっただけでなく、このような社会的費用を第三者、とくに労働者あるいは低所得者階層に転嫁することによって、はじめて資本主義的な経済制度のもとでの経済発展は可能であったということすらできる[14]」。

つまり産業公害等の社会的費用を第三者に転嫁し、既存の格差をいっそう拡大することが、日本の高度経済成長のような経済発展の前提条件というわけだ。

道路建設などに際しても、「コスト・ベネフィット分析的な考え方にしたがうとき、たとえどのように大きな社会的費用を発生したとしても、社会的便益がそれを大きく上回るときには、望ましい公共投資として採択されることになり、実質的所得分配はさらにいっそう不平等化するという結果をもたらす[15]」と宇沢は指摘している。

アンアカウンタブル・コスト論

寺西俊一はその論文「地球環境問題の政治経済学を求めて」において、宇沢と同様にカップの社会的費用論に依拠しながら、「アンペイド・コスト（unpaid costs）」論、あるいは「アンアカウンタブル・コスト（unaccountable costs）」論を次のように展開している[16]。

「我々がものごとを合理的に判断する基準あるいは合理的な意思決定を行なう基準というのは、あるシステムの中で何らかの『経済計算（economic accounting）』をした結果によっている[17]」。企業や行政という各システムは、「内部での計画性、あるいは意思決定に関しては、できるだけ多くの材料や情報を集めて、それなりに合理的な判断をする」が、「システムの外側に対する様々なインパクトやエフェクトに関しては驚くべき程鈍感」である[18]。

したがって公害・環境問題はシステム内部の「合理的判断」によりシステムの外側に引き起こされた悪影響の一部ということになる。

たとえば一九六〇年代の四日市の場合は、高度に計算されつくした大規模重化学コンビナートにおいて、硫黄分を多く含む石油を火力発電所で燃やすとともに石油化学工場の原料とした結果、硫黄酸化物などで大気汚染を激化させた。視点さえ変えれば予測できた公害とそれにともなう地元住民の健康被害を、企業も行政もまったくアカウント（経済計算に算入）しなかったのだ。

工場拡張のための四日市湾埋め立てについても、漁場・漁港・海水浴場などを犠牲としたことの意味が十分にアカウントされなかった。将来の世代にまでわたって、海水浴の楽しみも魚も奪われた。

「従来の我々の意思決定は、…本来正確にアカウントしなければいけないはずのコストや…価値を認めて、それを保全するだけの手当てをした上で考えなければならないアンアカンタブル（ママ）なバリューやコストの適切な評価に基づいて、合理的に何をなすべきか…判断するようなシステムというのを欠いてきた」と寺西はいう。(19)

寺西はふれていないが、アカウンタブル（accountable）とはたんに「経済計算に算入しうる」というだけではなく、「責任のある」との意味もある。信託を受け、それに応えて行動し、経過や結果を説明（弁明）し報告する責務を負うということだ。(20) アンアカウンタブルとはこれら一切を無視した無責任状態にほかならない。経済計算にふくめて負担されるべき悪影響を都合よく無かったことにして利潤・便益を追求することが企業や行政にたいして従来しばしば許されてきた。やむにやまれぬ状態に追い込まれた被害者の運動によって強制されないかぎり対応はなされない。計算にふくめないで他者にしわよせされる無責任コスト、これがアンアカウンタブル・コストだ。

また、アンペイド・コストについて、「経済学的にいえば、コストというのは必ず支払われなければいけないもの」であるにもかかわらず「『支払われざるコスト』、『支払われない費用』」というのは「形容矛盾[21]」だと寺西は指摘する。だがアンペイド・コストが支払いを免れているわけではない。問題発生の責任者側が放置したツケが他者に転嫁され、別途負担させられているだけだからだ。

アンアカウンタブル・コストとアンペイド・コストを寺西は明確な区別をせずに両方とも用いているが、無責任なツケ回しという意味を込めて、アンアカウンタブル・コストという表現のほうがより適切と判断されよう（日本語としていささか長すぎるのは気になるが）。

寺西は次のように結論づける。

「いま我われに問われているのは、様々な経済的意思決定の前に、きちんと環境に係わる価値というものを社会的に評価し、それに加えて環境に与えるマイナスのダメージもきちんとコストとしてあらかじめアカウントし、そして必要な対策にはあらかじめプリペイドしていく、適切な考慮を払っていくというシステムの必要性である。そういうように社会の経済システムを改めて設計し直すということが…新しい課題だと思う[22]」。

環境にかかわる価値・ダメージをアカウントするシステムの必要性という新しい課題を寺西は指摘しているが、その論はそこにとどまる。宇沢は「すべての経済活動は多かれ少なかれ、他の人々の市民的権利になんらかの意味で抵触せざるをえない[23]」と、コスト論を超えた自省的な前提にたつが、それとくらべて寺西はずっと楽観的なのではないか。

しかし、こうした宇沢や寺西の議論にはさらに重要な論点が残されている。第一に、社会的費用のしわよせやアンアカウンタブル・コストが発生しても、社会により、どうしてそれが容認され、継続あるいは反復されていくのかという点、つまり構造化された暴力の存在が解明されねばならない。

第二の問題はさらに根本的な問いとならざるをえない。つまり経済活動によって産み出される便益と、その過程から生ずる負の影響とが、同一線上に並べられたプラス項目とマイナス項目として議論できるような同質のものかという疑問だ。

これらは平和学として解いていくべき暴力、ことに構造的暴力に関わる論点として次節以降の課題となる。

4　社会学における受苦・受益論の意義と限界

環境問題をふくむ社会問題における加害・被害構造への接近の試みに、梶田孝道による受益圏・受苦圏という興味深い対概念の提唱がある。梶田著『テクノクラシーと社会運動――対抗的相補性の社会学』の第1章「紛争の社会学―受益圏と受苦圏――『大規模開発問題』におけるテクノクラートと生活者[24]」がそれである。

本章第2節で「人間による自然の改変に起因した（中略）暴力が環境問題」と措いたが、そのように問題をとらえるかぎり、その加害・被害構造の分析は不可欠だ。これにかかわる梶田説から何を学びうるのか、あるいはその限界はどこにあるのか[25]。

梶田の受益圏・受苦圏概念について平和学の視角から検討を加えるために、まず梶田論文の関連部分を中心にして次に紹介したい。

地元に利益をもたらさない大規模開発

高度経済成長期以降の日本社会で問題化するにいたった高速道路・新幹線・空港・原子力発電所や核燃料サイクル関連諸施設・湖沼の干拓・淡水化などの事業を一括して「大規模開発問題」と梶田はよび、諸事業に共通して「特定の局地的地域に社会的意味を帯びた巨大な資本の投下がなされ、その結果、一部の地域に大きな構造的緊張を生んでいる」、つまり「開発にともなって広範囲にわたる国民が稀薄化された利益を享受する一方で、一部の地域住民には致命的ともいえる犠牲が及んでいる[26]」と指摘する。

中岡哲郎による鹿島コンビナートの事例にかんする所見、つまり鹿島には「新たな公害問題、土地問題、農民の精神的荒廃が発生」し、「コンビナート開発の真の直接的受益者は東京に本拠をもつ企業群であり、波及効果により利益を受ける地域は、既存の『集積による利益』を得るものとしての都市であって、鹿島周辺ではない」という分析を受け継いで、「加害者ないし受益者の集合体として『受益圏』、被害者ないしは受苦者の集合体として『受苦圏』という概念設定」を梶田はおこなう[27]。

新幹線の場合には、その利用者が「受益圏」、騒音・振動などの被害を受ける沿線住民が「受苦圏」を構成するとされる。

高度経済成長期以前と以降とでは「相互依存性の増大とスケール・メリットの追求」によって「加害―被害、受益―受苦の発現パターン」が変化し、大規模開発問題においては、①受益圏と受苦圏の分離、②受益圏の稀薄化と拡大、③受苦圏の局地的集中、の三点を認めうるようになったと梶田は述べる。

受益圏・受苦圏の重なりと分離

受益圏と受苦圏との「重なり」と「分離」について梶田は次のように定義し、さらに例示する。「同一主体が受益圏と受苦圏の両方に属する場合が『重なり』であり、ある主体は受益圏に、別の主体は受苦圏にというように、別々に属する場合が『分離』である」。「新幹線建設にともなう公害の場合は、受益圏と受苦圏とが『分離』している例であり、…狭い自治体内におけるゴミ処理工場汚染の場合は、受益圏と受苦圏とが『重なり』あっている例である[28]」。

さらに加えて、受益圏・受苦圏概念に関する最も重要なポイントとして、受益と受苦とが非対称の関係にある点を梶田は強調する(図表3―1)。

すなわち、①受益圏は利害表出の回路をもつが、受苦圏の場合は利害表出回路が存在しないことが多い。②受益圏・受苦圏が分散して、はっきりしていない場合には「集約的代弁者」が重要な意味をもつ。公的機関は「受益に焦点をあわせて設定された受益調整機関」で、「被害・受苦

図表3－1　受益圏・受苦圏の非対称性

	主体が凝集して組織化された場合	主体が分散してはっきりしていない場合
受益圏	圧力集団・利害集団，経団連など	集約的代弁者としての公的機関が登場
受苦圏	公害反対運動等	集約的代弁者は不在，被害の放置・蓄積

出典：梶田孝道『テクノクラシーと社会運動――対抗的相補性の社会学』（東京大学出版会，1988年）11頁の内容にもとづいて横山が作表したもの。

に対しては相対的により鈍感な構造をもっている…たとえば、通産省、運輸省、建設省等のほとんどの官庁は、主要には受益を基軸にして設立され運営されている。いいかえれば、受益の集約的代弁者は存在するが、受苦の集約的代弁者が存在するということは極めて稀なのである(29)」。

以上のような受益圏・受苦圏概念をもとに、「受益圏と受苦圏とが重なりあった利害関係のなかで発生する紛争」を「重なり型紛争」、「受益圏と受苦圏とが分離しあった利害連関のなかで発生する紛争」を「分離型紛争」と梶田はよぶ(30)。

かつては各々の生活圏・経済圏がかなり自己完結的で、受益圏・受苦圏もほぼ重なりあっていた。そこで社会紛争が発生しても、「一定の領域内で解決が期待される場合が多かった」のであり、「このような重なり型紛争は、今日でも自治体等において多数存在している」と梶田はいう(31)。

主体内葛藤と主体間紛争

重なり型紛争の例として、ある自治体内におけるゴミ処理工場汚染の問題、分離型紛争として新幹線公害があげられ、図に

図表３－２　「ゴミ工場汚染問題」における受益圏・受苦圏

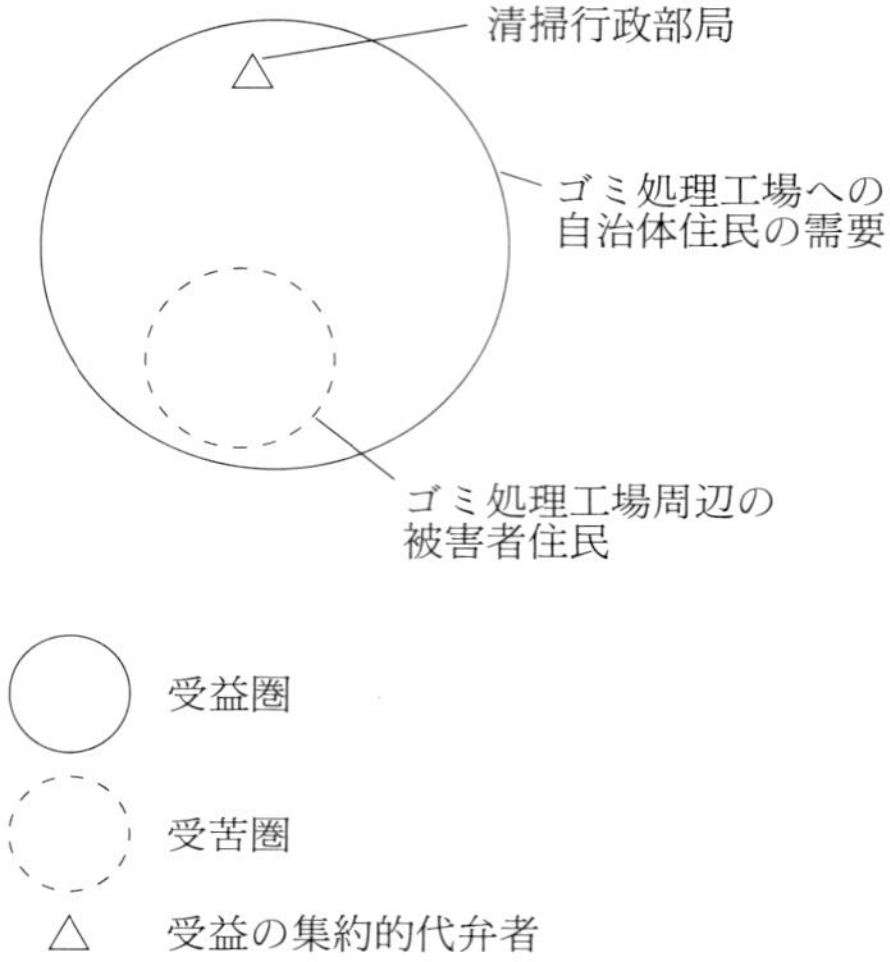

出典：梶田孝道『テクノクラシーと社会運動―対抗的相補性の社会学―』東京大学出版会，1988年，13頁より。

図表３－３　「新幹線公害」における受益権・受苦圏

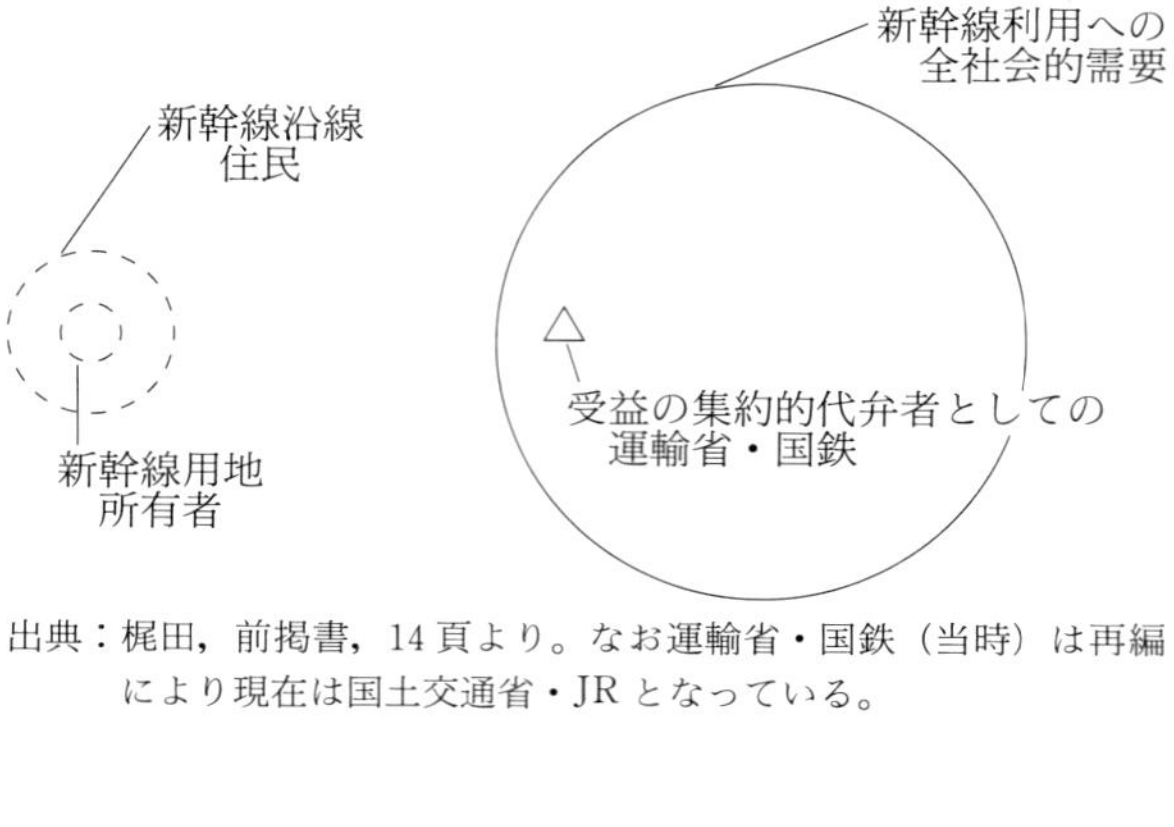

出典：梶田，前掲書，14頁より。なお運輸省・国鉄（当時）は再編により現在は国土交通省・JRとなっている。

よって示される（図表3―2、図表3―3）。

ゴミ処理工場汚染の場合は受益圏がゴミを出す自治体住民のほぼ全員、受苦圏は工場周辺の一部住民で、両者は重なっており、「主体内葛藤（コンフリクト）」となって、「住民一人一人に責任の自覚が生まれやすく、…相対的に解決の可能性が大であるといえる[32]」。

ところが新幹線公害の場合は、受益圏がその利用者、つまり国民のほぼ全体へと拡散している一方で、一部の住民に被害が集中し、受益圏と受苦圏とがはっきり分離している。紛争当事者も運輸省・JRと沿線住民であって、「主体間紛争（コンフリクト）」として問題化する。「両主体の対立は、絶対的で妥協の余地のない対立となりやすく、結局のところ、警察等の物理的な力によって決着づけられることが多い[33]」。

公害型産業が国境を越えて韓国やフィリピンに立地される例（私はこれを「公害輸出」とよんできた）をあげて、「分離型紛争が、国内社会においてのみならず、国際関係の中にも存在する」とも梶田は指摘する[34]。

受益圏・受苦圏概念の批判的検討

開発事業において、しばしば進歩のため、開発のためとの美名の下に犠牲を強いられる住民と、事業によって大きな利益を手にする支配層の存在とを、ともに視野におさめるひとつの方法として、この受益圏・受苦圏概念は一定の有効性をもつものといえよう。そこには次のようなひとつの特徴がみられる。

受益圏・受苦圏の区分は、開発事業等の住民ら関係者たちにおよぼす影響がプラスとマイナスとに分けうることを前提として成立する概念だ。「益」と「苦」とについて、ここでは両者が同じだけのウエイトないし質をもつと前提され、同一直線上での量的な評価がなされる。「益」を手にする集団と「苦」を押しつけられる集団との分離がみられること、つまり関係者の一部にとり「苦」を外部化することが可能で、「益」だけを享受し、それを正当化できる（分離型の）状況があるとすれば、それは構造的暴力にほかならない。

ともに「苦」を「益」との間でトレードオフの関係にとらえうることが概念の前提におかれている。ところが公害・環境問題において被害者のこうむる「苦」は生命・健康・生活の全面における取り返しのつかない絶対苦であることが多く、「益」の発生によって正当化しうるようなものではない。質的に両者は異なるものなのだ。

受益圏の「益」の内容にもさらに大きな問題がある。

日本以外の「先進工業諸国」のほとんどが撤退しつつある原子力産業を例にとってみよう。原子力発電がはたして日本の産業にとってそもそも必要だったのかが疑わしい。深刻な事故の可能性や日常の放射能放出による被害といった近隣住民の「苦」は明確だ。他方、電力多消費地域である都市の住民が原子力発電所建設・運転によって本当に受益したのかどうかはきわめて疑わしく、経済コストや需給関係などにつき、さらに吟味が必要だ。[35] 真の受益圏はむしろ設備を納入したメーカーや建設工事にあたったゼネコン各社、設備費にみあった一定の利益を保証されている電力会社などの経営陣・大株主たちだけではなかったか。

梶田のいう一九五〇年代後半以降の「大規模開発問題」時期に先立って、日本ではすでに足尾鉱毒事件をはじめ数多くの鉱毒・公害事件が発生しており、どの場合にも受益圏・受苦圏の分離状態ははっきりと存在した。また、受益圏と受苦圏とが重なりあった利害関係のなかで発生する「重なり型紛争」でも、労災・職業病などの悲惨な事例は数多く、その解決は必ずしも容易ではない。

何よりも問題とされるべきは、受益圏・受苦圏概念においては事業の決定がだれによってなされたかが問われず、結果としての受益・受苦のみに着目される点だ。構造的暴力の決定的要因である、決定権（権力）の不平等をとらえる視角が欠落しているのである。

また被害者の運動についても、利益の配分を求めて受苦圏から受益圏に移行しようと試みるものと、開発事業を根本から見直し、自分たちにとって真に望ましい未来を選択していこうとする自力更生的なものとが区別されない。

大規模開発問題において、梶田が「受益」だけでなく「受苦」の側面にも着目した点は大いに評価したい。長期泥沼化した成田空港建設問題（三里塚闘争）を筆頭に、多くの大規模開発事業が住民の抵抗に直面しても、住民の「受苦」についてはなかなか正面から取り上げられてこなかったのが現実ではないか。

梶田の論における問題ないし限界は、主として「受苦」の深刻さが十分に解析されず、「苦」をもたらす暴力の構造的な解明と被害者による対応への動態的な把握とがおこなわれていないことに起因すると考えられる。それでは問題の解決は導かれえない。少なくとも被害者の側にとっては。そして被害者にとっての解決ぬきに全体の問題解決はありえないのである。

5　平和学としての環境論とサブシステンス

コスト論と受苦受益論に共通する構造的暴力

以上、環境問題において、コストをめぐる経済学のアプローチと受苦と受益の関係に着目した社会学のアプローチを検討するなかで、両論に共通した前提を筆者は発見した。本章をここまで読み進められた読者にはすでに明らかであろう。費用便益あるいは受苦受益を、たがいに相殺ないし調整しうる（トレードオフの関係の）ものと見なす点だ。

苦は潜在的実現可能性が損なわれた場合に経験され、それは暴力の作用をしめす。潜在的実現可能性（potential realizations）を、本来到達したはずの状態という意味で、ここで本来性と表現しよう。潜在的実現可能性では運良く諸条件が整った場合にのみ実現にいたると誤解されかねず、訳語として必ずしも適切とはいえないからだ。

貯水池にたまった水は、その位置エネルギー（potential energy）をもってそれに相当する発電量を担保している。同様に、人が生を受けた時点で外力によって阻害されない限り実現の約束されている到達状態を想定し、それを示すには、本来性という表現がよりふさわしい。ひとたび本来性が損なわれた場合、それが復元されなければ暴力が克服されたことにはならない。

寺西の提案する、環境ダメージをきちんと評価して経済計算に含めプリペイドしていくシステムは、被害を金額に換算しうることが前提となる。だが計量化され埋め合わせうるのは経済的被害という被害全体のごく一部に過ぎない。生命の損失はいうまでない。身体的・精神的被害もその多くは取り返しがつかない。日々享受しえたはずの日常生活という本来性はいったん奪われると完全には復元されえない。被害への支払いによって暴力の作用をうち消すことはもともと不可能なのだ。

利益と被害とは非対称であり、前節でも強調したように質的に異なる。本来性が大きくダメージを受けた場合、その過程は多く非可逆であって、復元の可能性はきわめて低い。ところがこの点がコスト論や受苦受益論の共通前提において考慮されてはいない。

費用と便益あるいは受苦と受益を並列に論じることは、害を無くしていくのではなく、害が発生しても益の部分的還元によって支払えばよいとする安易な対応に帰結しうる。暴力は維持され、さらに構造化していく。つまりこうした前提こそがまた構造的暴力ではないか。その意味をさらに考えていきたい。

諸社会科学への開発主義の呪縛

かつて世界銀行・副総裁（発言当時）デヴィット・ホッパーは、第三世界での世銀融資事業への批判に答えて、「開発をおこなって利益をえるためには、だれかが傷つくのは避けられないことだ。利益と代償を比べてみると利益のほうが大きいと確信している」と言明した(36)。利益と代償（被害）とが見事に対比され天秤にかけられていることがわかる。ここに暴力的なまでの開発優先の論理、つまり開発主義がくっきりと浮かび上がる。

米大統領トルーマンの就任演説（一九四九年）に端を発する、開発を諸政策の最優先目標にかかげて国家的動員をはかるイデオロギーが開発主義（developmentalism）[37]だ。開発最優先という意味あいから、開発至上主義ともよばれる。

開発主義における開発の主体としては国家が中心におかれてきた。戦後独立した国ぐにを含む世界各国が政策目標を設定するにあたって、開発主義は暗黙のうちに思考の前提とされ、前提自体の是非が問われることはほとんどなかった。そして森林・農地・河川湖沼・海洋といった環境が開発の名の下に次々と失われていったのだ。

自然に育まれるうちに草木の種が芽を出し開花して実を結ぶような、「内部に仕組まれた変化の展開[38]」つまり内発的な過程としての本来的な到達可能性の発現こそが development の本来の意味だった。ところが外部から持ち込まれた資金や技術による本来性の破壊が開発と名づけられた。用語の意図的あるいは無意識的な誤用により、破壊が正当化され、開発の構造的な暴力性が隠蔽されて、開発を国際社会の基本的な共通目標とするイデオロギーが広く流布されてきた。開発主義は私たちを洗脳して思考停止に導くことに大成功をおさめ、今やすべての発想の前提に問われることなく居座ることになった。

開発主義は無限の発展可能性を前提条件として成立している。同時に、地球環境がすでに限界に達し、さまざまな問題として表面化しつつあることに多くの人たちは気づいている。このままでは破局を迎えるしかないことも理解しているはずだ。ところが開発主義を問い直し、そこからの脱却を試みる動きはまだまだ鈍い。

経済学も社会学も開発主義から自由ではなかった。平和学の研究者ですら、開発主義を相対化し克服できているわけでは必ずしもない。たとえば平和と開発をプラスの価値として同列におくガルトゥングの思考への批判論文[39]を筆者はすでに『平和研究』(第二四号)誌上で発表している。

費用便益あるいは受苦受益の非対称性に留意しない経済学や社会学の研究は、開発主義の是認に容易に結びつく。前もってコストをアカウントし手当てしておけば、あるいは受苦に見合った利益を対象者に配分しておくならば、開発事業の推進を容認することになるからだ。コストのアカウント算入や利益配分は、それらが行なわれないよりはるかにマシだ。だが暴力というその本質は変わらない。開発主義の改良主義版とでも評価しうるのではないか。

開発からサブシステンス志向へ

それでは開発主義に陥らない環境論はどのようなものか。平和学の観点からそれは導き出しうるのだろうか。

そこで本来性という概念に再び立ちもどってみたい。

本章第2節で「人間による自然の改変に起因した潜在的実現可能性の阻害という暴力が環境問題」と措いた。後には潜在的実現可能性を本来性と表現し、また本来的な到達可能性の発現がdevelopmentの原意に他ならないと確認した。本来性が発現していくことこそ定義により暴力の不在、すなわち平和を意味する。本来性の発現としての平和の条件、それがここで論ずるサブシステンスである。

サブシステンスはもともと食糧をはじめ生活用基本物資をさす一般用語だった。たとえばアダム・スミスの『国富論』(一七七六年)では、農村が都市に供給する食糧や工業原料等の意味でサブシステンスに何度も言及されている[40]。同書の異なる翻訳者グループによる複数の邦訳書において、サブシステンスには「生活資料」という一般的な和訳表現が共通して採用された[41]。

スミス本人もまた、『国富論』原著第三版に初めて設けた索引の項目に「サブシステンス」を選択していない[42]。ともに一般用語の扱いで、特段のキーワードとして意識されてはいなかったことを示すものといえよう。

このほか、底辺労働者の受け取る生存ぎりぎりの賃金レベルを示したり、あるいは人類学などの分野において、市場経済に組み込まれていない先住諸民族の限界的自給経済(サブシステンス経済)、あるいは人びとの生業を表わす場合も多い。

限界生活という負のイメージを帯びたこの用語が見直され深められるようになったのは経済人類学者カール・ポランニーの学説に端を発する。ポランニーは著書『大転換』(一九四四年)で、もともと商品として産み出されたものではない自然環境や人間そのものとその社会制度がそれぞれ土地・労働・貨幣として商品化されているという近代社会に特有の虚構(擬制)を指摘した[43]。これらが商品として市場メカニズムに従属させられたため、自然は汚染・破壊され、悪徳・犯罪などの混乱によって人間社会もいずれ滅びることになる[44]。そうした懸念から、市場経済を人間社会のコントロール下に埋めもどす作業の必要をポランニーは説いた[45]。また中村尚司は著書『地域自立の経済学』（一九九三年）で土地・労働力・信用の「商品化の無理」を指摘して脱商品化を提唱した。[46] こうした主張の前提となる自然と人間の諸関係（自然環境）および人間相互の社会関係こそがサブシステンスの基本要素に他ならない。

ポランニーの影響を強く受けたイバン・イリッチは著書『シャドウワーク——生活のあり方を問う』（一九八一年）他で、サブシステンスを市場経済に依存せず土地に根ざした「人間生活の自立と自存」（玉野井芳郎／栗原彬の訳語）としてこれに積極的意味をあたえ、発展＝開発（development）を「サブシステンスに対して仕掛けられた戦争」と批判した。[47]

イリッチと対話を重ねつつ、その批判者でもあったクラウディア・フォン・ヴェールホーフ、そしてベロニカ・ベンホールト＝トムゼンやマリア・ミースらドイツのフェミニストたちも、ローザ・ルクセンブルグの『資本蓄積論』（一九一三年）などに学びつつ女性労働（家事）としてのサブシステンス生産労働に目を向け、資本制的家父長制にもとづくグローバル経済に代わる実現可能なオルタナティブとして「サブシステンス・パースペクティブ」を掲げてきた。[48]

本章でこれまで取り上げてきたように、暴力の克服をめざす平和学の観点からもサブシステンスは重要な概念となる。筆者らは共著書『環境を平和学する！』（二〇〇二年）において、生命の存続と再生産を支える生命維持系（システム）としてのサブシステンスを「個人と集団がその本来性をまっとうし、さらに人類として永続しうるための諸条件のすべて」と定義し、人間と自然生態系との関係および社会関係のすべてから暴力をなくしていく「サブシステンス志向」を提唱した。[49]

6　おわりに

　すでに検討してきたとおり、多くの場合そうであるように無意識であっても開発主義に立つと、開発推進によって人びとのサブシステンスを破壊することをさまざまな手段と方法で合理化し、容認し、正当化するようになってしまう。環境破壊が生じたとき、開発利益からの一定の（しばしば過小な）配分で被害を埋め合わせようとする。被害の全体像からみれば補償されうるのはごく一部に過ぎない。人間たちの身体と精神そしてコミュニティーの一体性をおそった本来性の破壊による苦は長くずっと続いていく。それでは暴力はけっしてなくならない。

　必要なことは、当事者たちがまず破壊やその可能性を見いだしてすぐにくい止め、原因に迫る対処をもって根本的な解決を図ることだ。だが現実にはそれがなかなか実施できず、破壊が社会問題化していくことはあまりに多い。諸事例の検討は別稿に譲らざるをえないが、根本解決への対処を阻む社会の構造がそこに作用するからに他なるまい。構造的暴力へは構造的な取り組みが必要だ。それは法律条例やその適用実態だけでなく慣習等をふくむ社会の諸制度に変更を迫る営為となる。当事者たちだけではこれは困難で、共感にもとづく市民社会の支援連携が不可欠となろう。

　したがって、社会の目標を便益の増加から苦の減少へ、つまり開発から暴力克服へと大きく転換していくことが重要だ。

重要な社会的取り組みが途中で混乱をきたし、分断され、十分な効果を上げえなくなることは多い。運動のある時期に出現した便益の配分に幻惑されて方向を見失い、暴力克服の努力に一貫性を維持できなくなるためではなかろうか。

開発主義はすでに私たちの内面に暗黙の前提と化している。開発主義の呪縛への自覚とその相対化なくしては諸問題の核心に迫ることができず、それらの解決に効果的でありえない。開発主義からの脱却、それがサブシステンス志向のエッセンスであって、平和学から環境問題へ接近することから獲得しうるユニークな視角なのである。(50)

注

(1) たとえば、石弘之・安田喜憲・湯浅赳男の共著『環境と文明の世界史——人類史二〇万年の興亡を環境史から学ぶ』(洋泉社、二〇〇一年)には、地中海地域での森林破壊によるマラリア大発生説(七七頁)や、メソポタミアの散水式灌漑で塩害による「文明の自殺行為があった」(一〇四頁)等の見解が示されている。

(2) 飯島伸子編著『公害・労災・職業病年表』(公害対策技術同友会、一九七七年、三頁)には、一六四〇—九〇年「赤沢銅山、数回試掘されるが鉱毒発生に伴い、下流農民の激しい抗議を受け、廃山となる」、「一六四二(寛永一九)年、東北南部地方(現岩手県)の野田通小倉金山、川を濁し田地に被害を発生させたことが理由で経営禁止となる」などの記述がみられる。

(3) 平和学はもともと学際総合的な研究活動であり、そうした個別の分類化を拒否しているともいえる。「ニューカムの図」(岡本三夫『平和学——その軌跡と展開』法律文化社、一九九九年、六九〜七〇および九八頁）参照。

（4） Johan Galtung, "Violence, Peace, and Peace Research", *Journal of Peace Research*, Vol. VI, No. 3, 1969, p. 168.（邦訳：ヨハン・ガルトゥング（高柳先男ほか訳）『構造的暴力と平和』中央大学出版部、一九九一年、三〜六頁）。

（5） *Ibid*., pp. 169-172.（同邦訳書、八〜一六頁）。ガルトゥングの類型化によれば「direct violence（直接的暴力）」と「personal violence」、そして「indirect violence（間接的暴力）」と「structural violence（構造的暴力）」がそれぞれ同等であり、「直接的暴力」対「間接的暴力」、「パーソナルな暴力」対「構造的暴力」という対応関係が示されている。従来、筆者は「personal violence」を「人為的暴力」と訳出してきたが、検討を深めた結果ここではその訳語使用を避け、「直接的暴力」対「構造的暴力」という対応を用いることにする。その理由はもっぱら「人為的暴力」という表現にかかわる問題による。人為的というと、（諸）個人の、あるいは加害者（諸）個人によるという意味以外にも、自然ではなく（行為者を特定しない）人間の行為に起因するものと誤解されかねない。原文における「personal パーソナル」は特定個人（複数の場合を含む）という明確な行為者（たち）の人格に還元しうることを意味する。また「個人的暴力」と訳すと一個人の行為に限定されうるので、それも同様に問題と考えられる。意味合いとして近いのは「人格的暴力」だが、これも人格に問題があるような印象を与え、訳語として適切とはいいがたい。なお「パーソナル」とは個に帰することができるという意味でまさに「個人」という近代を特徴づける概念であり、近代の所産を体現している。

（6） *Ibid*., pp. 178.（同訳書、三〇頁）。

（7）*Ibid*., pp. 171.（同訳書、一一～一二頁）。
（8）*Ibid*., pp. 178.（同訳書、三〇頁）。
（9）実際にも、たとえばチッソ社長・工場長に刑事裁判で執行猶予付きながら有罪判決が確定している。
（10）緒方正人『チッソは私であった』（葦書房、二〇〇一年）五八頁。
（11）宇沢弘文『自動車の社会的費用』（岩波新書、一九六八年）二頁。
（12）宇沢・前掲書（注11）「まえがき」iii頁。
（13）宇沢・前掲書（注11）七九～八〇頁。
（14）宇沢・前掲書（注11）一〇一頁。
（15）宇沢・前掲書（注11）一二頁。
（16）寺西俊一「地球環境問題の政治経済学を求めて」三戸公・佐藤慶幸編著『環境破壊――社会諸科学の応答――』（文眞堂、一九九五年）四〇～六一頁。なおこうした費用をめぐる寺西および宇沢の所説については筆者論文「開発と環境破壊の構造的暴力――平和学としての公害・環境問題」（三戸・佐藤編著・同書、第四章、九二～一二九頁）等ですでに論じてきた。
（17）三戸・佐藤編著・前掲書（注16）四〇頁。
（18）同。
（19）三戸・佐藤編著・前掲書（注16）四二頁。
（20）アカウンタビリティー accountability がしばしば「説明責任」と翻訳されるのはこの意味による。
（21）寺西・前掲論文（注16）四七頁。

(22) 三戸・佐藤編著・前掲書（注16）五〇頁。
(23) 宇沢・前掲書（注11）「まえがき」iii頁。
(24) 梶田孝道『テクノクラシーと社会運動——対抗的相補性の社会学』（東京大学出版会、一九八八年）。
(25) 以下の部分は筆者による論文「環境破壊にみる開発の暴力性と被害住民の自力更生——梶田孝道の受益圏・受苦圏概念をめぐって」（四国学院大学論集第八六号（一九九四年）一九〜三〇頁）の主要論点を生かしたものである。
(26) 梶田・前掲書（注24）三頁。
(27) 梶田・前掲書（注24）八頁。
(28) 梶田・前掲書（注24）九〜一〇頁。
(29) 梶田・前掲書（注24）一一頁。なお、足尾鉱毒事件における田中正造はここでいう「受苦の集約的代弁者」ではなかったのか。しばしば住民運動がその高揚のなかから象徴的な人物を生みだし、「受苦の集約的代弁者」としてきたのではないか。また本来政治家という存在はそうした役割を担うべく期待されているのではなかろうか。まさに衆議院議員田中正造がそれを担ったように。
(30) 梶田・前掲書（注24）一三頁。
(31) 同。
(32) 梶田・前掲書（注24）一四頁。
(33) 梶田・前掲書（注24）一六頁。
(34) 梶田・前掲書（注24）一八頁。

(35) 室田武『原発の経済学』（朝日文庫、一九九三年）六五～九八頁、一二三～一九二頁、ほか。

(36) 雑誌『エコロジスト』作製ＶＴＲ、一九九〇年四月二三日放送の「筑紫哲也ニュース23」特集「ＯＤＡと巨大ダム」より。

(37) 横山正樹「フィリピン経済の現状とＯＤＡの問題点――カラバルソン地域開発計画にみるＯＤＡの格差拡大効果」海外事情第四〇巻第一〇号（一九九二年）九〇～九二頁。

(38) Lummis, C. Douglas, "Development is Anti-Democratic", *Kasarinlan*, Vol. 6, No. 3, 1st Quarter 1991, pp. 25-57.

(39) 横山正樹「国際貢献のあり方とＯＤＡの実像――開発パラダイムから平和パラダイムへ」平和研究第二四号（一九九九年）五三～六二頁。

(40) Smith, Adam, *An Inquiry into the Nature and Causes of the Wealth of Nations*, Volume I, London : J. M. Dent & Sons Ltd., 1910, Volume I, p. 336-339, 357-358 and others.

(41) アダム・スミス（大河内一男監訳・玉野井芳郎ほか訳）『国富論（II）』（中公文庫、一九七八年）三～八および四二～四三頁ほか。また同書の岩波文庫版（水田洋監訳・杉山忠平訳、二〇〇〇年）第二巻、一八三～一八八および二二三～二二五頁等においても同様に生活資料と訳されている。

(42) 『国富論（第三版）』（一七八四年）以降に設けられたindex（索引）原文にはスミス自身がsubsistenceという項目を立てていなかった。また二〇世紀初頭に刊行されたエドウィン・キャナン版同書におけるキャナンによって大量に追加された索引にもこれは登場しない。ただ前掲の中公文庫版邦訳書に付録としてつけられた事項索引（田添京二編）では、訳者のひとり玉野井芳郎の意見によるものか、生活資料（第III巻五四八頁）があげられている。
(43) カール・ポラニー（吉沢英成ほか訳）『大転換――市場社会の形成と崩壊』（東洋経済新報社、一九七五年）九六〜九七頁。
(44) カール・ポラニー・前掲書（注43）九七〜九八頁。
(45) カール・ポラニー（玉野井芳郎・平野健一郎編訳）『経済の文明史』（ちくま学芸文庫、二〇〇三年）六五〜六八および四〇七頁ほか。
(46) 中村尚司『地域自立の経済学（第二版）』、（日本評論社、一九九八年）七七〜一一一頁。
(47) I・イリイチ（玉野井芳郎・栗原彬訳）『シャドウ・ワーク――生活のあり方を問う』（岩波書店、一九八二年）八および三七頁ほか。
(48) マリア・ミース「日本語版への序」ミース／ヴェールホフ／トムゼン（古田睦美・善本裕子訳）『世界システムと女性』、（藤原書店、一九九五年）四頁、ミース「序」同書、二二〜二三頁、およびクラウディア・フォン・ヴェールホフ「農民と主婦が資本主義世界システムの中で消滅しないのはなぜか――継続的『本源的蓄積』の経済学に向けて」同書第I部第1章、三四〜七八頁。
(49) 戸崎純・横山正樹編『環境を平和学する！――「持続可能な開発」からサブシステンス志向へ』（法律文化社、二〇〇二年）の、ことに第一章「暴力は本来性（サブシステンス）を奪う」と第四章「『開発パラダイム』から『平和パラダイム』へ」（ともに横山正樹執筆）を参照。
(50) サブシステンスと開発主義については郭洋春・戸崎純・横山正樹編『脱「開発」へのサブシステンス論――環境を平和学する！2』（法律文化社、二〇〇四年）の、ことに筆者が担当した序章「開発主義の近代を問う環境平和学」においてさらに展開を試みたので参照いただきたい。

第4章　近年の国際人権状況と擁護活動の動勢

——国際ＮＧＯの視点から

森澤　珠里

1　はじめに

国際人権ＮＧＯの立場で人権擁護活動に携った筆者は、世界各国の拷問、難民、良心の囚人等の人権の諸課題に取り組み、その被害者からの直接の訴えに多く接する経験をした。ある女性は、アチェで民兵に誘拐され、母親の暴行と殺害を目の当たりにし、自身も性的暴力と強制労働を強いられた。ビルマの少数民族出身の若者は軍事政権による迫害を逃れ、難民として保護を求めて他国に渡り、そこで犯罪者の様に収容施設に入れられた。チベットの尼僧は政治犯として逮捕され、電気ショック、殴打、猛犬に噛まれる等の拷問をうけた。

今もなお、世界の一一一カ国で拷問、虐待、三五カ国で失踪のケースが報告され、二七カ国で死刑執行が、四七カ国で超法規的殺害が、少なくとも五六カ国で良心の囚人のケースが確認されている。(1) 世界人権宣言採択から五十年以上が経過した現在、人権に関する条約、規約の充実、国際刑事裁判所の設置など、国際的な人権擁護の仕組みの整備は進み、人権ＮＧＯの活動も活発化している一方、人権侵害は複雑化、多様化し、課題は増加し続けている。

本章では、最近の人権侵害と人権擁護活動における特徴的な動きを国際人権及び人権NGOの視点から議論する。なお本章は、人権に関する諸課題を網羅してはおらず、昨今の課題の中で特徴的なものに絞り議論している。本巻中の他の著者による「難民」、「ジェンダー」、「子ども」等の人権課題に関する論文と合わせてお読みいただきたい。

2　国際人権とは

人権概念の確立

一八世紀「ヴァージニア権利章典」から二〇世紀「世界人権宣言」まで　「人権」概念が成立したのは、一八世紀であると言われる。アメリカ独立戦争の中で一七七六年に発布された「ヴァージニア権利章典」、続いてフランス革命後の一七八九年に発行された「人間と市民の権利宣言」に端を発し、その後、奴隷制度、女性差別、植民地支配、戦争犯罪、ホロコースト、広島、長崎への原爆投下、アパルトヘイト等々の、人びとの安全で自由な生活に対する脅威からの解放を目指した様々な運動が展開され、国内法制度の発展や国際的な宣言、条約、機構の策定が進められた[2]。その中で、現在の諸処の人権条約、規約、人権擁護の仕組みの精神的支柱となっているのが、一九四八年に国連総会で採択された世界人権宣言である。

「すべての人間は生まれながらにして自由であり、かつ、尊厳と権利とについて平等である。

人間は、理性と良心とを授けられており、互いに同胞の精神をもって行動しなければならない」で始まる世界人権宣言には「生命・身体の自由、奴隷・拷問の禁止、思想・表現の自由」等の市民的・政治的権利（自由権）と、「食糧・住居に対する権利、労働に対する権利」等の経済・社会・文化的権利（社会権）の両方が盛り込まれている。これはあくまで宣言であり、国連加盟各国に対して法的拘束力をもつものではない。しかしながら、「すべての人民とすべての国に共通の達成目標」と前文に掲げ、諸国に対して規範としての影響力を持ち、かつ、社会権規約、自由権規約（いずれも一九六六年）等、その後次々に起草、採択された条約、規約等の思想的支柱の役割を果たしている。

世界人権宣言及び諸々の国際的人権規約、条約等は、人権の普遍性、不可分性、非選択性を前提にしている。つまり、地球上のいかなる政府、地域、文化、宗教、歴史的背景にかかわらず、すべての人に平等に保障され（普遍性）、自由権と社会権が等しく重要で（不可分性）、人権の尊重におけるダブルスタンダード（二重基準）は排除されるべき（非選択性）であることを意味する。

国際人権概念の確立、各種条約、規約、規程の起草は、国連及び地域的国際機構（欧州審議会、米州機構、アフリカ統一機構等）において行われてきた。政府自体が人権侵害の主体となることが多くありうること、および国によって人権擁護政策に差異が生じやすい現状を考えると、国内の取り組みを超えた国際レベルでの人権擁護の仕組みと活動は不可欠である。

国際人権とNGO

国際的人権擁護活動の発展に果たしたNGOの役割は非常に大きい。たとえば、「女性差別撤廃条約（六七年）」、「拷問廃止宣言（七五年）」、「拷問禁止条約（八四年）」等の必要性に関する国際社会の意識喚起および、起草作業においては、NGOの働きがなければこれらの条約等は成立しないか、もしくは成立しても時期がかなり遅れていたであろう。国際人権の擁護、伸張活動におけるNGOの優位性は、いかなる国家、組織等の利害からも切り離れた独立性、中立性にある。特に、人権侵害の主体が国家権力である場合、その国の国民個人では侵害の実態を訴える術を自国内に見出すことは非常に難しい。その実態を調査し、国際的連帯をつくりだし、人権侵害の主体である政府に改善を、国際社会には人権侵害の被害者との連帯と支援を訴える活動は、中立かつ国家の枠組みや国益に縛られない国際人権NGOが担うことはふさわしい。

3　近年の人権状況とそれに対する取り組み

「冷戦後の世界」、「グローバライゼィション」、「地域・民族紛争」、「情報技術」、「テロとの戦い」、「免責」等が近年の人権状況を語るにあたってのキーワードである。「人権擁護活動家」概念と近年の人権状況を論述したうえで、その他の特徴的な潮流を紹介する。

人権擁護活動家

"Human Rights Defender" の日本語訳である。世界人権宣言五十周年を迎えた九八年一二月の第八五回国連総会にて採択された「人権擁護活動家宣言」で、「社会において、普遍的に認知された人権と基本的自由を伸張し、擁護しているすべての個人、グループ、組織」と定義されている。(3) 換言すると、人権擁護活動家は基本的権利の侵害の根絶と、集団や個々人の基本的自由に貢献するために個人もしくは集団で活動しているすべての男性、女性を意味する。(4)

人権擁護活動家概念の確立、同活動家への支援および擁護活動を明文化した宣言の国連総会での採択には、アムネスティ・インターナショナルやヒューマン・ライツ・ウォッチ等の国際人権NGOの貢献は大きい。むしろ、人権侵害の形態、実情の変化に対応して活動してきた人権NGOがその活動上の必要に迫られて、人権擁護活動家という概念を生み出したといえる。

人権侵害の形態、人権擁護活動の変化とは、第一にすでに発生した人権侵害を阻止する、いわば火消活動から、侵害行為が起こる前に予防する防火活動の重要性が認識されたこと、第二に人権侵害の被害者個々人の特定が可能なケースが大半を占めていた時代から、紛争下における人権侵害のような、同時に多数に対して人権侵害行為が行われ、被害者個人の特定が困難な人権侵害に移行したこと、第三に表現、集会、思想、信条の自由を保障する自由権の擁護を中心に人権NGOは活動してきたが、世界的な貧富の格差や絶対的貧困層の増大、経済発展とその恩恵から浅れ、周辺に押しやられた人びとやコミュニティの利益を度外視した開発等の社会権の侵害による被害が増大し、人権NGOが社会権擁護を無視できない状況になってきたことがある。第三の自由権と社会権に関しては後に詳述することとして、本節では先の二点について考察する。

(1) 火消 vs. 防火活動と人権擁護活動家

すでに発生した人権侵害の停止（＝火消活動）の代表的な事例としては、良心の囚人の釈放を求める運動がある。[5]

近年の良心の囚人では、ロシアのジャーナリストでその報道内容により、国家反逆罪の理由で投獄されたグリコリー・パスコ氏がいる。九三年、ロシア太平洋艦隊新聞の記者であったパスコ氏はロシア海軍が放射性廃棄物と弾薬を日本海に投棄した映像を撮影し、原子力潜水艦などの老朽化したロシア太平洋艦隊船によって環境が汚染される脅威を紹介した。また、艦隊内部の腐敗についても報道し、それを日本人ジャーナリストに提供した。その結果、日本の報道機関に機密情報を渡したとして、ロシア当局に九七年に逮捕されたが、その二年後全ての諜報活動に関して無罪となった。その控訴審において二〇〇一年一二月、ウラジオストックの軍事裁判所はパスコ氏に国家反逆罪と諜報行為により四年の刑の判決を下した。[6] パスコ氏の逮捕後、人権ＮＧＯが同氏の即時釈放を求めて手紙書き等のキャンペーンを展開した。すでに発生した人権侵害を停止させる火消活動である。一方で言論の自由の確保のための活動は、自由権侵害の予防＝防火活動である。国際人権基準の批准とその実行及び、報道の自由を確保するための政府への働きかけ、環境保護活動に対する抑圧を阻止するための活動などがそれに該当する。

(2) 被害者の顔の見える人権侵害 vs. 顔が見えない人権侵害

先に紹介したパスコ氏のケースは

被害者が特定できる顔が見える人権侵害であり、このようなケースは東西冷戦時に顕著であった[7]。冷戦終結後は、民族、部族、宗教等の違い、コミュニティ間の長年の対立に根ざした紛争、天然資源をめぐる部族間もしくは政府対反政府武装組織の利権争い等を理由とした武力紛争などにより、一般市民が紛争に巻き込まれる場合が多い。特に紛争下において、女性、子ども、高齢者が住居の喪失、拷問、性的暴力、物資の欠乏、難民化、国難避難民化等の被害に見舞われている。八九年〜九九年の間に発生した紛争は一一〇件にのぼる[8]。

アフガニスタンの場合　アフガニスタンの内戦は、七九年から一〇年間の当時のソビエト連邦による占領、ソ連撤退後は部族間の紛争、そして九六年から二〇〇一年までのタリバン軍事政権による統治まで続いた。その間、民間人の男性は戦闘員となり、女性は教育、就労、自由な外出を禁じられ、子供は教育を受ける機会を失い、また子ども兵士として戦闘に駆り出された。その結果、九九年時にはインド、パキスタンにおけるアフガニスタン人の難民は三〇〇万人にのぼり、世界最大の難民輩出国となった。

ファタナ・ガイラニ氏は、七九年にソビエト侵攻の際にパキスタン、ペシャワールに亡命し、そこでアフガニスタン女性のための医療施設と難民の子どものための学校を始めた。タリバン時代は、ファタナ・ガイラニ氏と政治家である夫イサハク・ガイラニ氏は、ペシャワールにいながらも、常にタリバンからの暗殺の危険に脅かされており、九九年タリバンが発行した暗殺リスト中の、一番がイサハク・ガイラニ氏、二番目がファタナ・ガイラニ氏であった。同年二人とも別々に数人の武装した男性に車で後をつけられ、暗殺の危機を何度か経験している。

人権擁護活動家であるガイラニ夫妻は、その政治的立場と人権擁護、難民支援活動の故にタリバンから命を狙われていた。人権NGO、各国政府、国際機関等がガイラニ夫妻と連帯することで同夫妻を国際社会の監視下に置き、暗殺の危険性を阻止する必要があった。同時に、アフガニスタンの人々は、その数の多さと二〇年にもおよぶ内戦の故に二〇〇一年一〇月のアメリカによるアフガニスタン空爆までは、世界から忘れ去られていた顔のない被害者であった。夫妻自身が難民でもあり、声なき難民の顔や声として、アフガニスタンの人々の現状について、再度国際社会の関心を惹きつける役割を担っていたのがガイラニ夫妻である。

被害者のリアリティを世界に伝える

顔の見えない被害者および、個々人が特定できない被害者集団に顔を与えること、つまり被害者の現実像を伝えることは、市民による人権擁護活動の求心力には重要な意味をもつ。アムネスティ・インターナショナルは設立当初以来、個々の良心の囚人や政治囚について調査し、会員（グループ）が良心の囚人個々人を担当して本人が釈放されるまで活動を続けることを活動の基本としてきた。結果、草の根の人権団体としては世界最大の規模となった。[9] その背景には、支援対象の個人と会員との直接的なつながりの形成と、それによる会員がもつ責任感と充足感が運動に求心力を与えている。事実、六一年発足後翌年は七カ国、七〇グループ（ボランティアの活動グループ）、七五年には三三カ国に一五九二グループと急速に拡大した。

アムネスティ発足時と比らべ人権侵害の形態が変化した現在、人権擁護活動家は無数の人権侵害の被害者を代表することで、実態が理解されにくい被害者のリアリティを訴える役割を担っている。[10]

4　9・11以降の人権状況――テロリズム防止の名の下に行われる人権の抑圧

ポスト9・11

冷戦終結後、一九九〇年代は国際政治の舞台において人権概念は今までにない認知を得て実効性を発揮した。国際刑事裁判所ローマ規程設置、ピノチェット元チリ大統領の逮捕、地雷撲滅キャンペーン等がその好事例である。しかしながら、二〇〇一年九月一一日を境に、人権の尊重と擁護が再び国際政治、外交の舞台において片隅に押しやられている。むしろ、「テロに対するグローバルな闘い」、「反テロリズム・キャンペーン」の名のもとに、人権の抑圧が進んでいる。多くの政府は、テロリズム対策を口実に、国内反対勢力、分離独立派、宗教グループ等の現政治権力に不利益をもたらすような集団に対する抑圧、弾圧強化を行っている。

一例を挙げると、アメリカ合衆国では二〇〇一年九月一一日攻撃に関連して、外国籍者一二〇〇人が捜査中に逮捕された。大半がアラブや南アジア出身のイスラム教徒であった。彼らの多くは弁護士に連絡することを禁止され、なかには移民管理官が保釈を認めたり、国外退去や自主的出国命令を出した後でも政府の決定を待って数ヶ月拘禁されたケースもある。また、拘禁中には係官などによる暴言、暴行、長期間にわたる独居拘禁、裁判所へ出頭する際の重い足かせ装着などの虐待の報告がある。

二〇〇二年九月米州人権委員会は強制送還や自主的退去を命ぜられた9・11関連の被拘禁者の基本的人権を守るため米国政府が緊急予防措置を講じるように求めた。司法省監査局が実施した被拘禁者の取り扱いに関する調査は二〇〇二年末時点でまだ報告されていない[11]。

懸念される拷問の合法性を認める議論

このような状況下、国家機関による拷問の非合法性に疑問を呈する議論が再燃しつつある。現在でも拷問は消滅した訳ではないが、9・11前は少なくとも拷問を容認すべきでない、という国際的世論が一般的であった[12]。

アムネスティ・インターナショナルは、同団体創設以来今日に至るまで過去三回の世界規模の拷問廃止キャンペーンを展開している。七三年の第一次拷問廃止キャンペーンの結果、国連における国際標準策定の一連のプロセスへとつながった。七五年の「拷問廃止宣言」、七九年の「法執行官の行動要綱」、八二年の「医療従事者の行動要綱」、八八年の「非拘禁者、収監者の保護に関する基本方針」が相次いで策定、採択され、そして、八四年には「拷問禁止条約」（注：拷問およびその他の残虐な、非人道的な、または品位を傷つける取り扱いまたは刑罰を禁止する条約）が採択された。その後八四年に第二次拷問廃止キャンペーンを展開し、八五年国連人権委員会において、拷問に関する特別報告者の任命をオランダの代表が提案し、可決された。この特別報告者の任命以来、拷問の畏れのあるケースについて当該政府にその状況を問い合わせ、現地視察を要請し、人権委員会に毎年各国の拷問の状況及び政府の対応等に関する報告が行われている。これにより、拷問が実際に行われているケースへの介入及び、拷問の廃止に向けての働きかけが恒常的に行われるようになった[13]。そして、二〇〇一年に第三次拷問廃止キャンペーンが行われ、世界中で今なお発生している拷問に関する意識の喚起と、拷問被害者の保護、救済、及び拷問を行った者の免責阻止のための法的メカニズムづくり等を求めた。

以上のような過去三〇年にわたる国際的なキャンペーンにより、拷問自体は発生し続けているものの、拷問は人間の尊厳を傷付ける行為であり、容認すべきでない、とのコンセンサスが国際社会において確立されていた。しかし、9・11以降は国際世論、特にアメリカにおいて、拷問はテロリズムに対する闘いにおける正当な道具であると主張されている。アフガニスタンにおいては、拘束された人々が、殴打され、意識が混乱するような扱いを受けている。

同様に、ロシアによるチェチェンへの弾圧、特に超法規的処刑、逮捕、政府による市民の財産の強制剝奪等が続いており、ロシア軍部により拘禁された人のうち少なくとも一週間に一人は行方不明になっているが、9・11以降は西側のロシアへの批判は弱まっている[14]。アメリカを中心とした西側がテロリズムに対する予防措置をこうじるに伴い、国家機関によるマイノリティへの弾圧が、テロリズム予防という隠れ蓑を着て行われるようになっている。

テロリストの不正入国に対する警戒を理由に、難民として保護を求める人々への入国管理が、難民条約の規定を無視して規制されるケースが世界中で散見される。たとえば、オーストラリアでは、テロリストへの警戒を理由に難民として保護をもとめる人々の受入規制が強まっている[15]。

以上の例のように、9・11以降世界はテロリズムへの警戒、抑止を理由に現体制の脅威となるグループ、人びと等への弾圧が激化した。しかしながら、今こそ国際社会が築き上げてきた国境を越えた人権擁護のフレームワークを活用して、人権尊重の基本方針に固く立つべきであり、それが結果としてテロリズムの防止、廃絶に寄与する。

5　自由権 vs. 社会権

グローバライゼィションの影響——分業体制から統合的アプローチへ

「市民的および政治的権利」である自由権は国際人権規約Bに、「経済的、社会的及び文化的権利」である社会権は国際人権規約Aに規定されている。そのどちらも不可分であり、いずれが欠けても人間の尊厳の維持が不可能であることは第一章で指摘した通りである。

従来自由権のために活動するNGOは人権NGO、社会権のために活動するNGOは開発協力NGOと呼ばれ、「この二つのNGOが協働で一つのプログラムを動かすことはまれであった。開発協力NGOは現場での活動を死守する必要から体制への批判を控える傾向があるため、政府の政策に異論を唱える人びとを市民的政治的権利で支援する人権NGOや民衆団体とはややもすると対立する場面さえも見られた[16]」。

人権NGOの立場では、政府、体制の批判、アドボカシー活動を行うには、正確で、信頼性の高い情報に基づいた中立的、公正な主張をする必要があり、調査の質と組織自体の中立性が問われる。限られた人的、財政的資源のもとでそれを行うには、資源の重点投資が必要であり、自由権と社会権両方の活動を担うことは困難であった。また、人権状況にもとづき当該政府に改善要求をするにあたっては、完全な中立性、独立性が必要であり、開発プロジェクトの現場へのアクセスを否定されることを配慮に入れながらの政策提言は難しい。

このような事情により、人権NGOと開発協力NGO間である種の分業体制が敷かれていた。しかし八〇年代の政府や多国籍企業による大規模開発プロジェクトにより、土地の収用、水源の破壊、先住民の土地の侵略等が行われるようになると、この分業体制は意味を成さなくなった。アムネスティ・インターナショナルにおいては、同団体の最高意思決定機関である国際評議員会において二〇〇一年に、社会権についても活動範囲とすることを決議している。当時、同団体事務総長イレーン・カーンは、「グローバライゼイションの恩恵は、世界の多くの貧困層をバイパスした。グローバライゼイションは一部の人びとに富をもたらし、その他の人びとには貧困と絶望をもたらした。人権活動家として、法的権利の擁護だけではなく、社会的権利も同時に擁護すべきである。人権が発展途上国においても意味のあるものとなるためには、我々は拷問、恣意的拘禁や不公正な裁判の解決だけでなく、飢餓、識字率そして差別に対しても働かなくてはならない」と述べている[17]同団体は、二〇〇一年の国際評議員会決議に基き、南アフリカ、南東アフリカにおけるHIV／AIDS感染者の健康に関する権利、占領地域におけるパレスチナ人の労働権、ボスニア難民、国内避難民の経済的、社会的に権利に対する差別等に関して試行的に活動を始めた。ヒューマン・ライツ・ウォッチも設立当初は自由権に特化した活動を行っていたが、社会権の侵害の増大、特に自由権侵害と同時に発生するケースの増加に伴い、社会権の侵害についても活動領域としている。同団体のホームページによると、自由権の侵害に起因して社会権が侵害されている、もしくは両方の権利の侵害が相互的に影響しているケースに特に注目して活動対象としている。(18)

人間開発概念

以上のように、グローバライゼィションとそれによる不公平な富の再配分の拡大、貧富の差の拡大を解決するためには、自由権と社会権の不可分性、相互依存性に根ざしたアプローチがこれまで以上に重要となる。つまり、全体論的視点（wholistic）に立脚したアプローチが重要であり、その一つの可能性として、国連開発計画（United Nations Development Plan, UNDP）によって打ち出された「人間開発（Human Development）」概念と人権との関係を考察する。

人間開発は、九〇年に国連開発計画により打ち出された定義であり、「人間の機能と能力を拡大することによって人々の選択肢を拡大する過程」を意味する。開発のあらゆる段階において、人間にとって必要な要素、つまり①健康で長生きすること、②知識があること、③一定水準の生活に必要な資源にアクセスがあること、の三点の充足度から成り立っている。加えて、参加の機会、安全、持続可能であること、人権が保障されていることは、創造的で生産的かつ、自尊心とコミュニティへの帰属感を持ちながら生きることが必要な要素として人間開発概念の一部をなす。このような人間の生活に不可欠な要素の各国における充足度を表す指標が、Human

Development Index（ＨＤＩ、人間開発指標）である。ＨＤＩは、出世時の平均寿命、教育成果（成人識字率、第一次、二次、三次教育を合わせた就学率）そして、国民一人あたりの国内総生産（GD Pper capita）および収入によって表される。[19]

人間開発は、社会権にとどまらず、女性の政治参加、民主主義の浸透、言論の自由の浸透等の自由権もその重要な要素とし、ジェンダーに関連する開発指標（Gender-related Development Index, GDI）や女性のエンパワメント措置（Gender Empowerment Measure, GEM）等に関してもモニタリングと数値化を行っている。人間が人間らしく生きることができる環境か否かに関して、統計的データをもとに分析しているのが人間開発とその指標である。[20]

このように人権概念と人間開発概念が最終的に目指すものには多くの共通項を見出せるが、一方でそのアプローチは異なる。人権擁護活動においては、国際法、国際人権規約、条約、規程等に基き、万人が有している人権を個人、組織、政府等が尊重し、遵守することを求めるものである。一方、人間開発概念は、人権擁護のための社会制度の確立、経済政策等の結果として現れる、国の総合的な開発レベルを表すものである。したがって、様々な人権施策の成果を、人間開発指数の向上度によって確認が可能となる。加えて、人間開発指標にあらわれる数値により今後とるべき有効な施策の検討ができる。

6　人権擁護活動におけるインターネット

前節で人権侵害の事例を紹介した。それらの重大な人権侵害を停止させ、人権侵害の被害者の抑圧からの解放と心身の癒しおよび、今後の人権侵害行為の抑止のために各国政府、国際機関、NGO、個々の市民等、それぞれの立場で人権擁護活動が行われているのは、前述の通りである。

人権尊重、人権侵害の停止、抑止のための新しい手段として、インターネットの有効性と重要性が注目されている。インターネットの特性は、文字で表現される情報を、①地球全体で、②大規模に、③自由に、④直接交換できることである[21]。また、ネットワークのインフラストラクチャーの特徴は、自律分散性であり、どこにもそのネットワークを集中的に管理したり制御したりする仕組みがなくても動くようになっていることである[22]。コミュニケーションメディアとしてのインターネットの特徴は、社会的、文化的、商業的、教育的、そしてエンターテイメントにおけるグローバルなコミュニケーションシステムであることであり、その目的はオンライン利用者に便益をもたらし、エンパワーし、利用者が独自の表現を行うことを助け、それを配信するための障壁を少なくすることにある。政府、インターネット業界、NGO、オンライン利用者は、グローバルコミュニケーション・ネットワークの構築において、それぞれが重要な役割を担っている[23]。

インターネットと人権擁護活動

空間、時間、社会階層、経済力等を超えて、個人に情報発信力をもたらし、それに共感する個人をつなぎ、コミュニティ形成を促進する媒体であるインターネットは、市民運動、特に抑圧された者の声を運ぶことのできる媒体である。市民活動、とりわけ人権擁護活動におけるインターネットの活用実態について、以下に検討する。

インターネットは、そのスピード、マルチキャスト性、双方向性、通信コストが低廉であることにおいて、キャンペーンの道具として優れている。人権擁護活動への一般市民の参加方法としては、①関係政府、団体等に手紙や葉書、電話、ファックス等により改善要求をする、②署名、③デモンストレーションに参加する、④人権侵害の被害者、支援団体、活動団体等に寄付する、などが一般的である。インターネットを活用した一般市民による人権擁護活動は、情報伝達の速さとマルチキャスト性を武器に、出来る限り早く、出来る限り多くの人びとに人権侵害の状況を知らせ、受け取った個人は、人権侵害状況に変化をもたらすことのできる人物、組織にそれを要請することが可能になる。これは、旧来から行われている手紙や葉書を送る、署名を集めて提出するという行為と本質は同じであるが、そのスピードと動員人数の多さの点で、その効果は大きく異なる。

NGOによるインターネットを活用した人権擁護活動の例を以下に紹介する。

人権侵害被害者個人の救済ツールとしてインターネット

アルゼンチンの良心の囚人フレィ・フアン・アントニオ・プイギアヌ（Fray Juan Antonio Puigjane）のために、人権NGO団体であるデレチョス・ヒューマン・ライツ（Derechos Human Rights）が、ウェブ・サイトにおいて（URL : http://www.derechos.org/puigjane.html）、修道士であり、解放の神学の実践者であるフレィ・アントニオの活動と逮捕、不公正な裁判、投獄の報告、同修道士のために行動することを呼びかけている。この呼びかけにより、ある時点では一週間に平均千通を超える葉書と手紙が獄中に届き、同数の手紙、葉書がアルゼンチン政府に送られていたものと推測される。このような海外の一般市民による連帯を表明する行為は、アルゼンチン政府、警察に大きなプレッシャーとなったと考えられる。同氏は二〇〇〇年一二月に二年を超える拘禁の末、釈放されている。

また、一九九三年一〇月三日には、ロシアで三人の労働組合活動家が逮捕され、逮捕時の基礎的な法的権利を与えられないまま拘禁された。その翌日、モスクワの労働組合の副代表に逮捕、拘禁に関する情報が届き、三人の釈放をもとめる電子メールによる国際的キャンペーンが展開された。数時間後には、ヨーロッパ、アメリカ、日本等世界の国々から、警察に電子メールと電話がかけられ、三人の組合活動家の釈放に至らしめた(24)。

上記のいずれもインターネットのもつスピードとマルチキャスト性の特徴を現す事例である。

国際的連帯、バーチュアルコミュニティ形成の媒体としてのインターネット

メキシコ、チアパス州ラカンドン密林のサパティスタ国民解放軍（ＥＺＬＮ）[25]による先住民の自治と権利の擁護のための闘争におけるインターネットの活用は、ローカル、ナショナル、インターナショナルのレベルをつなぐメディアであるインターネットの特性と可能性を立証する事例である。山本純一は、『インターネットを武器にした〈ゲリラ〉——反グローバリズムとしてのサパティスタ運動』において、サパティスタ運動の歴史的経緯とインターネットを活用することで、国際社会と連帯し国際運動にまでなった、同運動におけるインターネットの役割を分析、検証している。

メキシコ南部チアパス州は、先住民が人口の三分の一を占め、識字率、教育程度、水道の普及率、住宅の質、所得等をもとにしてメキシコ政府が算定した疎外指数で全国一位となっている。[26]メキシコのなかでも最貧地域であるチアパス州で、九四年一月一日、ＮＡＦＴＡ発効日に、マヤ系先住民を主力とするサパティスタ国民解放軍が武装蜂起し、同州の三都市を占拠すると同時に「ラカンドン密林宣言」を発表、八二年の通貨危機以来、世界銀行、国際通貨基金の勧告に基いて採用されている新経済自由主義政策に反対し、五百年に亘る搾取、弾圧、圧制を非難し、仕事、土地、住居、食料、健康、教育、独立、自由、民主主義、正義、平和を要求した。[27]

この武力蜂起の三カ月後に当時米国ペンシルバニア大学の学生により、ＥＺＬＮが発表した文書や関連情報を紹介する世界のウェブサイトが開設された。そのサイトが世界の人びとの関心を集め、その後米国テキサス州に事務所を構えるサパティスタ運動の支援団体である複数のＮＧＯ

のウェブサイトが立ち上がり、ＥＺＬＮの声明、関連情報、ニュースの掲載、更新が続けられている。(28) 従来、政府の情報操作とそれに従うマスメディアにより、反体制派の主張や政府、軍部による反対勢力への人権侵害や弾圧の実態が歪曲、矮小化されることが多いが、サパティスタ運動の場合は、これらのサイトによる継続的な情報提供のおかげで、九四年武力蜂起後現在まで、国際的な市民社会が正確な情報にアクセスすることが可能になっている。九四年から現在までの間に、軍部からの攻撃、嫌がらせ、ＥＺＬＮメンバーの法的手続きを伴わない逮捕、拘禁等が起きているが、そのたびに前述のウェッブサイトに情報が流れ、時にはメキシコ政府へのファクスや電子メールによる抗議文の送付等が行われた。政府、軍部の弾圧により、雲散霧消させられてしまうことが多いマイノリティの権利の回復の活動が、国際的な支援ネットワークにより、現在まで継続している。本ケースは、それを可能にしたインターネットによる情報配信と支援コミュニティづくりの好事例として評価される。

一方でインターネットはあくまで、現実に起きている事実を世界に伝える手段であり、「インターネット戦争」で表現されるようなバーチャルな戦争に置換されるべきではない。これについて、前述のサパティスタ運動に関するウェブサイトを世界初にたちあげたジャスティン・ポールソンは、「チアパス紛争をインターネット戦争と表現することは、実際の事件を抽象的な次元に移し変えることになります。コンピュータは人間ではありません。そして飢えや銃弾で死んでいる人が今もいるのです」と語っている。(29) そして、同著で山本は「インターネットなどのオルタナティブ・メディアの重要性は、それがバーチャルなメディアで、バーチャルな、〈戦場〉を創造するからではなく、真実や事実を伝えようとする批判的な視座、「下から」の、「現場から」の視点を提供する点に存することである[30]」と述べている通り、人権擁護活動とインターネットの関係も、あくまで人権の擁護、伸張の道具としてとらえられるべきである。

抑圧されるメディア、インターネット

前項で、抑圧、周辺化された人びとが、自らの権利を回復するための媒体として、インターネットが有用であることを紹介した。このように、「下からの」、「現場からの」視点で、自らが情報発信できるメディアであるゆえに、インターネットは政府等からその利用が抑制、弾圧される場合がある。ベトナム、マレーシア、中国、エジプト、チュニジア等では、インターネット上の自由な意見表明、情報発信が禁止されており、政府及び関連機関による検閲が行われている。その結果、反体制的な意見の表明をしたとされた組織、人々が、家宅捜査等を受け、逮捕、投獄されている[31]。

たとえば、マレーシアでは独立系のインターネットサイトである〝マレィシアキニ(Malaysiakini)〟が、二〇〇三年一月九日にサイト上にマレー人を優遇する政府の政策に対する批判を載せたことを理由に、マレーシア当局より家宅捜査された。合計二〇台近くのコンピュータやサーバーが押収され、後にほとんどの装置を返却されたが、二台のコンピュータは裁判の際の証拠物件としてまだ押収されたままである。マレーシアでは九六年に“The Multimedia Super Corridor Bill of Guarantee”を発効させ、その中でインターネット上の情報を検閲しない

ことを謳っている。〝マレィシアキニ〟は、同国で数少ない独立系のインターネットニュースサイトで、政府批判等を自由に掲載していた[32]。

オルタナティブ・メディアとしてのインターネット

山本純一は、前述書の中で、「インターネット空間では、個人は国家の枠組みを超えて直接的に多様なバーチャル・コミュニティに参加し、コミュニケーションを行うことができる。このことは自律的個人が討議を重ね、合意に達するという、新たな公共空間の可能性を示唆すると同時に、国家やマスメディアに対抗するオルタナティブを提供するものである」と述べている[33]。

ノーム・チョムスキーは『メディア・コントロール——正義なき民主主義と国際社会』において、アメリカの対イラク政策の恣意性と非一貫性を指摘している。九〇年八月まで、アメリカ政府はサダム・フセインとは友好関係にあり、イラクはアメリカの貿易相手国であった。当時イラク人の民主主義信奉者で、亡命中の人びとがイラクに議会制民主主義を導入するために、アメリカ政府に支援を求めたが、アメリカ政府（ジョージ・ブッシュ元大統領）はそれを相手にせず、公の文書にも記録がない。それでもイラクの民主主義活動家達は独自に声明を発表し、提案、呼びかけを続けていたが、アメリカのメディアはこれを無視した[34]。

政府によるセンサーシップと情報操作、広告主の介入とそれに追従するマスメディアの姿勢を背景に、商業的、政治的力学が働くマスメディアとは一線を画する、オルタナティブ・メディアが九〇年代に生まれ、広がりを見せた。たとえばチョムスキーは自らの著作、発言は、ほとんどマスメディアには掲載せず、Zmagazine[35]やZnet[36]のような市民団体の発行する出版物及びサイトで発表している。マイケル・アルバートによると、「メインストリーム・メディア（マスメディア）は、利益を最大化しようとし、その主な収入源である広告収入のために、その読者を広告主に売り、社会の中の階級を確立する方向で運営され、多くは企業によって管理されている。一方、オルタナティブ・メディアは、利益を最大化する方向には動かず、その読者を広告主に売ることはせず、社会の階級制度を覆す方向で行動し、社会における主だった組織、たとえば企業に利するような経営をすることはない[37]。」と述べている。

今後、人権意識の啓発、人権擁護活動において、インターネットはその重要性を益々増していくものと考えられる。一方、コンピュータ、ネットワークへのアクセスとウェブサイト作成の技術があれば、誰でも世界に情報発信が可能であることを考えると受け手のメディア・リテラシー、つまり受け取る情報を吟味し、取捨選択する能力が問われることも事実である。

7　むすび

以上に、国際人権、特にNGOの視点で現在の人権状況とその課題について考察した。グローバライゼイションによってもたらされる貧富の格差、テロリズム対策の名の元に行われる特定の人種、宗教をもつ人びとへの排斥や難民として保護を求める人々の差別的処遇など、新しい課題が増え続けている。人権は抽象的な概念ではなく、それが守られないと生身の人間が痛み、傷つく、極めて現実的かつ個々人の生活に直結した課題である。人権侵害の抑止と廃絶のために国連において国際人権条約、規約が採択され、それらを署名、批准した国々は国内法を整備し、遵守する姿勢を表明している。今後もこれらの国連の枠組みを活用し、実効的に発展させる努力を怠ってはならない。

同時に市民社会によるボランタリーな、真の意味で公益的な、国境を越えた、現場からの人権擁護運動のさらなる進展を期待したい。そのためには、アンヒエラルキカル（unhierarchical）な、グローバルな、多様性を尊重しながらも、迅速で効率のよい、コミュニケーション手段、意思決定の仕組み、組織論の確立が必要である。金子郁容は、「コミュニティ・ソリューション」において、「コミュニティ・ソリューションの背景には、問題解決のベースになる当事者達のコミュニティがある。そのコミュニティにうごめく情報と関係の共有の場が、（中略）（ボランタリーな）『コモンズ』である」と述べている[38]。今後、国境を越え、情報技術を活用した人権擁護活動の更なる発展を考えるにあたって有益な概念である。平和学は、現実社会における平和構築に資する研究を目的とし、常に現場から視線をそらすことなく進められるべきであり、人権擁護の諸制度や活動はその一部として位置づけられるものである。

注

（1）アムネスティ・インターナショナル二〇〇二年度年次報告書。

（2）本章では紙面の都合上掲載できないが、以下において人権概念の発達、国際条約、規約、国際機関及び市民団体等の設立等がまとめられている。

UNDP, *Human Development Report 2000, Human rights and human development*, Oxford University Press, 2000, pp. 27–28.

（3）“Declaration on the Right and Responsibility of Individuals, Groups and Organs of Society to Promote and Protect Universally Recognized Human Rights and Fundamental Freedoms” 普遍的に認められた人権と基本的自由を促進、保護するための個人、グループ、社会組織の権利と責任に関する宣言” General Assembly resolution 53/144。通称 “UN Declaration on Human Rights Defenders”（国連人権擁護活動家宣言）。国連の同宣言では、個人および集団が人権のために働くこと、および人権擁護活動を推進する権利を守ることを目的としている。

（4）アムネスティ・インターナショナルレポート “Information on Human Rights Defenders Summit, Paris, December 1998 : Summary”, AI Index : ACT 30/15/98

（5）良心の囚人：Prisoner of conscience

暴力を用いず、暴力や憎悪を支持していないにもかかわらず、政治・宗教あるいはその他御の良心的信条、民族、性別、人種、言語、国籍、社会的出自、階級、出生、性的指向（後出注X参照）などを理由に、投獄あるいは身体的に拘束されている人のこと。『アムネスティ・レポート世界の人権二〇〇三』（社団法人アムネスティ・インターナショナル、二〇〇三年）二七三頁。

（6）アムネスティ・インターナショナルニュースリリース EUR 46/008/2003

（7）政治的要素が強い囚人のこと。政治的要素には、囚人の活動の動機や活動そのもの、当局側が投獄を決定した理由などが含まれる。「政治囚」には良心の囚人と、政治的動機による刑事犯罪〔不法侵入や器物損壊罪などの一般犯罪〕を犯した人びとを含む。『アムネスティ・レポート世界の人権二〇〇三』（注5）二七三頁。

（8） 稲田十一・吉田鈴香・伊勢崎賢治『紛争から平和構築へ』（論創社、二〇〇三年）一七頁。

（9） 二〇〇三年現在で、一五〇カ国以上に一五〇万人以上の会員を有する。『アムネスティ・レポート世界の人権二〇〇三』（注5）二八四頁。

（10） Front Line 九八年の「人権擁護活動家宣言」の採択を契機に、人権擁護活動家への支援と連帯を主たる活動目的とするＮＧＯ「フロントライン」が二〇〇一年にアイルランド、ダブリンに設立された。活動内容等は、http://www.frontlinedefenders.org/を参照のこと。

（11） 『アムネスティ・レポート世界の人権二〇〇三』（注5）一九〇頁。

（12） *Human Rights Watch World Reports 2004, Right Side Up : Reflections on the Last Twenty-Five Years of the Human Rights Movement.*

（13） Forrest, Duncan ed., *A Glimpse of Hell.: Reports on Torture Worldwide, Cassell*, Amnesty International, 1996,pp vi-vii.

（14） extrajudicial executions（超法規的処刑） ある政府の指令あるいは共謀もしくは黙認のもとに行われる違法で計画的な殺害のこと。犠牲者は、反体制派の人びとや犯罪容疑者、ストリート・チルドレンなおの社会的弱者。『アムネスティ・レポート世界の人権二〇〇三』（注5）二七二頁。

（15） Human Rights Watch Website Opportunism in the Face of Tragedy Repression in the name of anti-terrorism.

(16) 古沢希代子「試論：ポスト冷戦期国際人権運動の課題——人権をめぐる南北ディスコース対立を超えて」平和研究二一号（一九九六年）六七頁。

(17) Amnesty International Report 2002, AI Index POL10/001/2002.

(18) http://www.hrw.org/esc/

(19) UNDP, *op. cit.*, pp. 17.

(20) UNDP, *op. cit.*, pp. 1.

(21) 村井純『インターネットII』（岩波書店、一九九八年）二頁

(22) 村井・前掲書（注21）四三頁。

(23) Cyber-Rights & Cyber-Liberties (UK) Fifth Year Statement—1997-2002 http://www.cyber-rights.org/5th_year_statement.htm

(24) 上記の情報はGlobal Internet Liberty Campaign http://www.gilc.org/news/gilc-ep-statement-0198.html より抜粋。

(25) Ejercito Zapatista de Liberacion Nacional.

(26) 山本純一『インターネットを武器にした〈ゲリラ〉——反グローバリズムとしてのサパティスタ運動』（慶應大学出版会、二〇〇二年）四九～五一頁。

(27) 山本・前掲書（注26）二〇頁、二八頁。

(28) 山本・前掲書（注26）一一四～一二〇頁。

アクシオン・サパティスタ：http://www.utexas.edu/students/nave/
グローバル・エクスチェンジ：http://www.globalexchange.org/
市民連絡組織：http://www.laneta.apc.org/enlacecivil/
サパティスタ国民解放戦線：http://fzln.org.mx/

（29）山本・前掲書（注26）八三頁。

（30）山本・前掲書（注26）八四頁。

（31）Human Rights Watch Website：Free Expression on the Internet http://www.hrw.org/advocacy/internet/index.htm

（32）Human Rights Watch Website：Intimidation of News Website http://www.hrw.org/press/2003/10/malaysia100803.htm

（33）山本・前掲書（注26）九六頁。

（34）N・チョムスキー（鈴木主税訳）『メディア・コントロール――正義なき民主主義と国際社会』（集英社新書、二〇〇三年）五八頁。

（35）Zmagazine のウェブサイトは http://www.zmag.org/ZMagSite/curTOC.htm

（36）Z Net のウェブサイトは http://www.zmag.org/weluser.htm

（37）Albert, Michael, *Alternative Media：What Makes Alternative Media Alternative?*, Alternative Media Watch, 2003.

（38）金子郁容『新版　コミュニティ・ソリューション――ボランタリーな問題解決にむけて』（岩波書店、二〇〇二年）三六頁。

第Ⅱ部

構造的暴力の諸相

グローバル時代の平和学
4

私たちの平和をつくる
環境・開発・人権・ジェンダー

第5章　子どものエンパワーメントと保護
――平和構築の次世代の担い手

勝間　靖

1　権利の主体としての子ども――子どもを見る視点のパラダイム転換

子どもたちが抱える問題をいかに解決していくか。平和の達成を目指すうえで、最も脆弱な立場にある子どもが優先されなければならない。このような問題意識から、一九九〇年には、七一カ国の国王、大統領、首相が参加して「子どものための世界サミット」が国連本部で開催された。そして、子どもの問題を九〇年代の最優先政治課題として位置づけ、『宣言』と『行動計画』が策定された。この『行動計画』を実現させるために、どのように資源を動員していくのか。九五年の「社会開発のための世界サミット」では、政府予算の二〇%、政府開発援助の二〇%を基礎社会サービスに配分するよう、「二〇／二〇イニシアティブ」が提唱された。

二〇〇〇年九月には、ニューヨークで国連総会およびミレニアム・サミットが開催され、『国連ミレニアム宣言』が採択された。現在、国際社会は、九〇年代の主要な国際会議やサミットで採択された国際開発目標、とくにOECDの開発援助委員会のいわゆる『DAC新開発戦略』

(OECD 1996)と『国連ミレニアム宣言』とを収斂させるものとして、「ミレニアム開発目標」を位置づけ、その達成へ向けた協力を一層強化しようとしている。そこでは、貧困、初等教育、ジェンダー平等、乳幼児死亡、妊産婦死亡、HIV/エイズおよびマラリア、環境、開発のためのパートナーシップなどに関する八つの目標が設定された。

これまで、こういった開発目標に含まれる基礎社会サービスの供与は、基本ニーズを満たすという発想から行われてきた。しかし、「子どもの権利」が普遍化されることによって、子どもが本来持つ権利を実現させるという人権の観点から捉え直されていくことになる。

一二四年の『子どもの権利に関するジュネーブ宣言』、五九年の『子どもの権利宣言』を受けて、『児童の権利に関する条約(子どもの権利条約)』は、七八年にポーランドによって提案され、国連人権委員会に設置された作業部会によってその草案が作成された。八九年一一月、『子どもの権利条約』は国連総会で採択され、翌年九月に発効し、基本的人権が子どもにも保障されるべきことについて国際的に拘束力のある合意が成立した。その後、ほとんどの国がこの条約を批准したことにより、子どもの権利が世界のあらゆる場所において法的拘束力を持つ人権として認められるようになった。

このように、子どもが権利の主体として位置づけられることによって、これまでの「子どもの基本ニーズを満たす」という発想から、「子どもの権利を実現する」というアプローチへと転換してきた。

以上のような子どもを見る視点のパラダイム転換と平行して、開発における人権の主流化という潮流がある。八六年の『発展の権利に関する宣言』以来、これまでは「発展の権利」が理論レベルにとどまり、途上国のフィールドにおける開発協力にほとんど影響を及ぼさなかった。しかし、近年になって法理論から開発政策および実践へという進展がみられる。例えば、九〇年代後半、国連児童基金（以下、ユニセフ）や国連開発計画は、開発分野における国連システム改革の柱の一つである国連開発援助枠組の形成過程のなかで、開発協力において人権を主流化する政策を打ち出した（勝間 二〇〇四）。つまり、八六年の『発展の権利に関する宣言』の採択から一〇年を経て、ようやく国連開発機関の開発政策として、さらにはフィールドでの開発プログラムの場において、「発展の権利」が議論される段階に到達したのである。

以上のような、基本ニーズ・アプローチから人権アプローチへの転換と、開発における人権の主流化を背景として、子どもの権利の実現へ向けてエンパワーメント（能力開花）を目指す開発協力と、子どもを搾取や暴力から保護する活動が活性化することになる。

2　人権の実現へ向けたエンパワーメントの過程

開発の過程において人間をより中心に位置づけようという議論が聞かれてから久しい。今では「人間中心の開発」（Korten 1984）という言葉も定着している。また、「後回しにされがちな住民を優先せよ（putting the last first）」（チェンバース 一九九五）というスローガンも頻繁に聞かれるようになった。日本においても、「はじめにプロジェクトありき」ではなく、「はじめに地域社会ありき」(勝間・小山 一九九五) という発想から住民を主役とした開発のあり方を模索すべきだという主張が行われてきた。

エンパワーメントの概念

人間中心の開発において、二つのキーワードが注目されるようになった。エンパワーメントと参加の概念である。この開発の新しい視点では、エンパワーメントが目的とされ、人間こそが開発の過程における主体として捉えられる。そこでは、外部者の役割は、開発の過程への人びとの積極的な参加を促進するファシリテーター(媒介者)とされる。そして、地域社会の人びとと外部者との相互の学習過程を進めるためのアプローチとして、「住民主体の学習と行動(PLA:participatory learning and action)」が提示されたのである(勝間 二〇〇〇:チェンバース 二〇〇〇)。

エンパワーメントの概念をめぐっては、いろいろな議論がみられる。例えば、フリードマン(一九九二)は、社会的パワー、政治的パワー、心理的パワーの三つを想定し、それぞれの意味において世帯およびそのメンバーの力をつけていくような開発過程を目指している。この三つのパワーの側面と必ずしも一致するわけではないが、筆者は、人権アプローチの視点から、生存・発達・参加の権利が実現される過程をエンパワーメントとして捉える(図表5—1)。

これらの人権が実現されるためには、個人のレベルにおいて、栄養状態、健康状態、認識的および精神的状態が良好でなければならない。このようなミクロのレベルでの条件が達成されるためには、世帯およびコミュニティといった中間レベルにおいて、食糧・水・エネルギーへのアク

図表5－1　人権の実現へ向けたエンパワーメントの過程

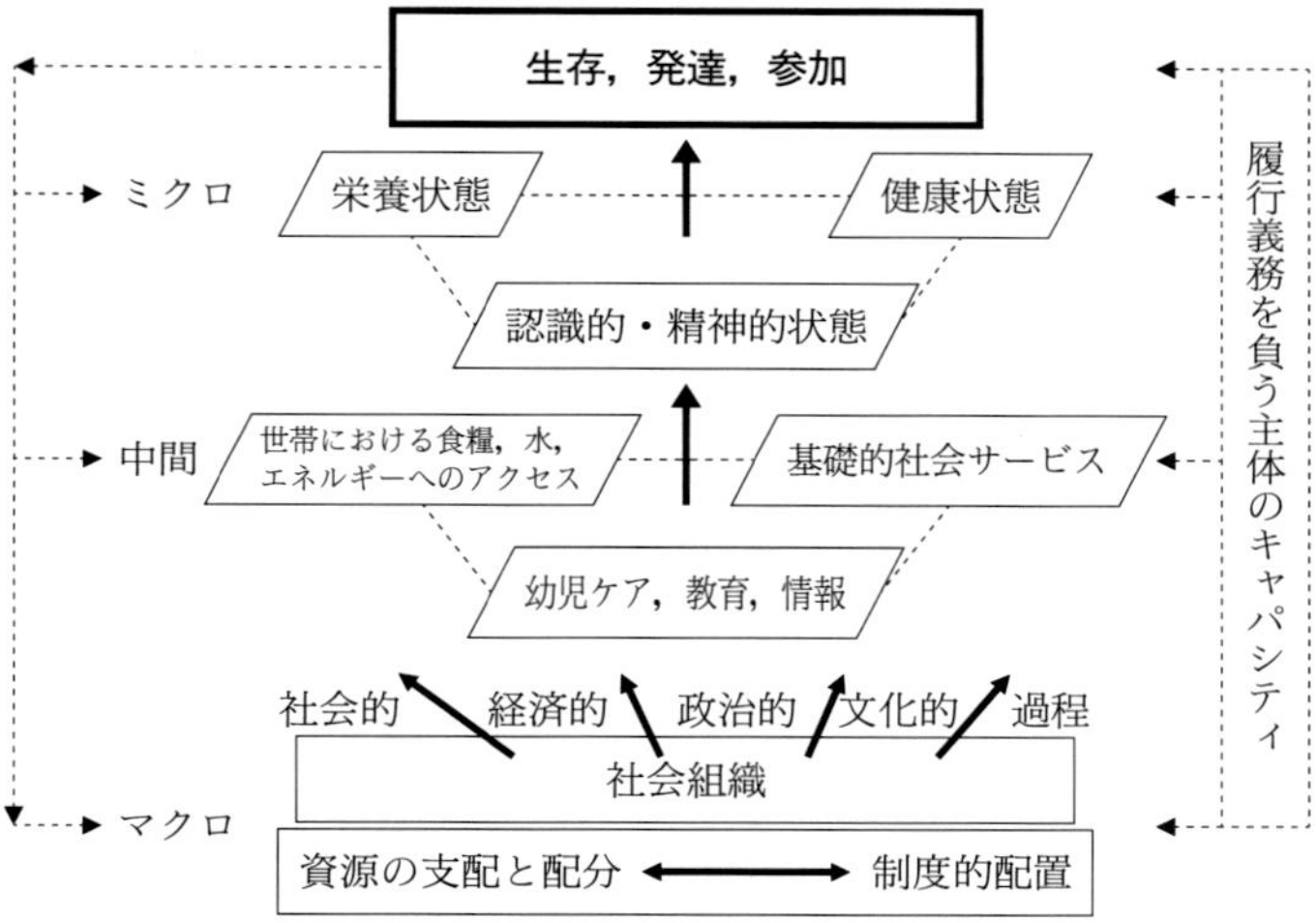

出典：国連児童基金 一九九七：20頁の図表をもとに作成。

セス、保健などの基礎社会サービスのほか、早期の幼児ケア、教育、情報などのサービスの存在が必要とされる。そして、この中間レベルは、さらにマクロなレベルにおける社会構造、つまり資源の支配と配分、制度的配置、社会組織などの相関関係に基づく社会的・経済的・政治的・文化的な過程によって影響を受ける。以上のように、生存・発達・参加の権利が実現されるためには、ミクロ、中間、マクロの各レベルにおける条件が整えられなければならないのである。これらの権利の実現へ向けて、重層的な条件を改善していく過程をエンパワーメントとしてみることができる。

それでは、生存・発達・参加の権利が実現するよう責任を負うのは誰であろうか。『子どもの権利条約』を例とすれば、この条約を署名および批准した国においては、最終的には政府が義務を負うことになる。米国以外のすべての国が批准している条約なので、国際社会においては、実際、政府が履行義務を最終的に負う者として位置づけられる。しかし、当然、ミクロや中間のレベルにおいては、条約と調和する形で改正されたであろう国内法により、世帯主やコミュニティも権利の実現になんらかの義務を負うことが普通である。いずれにせよ、この人権アプローチにおいては、基本ニーズ・アプローチと違い、生存・発達・参加などを権利として捉え、権利実現の履行について義務を負う主体を想定している。

権利主体である子どもと履行義務を負う主体の関係

以上のような議論において、「参加」は、開発のための手段ではなく、それ自体が目的として位置づけられている。この点において、参加型開発の一連の議論（オークレー 一九九一）と一致している。また、エンパワーメントと参加との関係についても、共通するところがある。つまり、エンパワーメントと解放の過程の必然的な結果として、参加が捉えられる。本章では、このような参加型開発の議論を超えて、人権アプローチから、生存や発達と並んで実現されるべき権利として「参加」を捉え直そうとする。まず、この人権アプローチの観点から、権利主体と履行義務を負う主体との関係をみてみよう。つまり、権利が守られていない個人が、その権利が実現されるよう主張し、その義務について政府またはコミュニティが履行しようとする、という一連の過程である。

例えば、実現していない権利がある場合、その状況のアセスメントと分析が必要とされる。その際、問題の所在の確認や、その原因の分析といった調査や研究に権利主体自身が参加することが望ましい。そして、権利の要求においては、政策決定者の関心を集めることなどアドボカシー（啓蒙活動）の一翼を担うことが期待される。また、問題解決へ向けた計画を策定する場合、その作業に積極的に参加することが求められている。さらに、その計画を行動へ移す際に、開発の過程へ主体的に関わることも考えられる。

このように、参加は、エンパワーメントの結果として捉えられると同時に、実現されていない権利について義務の履行を働きかける可能性を秘めている点で、エンパワーメントの過程をさらに促進するという側面もある。

開発協力のあり方を考えるとき、上記のような権利主体の主体的な参加を支援するという発想が必要とされている。つまり、権利が実現していない状況のアセスメントや原因分析、権利の実現へ向けたアドボカシー、問題解決のための計画策定および行動などにおいて、権利主体がより積極的に参加できるような社会環境をつくっていくような支援が求められている。

他方、履行義務を負う者への開発協力も重要である。履行義務を負う主体である政府やコミュニティが、権利の要求に対して応えようとしても、それに必要な能力が十分にない場合もある。例えば、問題解決へ向けた計画を策定できない、あるいは策定されたとしても、それを行動へ移せない、というのがその例である。この場合、そのような履行義務を負う主体のキャパシティ（能力）強化が必要とされる（図表5—1の右部分を参照）。義務が履行できるように政府やコミュニティへ開発協力を行うという視点から、キャパシティ強化の概念を捉え直すことを提案したい。

3　ジェンダー平等へ向けた女子教育の推進

図表5―1でも分かるように、子どものエンパワーメントの過程において、教育は重要な役割を果たす。ここでは、人権アプローチの観点から「万人のための教育」を再検討してみよう。

教育目標をめぐる展開

一九九〇年三月には、「万人のための教育世界会議」がタイのジョムティエンで、九月には「子どものための世界サミット」がニューヨークで開催された。二〇〇〇年までの一〇年間で、すべての人（女の子どもを含む）が基礎教育を受けられるようにし、学齢期の子どもの少なくとも八〇％が初等教育を修了できるようにするという目標が設定された。「子どものための世界サミット」では、世界で基礎教育を受けていない一億人の子どものうち三分の二は女の子どもであると推定され、女子教育の重要性が強調された。この女子教育の遅れの問題は、九五年に北京で開催された「第四回世界女性会議」でも再確認された。原因として、慣習的な態度、児童労働、早期結婚、資金不足および適切な学校施設の欠如、一〇代の妊娠、社会および家庭におけるジェンダー不平等などが挙げられた。また、国によっては、女性教師の不足や、早期からの家事の手伝いのため、女の子どもの就学が困難であることが指摘された。「第四回世界女性会議」は、女子教育の進展の遅れを指摘したうえで、『子どもの権利条約』の二八条の完全な実施を求めたのである（UN 1995）。

二〇〇〇年までの一〇年間における進展は順調ではなかった。九〇年に世界全体として八〇%であった初等教育の就学率または出席率は、九九年には八二%までしか向上しなかったと報告されている。また、若干の進展があったものの、人口増加もあったため、小学校へ行かない学齢期の子どもの絶対数は一億二〇〇〇万人であり、状況は改善されていないと推定される。さらに、男女の格差についても、世界全体として六%から三%へと半分に減ったとはいえ、三つの地域においては大きな差が依然として残っている。サハラ以南のアフリカでは六%、南アジアでは六%、中東および北アフリカでは七%の男女格差があり、これらの地域における女子教育の遅れがとくに懸念されている（国連児童基金 二〇〇二）。こういった問題の深刻さへの危機感から、九九年には、NGOや教員組合による「教育のためのグローバル・キャンペーン」が設立され、活発なアドボカシーが展開されている。

以上のような問題意識から、二〇〇〇年以降に相次いで開催された国際会議では、新たな目標設定が行われた。四月には、セネガルのダカールで「世界教育フォーラム」が開催され、『ダカール行動枠組』が採択された。このダカール会議は、ジョムティエン会議での『万人のための教育世界宣言』の理念を再確認するとともに、これを実現するための関心と努力の再結集を国際社会へ呼びかけた（斉藤 二〇〇二）。九月には『国連ミレニアム宣言』が採択され、「ミレニアム開発目標」が設定された。『ダカール行動枠組』と「ミレニアム開発目標」は、一五年までという全体的な時間的枠組を設定したところに共通点がある。男女格差の解消へ向けて、初等・中等教育については〇五年を年限として設定している点が緊急性を喚起するが、これは、すでに九六年の『DAC新開発戦略』でも提言されていたものである。

〇二年五月のニューヨークでは、九〇年「子どものための世界サミット」以降の進展を振り返りながら、国連子ども特別総会が開催された。そして、成果文書として『子どもにふさわしい世界』が採択された（UN 2002）。教育分野では、一〇年までの目標として、未就学の初等教育学齢期の子どもを五〇%減らし、小学校の純就学率または良質の代替的な初等教育プログラムへの参加率を少なくとも九〇%に高めることが挙げられている。これは、一五年までの目標へ向けて、その通過点となる一〇年の中間目標を設定したということができる。

女子教育に重点をおくアプローチ

ジェンダー平等、そして女子教育に重点をおく目標が生まれた背景として、いくつかの要因を考えることができる。まず、サハラ以南アフリカ、南アジア、中東および北アフリカの三地域を中心として、教育における男女格差が依然として縮まらない中で、その格差を〇五年までに少なくとも初等・中等教育において解消しなければならないという目標の存在であろう。

第二に、教育における差別、とくに男女格差をなくすことが「万人のための教育」を達成するうえでの前提条件であると考えられるようになってきた。女の子どもが学校へ行けない構造的な問題に本格的に取り組むことなしには、ジェンダー平等の進展は難しいことが指摘されている。

図表5－2　女子教育の世代を超える効果

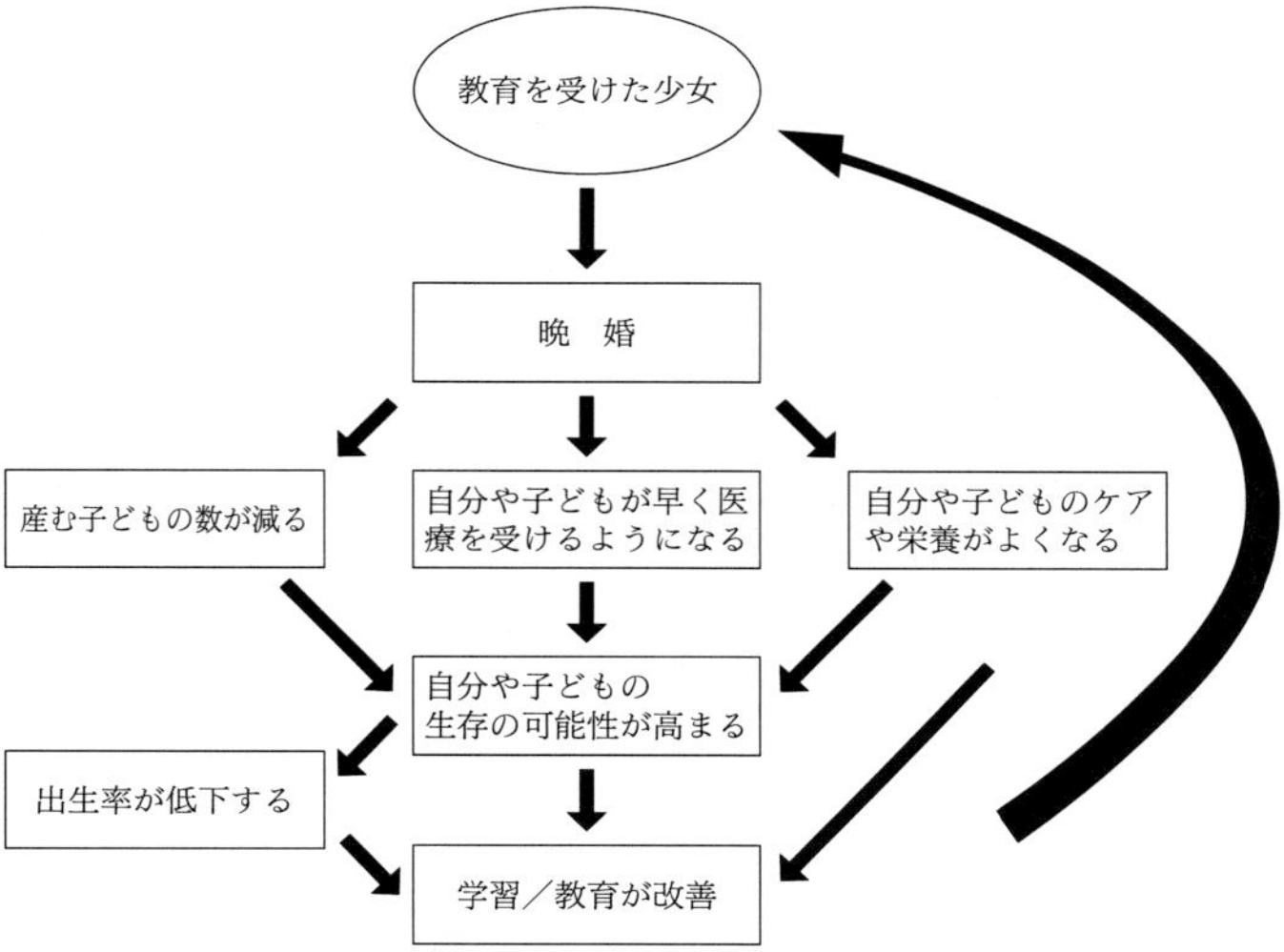

出典：国連児童基金　一九九八：57頁。

こういった認識は、『子どもの権利条約』や『女性差別撤廃条約』に基づいた開発への人権アプローチとも合致する（黒田二〇〇二）。

第三に、女子教育は、男女両方の子どもの教育を進めるうえでのカギだという研究がある。例えば、米国国際開発庁の女子教育の評価によると、女の子どものニーズに焦点を絞った政策またはプログラムであっても、男の子どもにも裨益する。実際、女子教育イニシアティブによって、男の子どもの粗就学率も改善したと報告されている（O'Gara & Benoliel, et al. 1999）。

さらに、次の図表5－2にあるように、女子教育への支援を通して、次の世代の子どもに対して効果を期待する考え方も強い（国連児童基金 一九九八）。つまり、女の子どもは、教育を受けると、結婚が遅れるが、そうすると、（1）生まれる子どもの数が減るだけでなく、自分自身および子どものために（2）より早く治療を求め、（3）より良いケアと栄養を提供するようになる。その結果、自分自身と子どもの生存の確率が高まり、学習および教育が向上すると考えられる。

以上のような女子教育を重視する考え方から、二〇〇〇年には「国連女子教育イニシアティブ」が提唱され、ユニセフを中心とした女子教育拡充のためのパートナーシップ強化が進められている。そこでは、よりフィールドの現場レベルに近いところで、その社会の子ども、とくに女の子どもの視点に立った活動が求められている。例えば、教育の質を改善し、学習の達成について進展をもたらすことが優先課題であるとしても、その社会の女の子どもにとって「教育の質」とは何かを現場レベルで検証していく必要がある（勝間 二〇〇三a）。例えば、教室のなかで行われている学習の質だけでなく、その周辺の生活環境の質も重要である。女の子専用の適切なトイレがないために、進学するにつれて女の子どもがドロップアウトする傾向が顕著な社会も多いのである。女の子どもが学校へ行くことを阻害する要因を分析する必要性が指摘されている（大津 二〇〇三）。

女子教育を「入り口」として、相互に関連した保健・栄養・衛生など他の開発課題についても積極的に取り組んでいくべきであろう。そして、エンパワーメントにつながるような、生きていくうえで必要とされるライフスキル（生活技能）を向上させるような開発協力が求められている。

4　商業的性的搾取からの子どもの保護

エンパワーメントと並んで重要なのは、困難な状況に置かれた子どもの保護である。本章では、商業的な性的搾取からの子どもの保護と、紛争地域における子どもの保護を事例としてとりあげる。

『子どもの権利条約』の三四条は、子どもの性的搾取をなくすために、あらゆる方策をとるよう国家に義務づけている。さらに、一九八九年の「子どものための世界サミット」と九三年の「世界人権会議」では、とくに困難な状況におかれた子どもの保護が再確認された。また、国連人権コミッションは、九〇年に「子どもの売買、買春、ポルノに関する特別報告者」を設置したのち、九二年には『行動プログラム』を採択している（UN 1992)。

このような国際的潮流の中で、政府および市民社会を大きく動員したのが、九六年にストックホルムで開催された「子どもの商業的性的搾取に反対する世界会議」である。ＥＣＰＡＴなどのＮＧＯによる努力の結果、ストックホルム会議が開催されるに至り、子どもの性的搾取の問題に反対する運動は一つの頂点に達した。この会議では、子どもの性的搾取を根絶させるためのより具体的な『行動計画』が作成された。

民間企業の側からも子どもの人権侵害を非難する動きが起こった。九五年に世界観光組織は『組織的な買春ツアー防止についての声明』を採択した。また、旅行代理店協会世界連盟は『子どもと旅行代理店の憲章』を作成し、買春ツアーによる子どもの性的搾取を非難する声明を出した（UN 1997；Calcetas-Santos 1998）。

このような国際的潮流を踏まえたうえで、子どもの性的搾取のグローバル化の傾向を概観し、例としてラテンアメリカにおける現状をみてみよう。

子どもの性的搾取のグローバル化

子どもの性的搾取の具体的な内容は何か。一般に、買春、ポルノ、性的搾取を目的とした人身売買などが含まれる。しかし、その実態や規模の詳細は明らかでない。子どもを対象とした性的搾取の大半は国内問題である。しかし他方、買春ツアーに象徴される国境を超えた子どもの性的搾取も増える傾向にある（Muntarbhorn 1996a）。グローバル化の潮流の中で、性産業の特徴も変わりつつある（勝間 一九九九ａ）。

第一に、「サービス」については、買春する側だけでなく、性的サービスを提供する側も国境を超えて活動するようになった。つまり、先進国から途上国への買春ツアーの問題がますます深刻になる一方で、途上国の貧しい女性や子どもが自発的または強制的に先進国へ連れて行かれるという事例が増えている。例えば、九九年五月、一七人の幼児をメキシコから米国へ不法に連れ込み、ニューヨーク近辺において二万ドル以上で売っていた犯罪グループが摘発された（New York Times 1999）。これらは氷山の一角に過ぎないであろう。

第二に、「モノ」については、技術進歩と規制欠如により、子どもポルノが急速に広がっている。まず、規制の緩い途上国で生産されたビデオが先進国へ配送されるという問題が拡大している。ビデオ機器やデジタル・カメラの普及により、児童性的虐待者が自らポルノを撮影する事例が増えている（Svedin & Back 1996）。例えば、九六年五月に、米国郵便サービスは、メキシコ市が子どもポルノのビデオ制作拠点になっていると非難した。ある国際配送会社は、新生児から一八歳までの子どもポルノをアカプルコで撮影し、米国内の五千もの顧客リストへ配送していた（Manuel 1996；Tafolla 1996）。さらに、インターネットの普及によって、物理的な距離に関わらず、子どものポルノ画像がやり取りされる事態が生じている。九八年九月に米国が他の一三か国と協調して行った摘発では、二〇〇人以上が子どもポルノをインターネットで流通させていたことが判明した（Shannon 1998）。

性産業の国際化は、子どもの性の商品化に拍車を掛けている。まず、子どもを性の対象とする顧客が先進国を中心として増えるという「需要」側の変化がある。そして、搾取されやすい脆弱な立場にある子どもが、とくに途上国で増加する傾向にあるという「供給」側の事情がある（Muntarbhorn 1996b）。グローバル化の潮流の中で、性産業は、この新しい「需要」と「供給」との間の国境を超えた斡旋活動を通して、子どもの性の商品化を急速に進めてきたといえる。ある推定によれば、国際的な性産業は、年間に二〇〇億ドル以上を売り上げている（Economist 1998）。このようなグローバル化の結果、既存の法によって子どもの性的搾取を取り締ることがますます困難となっている。

これまでのＮＧＯの精力的な活動によって、とくにアジアにおける子どもの性的搾取の実態が明らかにされてきた。例えば、フィリピンやスリランカにおける外国人児童性的虐待者による犯罪に関しては、すでに多く報告されている。その結果、子どもの人権を著しく侵害する社会問題として関心が高まり、それぞれの国は対応を迫られてきた。しかし、最近では、中米地域において外国人による子どもの買春が増加している（勝間 一九九九b）。これは、アジアにおける改善が進んだ結果、アジアからラテンアメリカへの問題の移転が起こっていることを示す一例といえる（Roche 1999）。

ストックホルム会議と横浜会議を超えて

それぞれの国において、ストックホルム会議で採択された『行動計画』に沿って、総合的な国別行動計画を策定することが重要である。このような行動計画を策定する過程には、政府だけでなく、市民社会も広く参加するべきである。

これまでは、どちらかというと、性的搾取を受けた子どもの保護、回復と社会復帰という観点からの取り組みが中心であった。しかし今後は、性的搾取する側を効果的に抑止するため、防止により重点をおくことが必要であろう。防止の観点からは、子ども買春、子どもポルノ、性的搾取を目的とした子ども人身売買を、各国において犯罪とすることが不可欠とされる。『子どもの権利条約』の批准国は、そのために国内法を調和させる義務を負う。

国外における子どもの性的搾取についても、国外犯処罰規定を設けるか、犯罪人引渡条約で対応できる体制を整えることが重要である。しかし、警察機関に任せているだけでは問題の摘発が難しい。一人ひとりの市民が監視していくべきであろう。とくに旅行業界を含め、市民社会の幅広い参加を促進していかなければならない。

子どもを対象とした買春ツアーの防止策の一つとしては、すでに犯罪記録を持つ者の再犯を未然に防ぐことを目的とした「緑の警告（Green Notice）」の発行がある。国際刑事警察機構は、児童性的虐待者が国外へ出国すると、加盟国へ警告を出している。警告を受けた国は、児童性的虐待者の入国拒否や行動の監視によって、子どもの性的搾取を未然に防ぐことができる。

ところで、日本では、ストックホルム会議のフォローアップ会議が九七年五月に開催され、法改正への努力とアドボカシーがより一層活性化された。その結果、九九年五月には『児童買春・児童ポルノ禁止法』が成立している（室田 一九九九）。〇一年一二月には、ユニセフ、日本政府、ECPAT等のNGOの共催により、「第二回子どもの商業的性的搾取に反対する世界会議」が横浜で開催された。そして、国連子ども特別総会が開催された〇二年五月に日本政府は『子どもの権利条約』の二つの選択議定書に署名したが、そのうちの一つは『子ども売買、子ども買春及び児童ポルノに関する児童の権利に関する選択議定書』である。このような流れのなかで、〇三年二月には、日本政府とユニセフの共催で、子どもの人身売買に関する国際会議が東京で開催された。

このように問題解決へ向けた努力が続けられているが、米国は、国際的な人身売買への日本の対応がまだまだ遅れていると指摘している（中島 二〇〇三）。また、インターネットを使った子どもポルノの問題も、ますます深刻化している。今後、子どもの性的搾取のグローバル化に対抗していくためには、超国境的な運動をさらに活性化していく必要がある。とくに、アジアからラテンアメリカへの問題の移転をみると、地域を超えた地球規模での対応が不可欠だといえよう。つまり、政府および市民社会組織の国際レベルにおける調整および協力体制を確立することが求められている（Katsuma 2001）。

5　紛争地域における子どもの保護――アフガニスタンの例

南アジアと中央アジアの狭間に位置するアフガニスタンは、パキスタン、イラン、トルクメニスタン、ウズベキスタン、タジキスタン、中国と国境を接している。日本の約一・七倍の国土に約二三〇〇万人の人びとが住む多民族国家である。

一九七九年のソ連軍侵攻以来、最近まで、アフガニスタンは長期の内戦状態におかれていた。一〇〇万人もの命が失われた上に、五〇〇万人が難民として国外（とくにパキスタンとイラン）へ流出したと言われている。八〇年代を通してソ連軍に抵抗したムジャヒディーン（イスラム聖戦士という意味）が九二年に勝利を収めたものの、今度はムジャヒディーン各派同士が覇権を巡って抗争を繰り返すようになった。さらに、九四年にはタリバーン（神学生という意味）が新たな勢力として台頭し、ムジャヒディーン各派に変わる主流派となるに至った。タリバーンは女性の就労の禁止や女子教育の停止を政策として掲げたため、国際社会はその人権侵害を非難した。その後、〇一年九月のニューヨークでのテロの結果、アフガニスタンへの空爆が行われたのは、周知のとおりである。現在、新しい政権の下で、平和の定着と復興へ向けた協力が続けられている（勝間 二〇〇三b）。

『子どもの権利条約』の三八条は、武力紛争によって影響を受ける子どもの保護とケアを義務づけている。さらに、〇二年二月に発効した『武力紛争への子どもの関与に関する子どもの権利条約の選択議定書』（日本政府は同年五月に署名）では、一八歳未満の子どもたちを戦争に巻き込むことが禁止された。しかし、アフガニスタンの子どもたちは、今でも非常に困難な状況におかれている。

障害をもつ子どもたち

長年の内戦を経たアフガニスタンをみると、基礎的な社会サービスも十分に整備されていない状況にある。とくに障害をもつ子どもを取り巻く生活環境は非常に厳しい。二〇〇〇年に筆者が東部地域と南東部地域で行った無作為抽出による世帯調査のデータをみると、一八歳未満の子どものうち何らかの障害を持つ者の比率は一・五％であった。その種別として、身体的障害のみを持つ者が八〇％、知的障害のみが一七％、身体的および知的な障害の両方が三％であった（UNICEF 2001）。

障害の原因については、先天性が三四％とかなり高く、次に感染症および非感染症の病気（小児麻痺を除く）が一七％と続く。そして、地雷による障害が一二％、小児麻痺によるものが一〇％、事故によるものが三％である。これに加えて、その他および不明が二四％もある。障害をもつ子どものうち何らかの治療を受けたことのある者が六八％しかいないため、原因が分からないと答える世帯が多いのであろう。

『子どもの権利条約』の二三条が障害をもつ子どもの権利を認めているにもかかわらず、アフガニスタンにおいては、それが十分に守られていない。障害の原因として際立つものが、地雷と小児麻痺である。アフガニスタンに敷設されている対人地雷の数は一〇〇〇万個と推定されている。これを踏んでしまうと、充分な医療施設がないこともあり、手足の切断手術を受けることになったり、視聴覚を失ったり、身体が麻痺状態になる場合が多い。一カ月あたり三〇〇人の犠牲者が出ていたといわれている（Coleridge 1999）。また、アフガニスタンでは、小児麻痺もまだ猛威を振るっている。予防医療サービスの脆弱さがその背景にある。

障害者に対する偏見はどうか。いわゆる先進国と比べても、アフガニスタンでは偏見が少ないという人もいる。確かに、どこへ行っても、対人地雷などで手足を失った人びとを大勢見かけるし、日常の風景の一部となっている。また、戦争の犠牲者とみられ、社会的に受け入れられやすいのかもしれない。しかし、先天性の障害の場合、公共の場から隔離されている例も報告されている。これには、障害者への偏見をなくすだけでなく、障害者が自立できるように支援していくことが必要であろう。

障害の予防へ向けた支援

障害の予防という観点から、一〇〇〇万個あると言われている対人地雷の除去が大きな課題となっている。現在でも、一五〇〇もの村が地雷や不発弾などに汚染された状態だと推定されている。もちろん、人道的な側面は重要であるが、同時に、経済的な側面からみても、農業を中心とした生産活動を活性化するために、地雷の除去は不可欠である。アフガニスタンでは、国連が中心となって地雷などの除去を調整しているが、外国やアフガニスタンのNGOも活発な除去活動を行っている。

また、とくに子どもについては、地雷や不発弾の危険性についての教育を十分に行うことが障害を予防するうえで有効である。例えば、地雷があると思われる場所の周辺に赤く塗った石を配置することによって、危険地帯を知らせるようにしている。そして、住民、とくに子どもを対象として、危険地帯へ近づかないよう呼び掛けている。

小児麻痺については、ポリオ予防接種を全国的に展開している。ユニセフと世界保健機構は、アフガニスタン政府やNGOと協力しながら、「予防接種の日」を年に数回設けて、子どもへのポリオ・ワクチンの投与を行っている。全国規模のポリオ予防接種を実施するには、日本政府を含めた国際社会の支援が不可欠である。しかし、治安の悪化により予防接種が困難な場所もあり、ポリオ根絶を達成するには至っていない。

『子どもの権利条約』の二四条が定めている「子どもの健康と保健サービスへの権利」を実現するためにも、アフガニスタン政府のキャパシティ強化を通して、子どもを地雷やポリオの脅威から保護することが求められている。

6　子どものエンパワーメントと保護——人間の安全保障へ向けて

本章では、「子どもの権利」を出発点として、人権アプローチの視点から、権利主体である子どものエンパワーメントと保護について論じてきた。このエンパワーメントと保護の概念は、「人間の安全保障」の柱でもある（Commission on Human Security 2003）。人間の安全保障を向上させることは、積極的な平和を構築していくうえで、とくに個人のレベルにおいて重要だといえよう。

人間の安全保障の向上へ向けて、最も脆弱な立場に置かれている子どものエンパワーメントと、搾取や暴力からの保護が不可欠である。その際、人権アプローチの観点から、子どもの権利の実現を目指すなかで、政府やコミュニティなどの履行義務を負う者への働きかけが重要であろう。そして、政府やコミュニティが義務を履行する能力に不十分な場合、それらの主体のキャパシティ強化につながるような開発協力が望まれているのではないだろうか。

参考文献

チェンバース、ロバート　二〇〇〇（野田直人・白鳥清志監訳）『参加型開発と国際協力——変わるのはわたしたち』明石書店、第六章
チェンバース、ロバート　一九九五（穂積智夫・甲斐田万智子監訳）『第三世界の農村開発——私たちにできる

こと』明石書店、第七章
フリードマン、ジョン 一九九二（定松栄一・西田良子・林俊行訳）『市民・政府・ＮＧＯ——力の剝奪からエンパワーメントへ』新評論、第二章
勝間靖 二〇〇四「開発における人権の主流化——国連開発援助枠組の形成を中心として」広島大学平和科学研究センター研究報告シリーズ三一号（人間の安全保障論の再検討）、八五〜一一一頁
勝間靖 二〇〇三ａ「女子教育拡充の加速化——ミレニアム開発目標へ向けたユニセフの教育開発戦略」国際教育協力論集六巻一号、三五〜四一頁
勝間靖 二〇〇三ｂ「アフガニスタンの紛争の場合」大貫美佐子監修『紛争——傷つけあう悲劇をのりこえて（二一世紀の平和を考えるシリーズ）』ポプラ社、四〜二三頁
勝間靖 二〇〇〇「アプローチとしてのＰＬＡ」プロジェクトＰＬＡ編『続入門社会開発——ＰＬＡ：住民主体の学習と行動による開発』国際開発ジャーナル社、二一八〜二二四頁
勝間靖 一九九九ａ「グローバリゼーションの社会的弱者への影響——メキシコの現状と政府の果たすべき役割」ラテンアメリカ・レポート一六巻一号、五一〜六〇頁
勝間靖 一九九九ｂ「メキシコにおける子どもの性的搾取——子どもの権利条約批准後の法、政策、実践」平和研究二四号、七二〜八〇頁
勝間靖・小山敦史 一九九五「開発の社会的側面に光を」社会開発研究会編『入門社会開発——住民が主役の途上国援助』国際開発ジャーナル社、序章
国連児童基金 二〇〇二『統計で見る子どもの一〇年——「子どものための世界サミット」からの前進』日本ユ

ニセフ協会、一六頁
国連児童基金 一九九八『一九九九年世界子供白書——教育』ユニセフ駐日事務所、五七頁
国連児童基金 一九九七『一九九八年世界子供白書——栄養特集』ユニセフ駐日事務所、二〇頁
黒田一雄 二〇〇一「教育開発戦略の行方」江原裕美編著『開発と教育——国際協力と子どもたちの未来』新評論、第三部第三章
室田康子 一九九九「みんなのQ&A——児童買春・ポルノ禁止法」朝日新聞五月九日朝刊
中島哲夫 二〇〇三「セックス観光防止不十分」毎日新聞六月一三日朝刊
オークレー、ピーター 一九九一（勝間靖・斉藤千佳訳）『国際開発論入門——住民参加による開発の理論と実践』築地書館、一四〜三六頁
大津和子 二〇〇三「タンザニア——教育開発とジェンダー」澤村信英編著『アフリカの開発と教育——人間の安全保障をめざす国際教育協力』明石書店、第三部第五章
斉藤泰雄 二〇〇一「基礎教育の開発一〇年間の成果と課題」江原裕美編著『開発と教育——国際協力と子どもたちの未来』新評論、第三部第四章
Calcetas-Santos, O. (1998), "Report of the Special Rapporteur on the sale of children, child prostitution and child pornography." UN Commission on Human Rights (E/CN.4/1998/101).
Coleridge, P. (1999), *Disability in Afghanistan*. UNDP/UNOPS-CDAP Peshawar.
Commission on Human Security (2003), *Human Security Now*. Commission on Human Security, pp. 10–12.
（人間の安全保障委員会 二〇〇三『安全保障の今日的課題（人間の安全保障委員会報告書）』朝日新聞社）

Economist (1998), "The sex industry : Giving the customer what he wants," 14 February, pp. 21-23.

Katsuma, Y. (2001), "Combating the globalization of child sexual exploitation : From Asia to Latin America," *Journal of Asian Women's Studies*, Vol. 10, pp. 28-36.

Korten, D.C. (1984), "People-centered development : Toward a framework," Korten, D. C & Klauss, R., eds. *People-Centered Development : Contributions toward Theory and Planning Framework*, Kumarian, pp. 299-309.

Manuel V., J. (1996), "Presos, 6 presuntos capos de la pornografia infantil," *La Jornada*, Mexico, 2 July, pp. 1; 36.

Muntarbhorn, V (1996a), "International perspectives and child prostitution in Asia," US Department of Labor. *Forced Labor : The Prostitution of Children*. US Department of Labor, Bureau of International Labor Affairs, pp. 9-31.

Muntarbhorn, V. (1996b), *Sexual Exploitation of Children*. UN Centre for Human Rights, p. 3.

New York Times (1999), "Baby smuggling racket," 28 May.

OECD (1996), *Shaping the 21st Century : The Contribution of Development Co-operation*. OECD, pp. 2-3.

O'Gara, C., et al. (1999), *More, but Not Yet Better : An Evaluation of USAID's Programs and Policies to Improve Girls' Education*. USAID Program and Operations Assessment Report, No. 25, pp. 85-88.

Roche, T. (1999), "Tourists who prey on kids : Central America is the new hunting ground for pedophiles. Can a U. S. law stop them," *Time*, 15 February, p. 43.

Shannon, E. (1998), "Main street monsters: A worldwide crackdown reveals that child pornographers might just be the people next door," *Time*, 14 September, p. 38.

Svedin, C. G. & Back, K. (1996), *Children Who don't Speak out : About Children being Used in Child Pornography*. Radda Barnen, pp. 34-62.

Tafolla, G. (1996), "Cae en Acapulco una banda internacional de productores de pornografia infantil," *El Nacional*, Mexico, 2 July, p. 18.

UN (2002), "A world fit for children," UN Special Session of the General Assembly on Children (A/S-27/19/Rev. 1).

UN, Secretary General (1997), "Promotion and protection of the rights of children : Sale of children, child prostitution and child pornography," UN General Assembly (A/52/482).

UN (1995), "Beijing Declaration and Platform for Action," Fourth World Conference on Women, 4-15 September 1995, Beijing (A/CONF.177/20/Rev. 1).

UN, Commission on Human Rights (1992), "Programme of action for the prevention of the sale of children, child prostitution and child pornography," Commission on Human Rights (E/1992/22).

UNICEF, Afghanistan (2001), *2000 Afghanistan Multiple Indicator Cluster Survey* (*MICS2*), Vol. 1. UNICEF Afghanistan, pp. 30-31.

第6章　グローバリゼイション下の難民移動
——難民のための新しい国際人道秩序へ向けて

小泉　康一

1　はじめに——現代的危機の状況

一九九〇年代、難民問題の最も劇的な特徴は、グローバル化した各国家が難民への庇護を抑制したことであった。例えば一九九四〜九七年、西欧での庇護申請者の多くは、ボスニアや旧ユーゴ、トルコ、ルーマニア、イラク、ソマリア、スリランカ、アフガニスタン、イラン、パキスタンからであった。彼らは難民や庇護申請者の地位だけではなく、多様な法的地位の下にあった。一九九八年初め、ドイツとスイスは、「国連難民高等弁務官事務所」（以下、UNHCR）から送還の停止を要請されたにもかかわらず、庇護申請を却下した千人以上をコソボに帰国させた[1]。西欧では、入国者にビザを義務づけ、書類の不備な乗客を乗せた航空機に制裁措置を課し国境で難民を阻止、また安全な第三国制度（safe third country）の適用、〝安全な祖国〟（safe country of origin）概念を考案し、入国を防いできた。各国政府は、非国家主体による迫害や戦火の犠牲者は、一九五一年国連難民条約には該当しないという解釈で、庇護申請者の入国を阻止し、庇護申請者の拘留と追放を行った[2]。欧州各国は一連の地域的取極めと条約で合意をはかり、EU外の国境管理とEU内に入る庇護申請者の手続き・審査で各国の司法的管轄権の規準を確立しようとした。

抑制的な法律に加えその他、国境管理にハイテク機器が導入され、かなりの資金が投入されている。現在、先進各国はどこでも、新しい管理手段を開発、難民に対し抑制的な態度を強めている。ために、庇護申請者の多くは、人の密輸業者（traffickers）へ依存。十分に組織された犯罪組織が出現している。各国が入国への厳しい審査制度を導入したことで、非常な高利益がのぞめる人間の密輸産業が出現してきた。「人の不規則移動」（irregular migration）で移動の経費は高額になっている。先進各国の関心は、移民の密輸・売買への国境を越えた犯罪組織の関与である。西欧諸国の厳しい入国措置と、その措置を出し抜く輸入業者の仕事は、どの程度庇護移住のパターンに影響するかの評価は困難だが、移動は商売になってきた。庇護申請者は目的地への移住の可能性を低め、先に出国した同胞が国外で確立した社会へ合流するための許可を得ることがむずかしくなることはまちがいない。

庇護申請者の排除という傾向は、発展途上国の政府にも拡大してきた。既に経済の過重負担がある中で、大量の難民の流入は、これらの政府の権威を脅かした。これらの国々は経済、社会、環境、安全保障上の経費を怖れて、庇護申請者を自国領域から排除、時には強制で、難民を帰還させている。難民への長期的援助が、主たるドナー（援助供与国）である先進諸国から減り、ODA（政府開発援助）の下降、構造調整策ともあいまって、多くの貧しく不安定な国々では難民への敵意を強めている。[3] 北と南で難民への庇護制度は危機に陥った。

世界中のどの政府も入国には厳格（庇護の危機）となり、できるだけ難民を自国（以下、流出国、原因国、祖国等、と使うが同義）へ帰すようUNHCRに圧力を行使した。各国政府は難民問題への解決策として、難民が自国へ帰る（帰還）ことを再び強調し始めた。[4] ドナー政府は、UNHCRの援助で難民をなるべく早い機会に自国へ帰し、そうした帰国には自国に安全な状況があろうとなかろうと帰るべきだと主張した。[5] 冷戦の終結で、帰還は一層、難民問題への唯一の効果的解決策とみなされるようになった。UNHCRは一九九二年、九〇年代を「帰還の一〇年」と宣言。大規模な帰還事業が世界中の広い範囲の国々で起こった。

冷戦終結という一九九〇年代初期の新しい国際政治環境に対応するため、UNHCRは帰還事業に際し、帰るべき自国の状況は本質的に改善しなければならないが、難民が安全に帰国するには十分と仮定。用語を操作することで、より〝緩やかな〟規準の状況下でもUNHCRが帰還事業ができるようにした。難民はバングラデシュからビルマへ、タンザニアと旧ザイールからルワンダ、ブルンジへと帰国した。これはUNHCRにとって、帰還は難民自身の全くの自己決定でなければならないという伝統的な立場からの劇的変化であった。帰還する上で安全か否かの評価は今や、難民ではなく国家やUNHCRが下すことになった。難民の身の安全は、必ずしも国家の安全保障や平和構築や紛争解決の目標には勝らないという考え方が勢いを得てきた。[6] 一九九〇年代初期、帰還はUNHCRの「予防的保護策」（preventive protection）の一部となり、原因国側に自国民への責任を促すこととなった。こうして帰還は予防的保護というUNHCRの新しいグローバル戦略の中心となっていった。

ＵＮＨＣＲは一九九〇年代、殆ど完全に帰還に集中した。ために、実際上難民のために他の可能な解決策が無視された。それは難民の不利益につながった。国際社会の資金は、紛争への経費をまかなうために、長期開発から救援へと変更された。その結果、紛争の温床となる貧困や社会的不平等へ取り組む経費が減額された[7]。帰還と緊急援助事業を除いて、他の事業計画への資金が減額される中で、これまで実施されてきた庇護国での定住計画、教育、所得創出、難民参加の促進プロジェクトは中止された[8]。一九九〇年代、約一二〇〇万人の難民が自発的にか、ＵＮＨＣＲの助けで帰国した[9]。しかし、自発的に帰還する難民の数は、実際に人道機関に援助される人々の一〇倍多いかもしれない[10]。現在は相対的に、難民事業にとって平易単純、寛容な時代は過ぎ、より複雑で困難な時代になってきている。

本章は上記の状況を視野に入れつつ、まず第一に、人権と難民保護の制度的な関連を取り扱う。第二は、その難民保護制度の中で、中心的な位置をしめるＵＮＨＣＲが直面する課題を明らかにする。そして第三に、世界的な傾向として難民庇護への抑制が強まる中で、難民への負担分担の地域的協調がなぜ難しいのかを述べる。第四は、その背景として、覇権をもつ国々のイデオロギーたる〝新しい人道主義〟について考える。以上の考察を踏まえて最後に、とりうる若干の政治的方策について触れることとしたい。

2　人権と国際難民制度

一九九〇年代、上述のように難民帰還が一層強調され、国際社会の関心が向けられた。難民を帰そうという国は、「ノン・ルフールマン原則」（強制送還禁止の原則 the principle of non-refoulement）を独自に解釈し、ＵＮＨＣＲや国際法学者の反論にもかかわらず、ハイチやスリランカ・タミールのような内戦、地域社会間の紛争という一般的暴力から逃亡した人は、難民にはあてはまらないとした。帰還がひとたび解決策として出されたら、それは全ての状況で追求することを正当化してしまう。

国際的な難民保護制度（以下、国際難民制度と略称）は、国連人権制度の仕組みとは異なる。難民法には、個人や各国国民からの請願や不平を受けつける仕組みが存在しない。条約加盟国は、ＵＮＨＣＲに情報や統計データを与えるという要求に従う必要はないし、各国家が提出した報告書の審査制度もない[11]。一方国連人権制度は、難民、他の避難民の人権保護に取り組む国際難民制度よりも、難民保護に対し消極的でさえあった。冷戦中、東西対立があったことと権威主義国家が人権を監視されることに消極的だったためである。国連人権委員会と国連人権センターは活動の上で極度に困難をきわめた。結果的に人権制度は、国際人権規範および規準の開発と、その普及に努力を傾けた。

一九八〇年代、人権制度は人権への関心と活動を増大させた。拷問、行方不明、拘留・入獄、即決死刑の監視に関心が払われ、人権委員会は特定の国での人権状況の報告に開放的になってきた。[12] しかし、「特別報告者」の仕事は一般に訴追機能に限られた。彼ら特別報告者は、対象に対し自由な接近を許されなかったので、意味ある処方箋を書くことができなかった。難民保護の問題は、国連人権計画の枠外にあった。各国政府のグローバルな貿易と投資分野での努力に比べ、各国政府は一般に、国際人権制度の強化、更新に取り組もうという気持は殆どなかった。[13]

国際人権法や人道法は、国家の領域内に住む住民の福祉への責任を含めて国家主権を定義することで顕著な発展を遂げた。しかし国連制度内の人権の仕組みが、難民保護に直接に関与する必要があるとの認識が育ったにもかかわらず、国連人権制度は現場で難民や国内避難民に保護を与えることができていない。一九九三年、「国連人権高等弁務官」(UNHCR)の創設が国連内での人権への高い関心をもたらし、主要な難民危機で保護の監視業務を向上させた。しかし実際のところ、現場には人権スタッフが常駐せず、たまさか姿があったとしても彼らの役割は、監視業務と情報の収集に限られている。[14] 改善はみられるものの、国連組織内での人権に関する制度的分担と調整は、依然課題として残ったままである。[15]

国際難民制度を人権制度に近づけたのは、自発的帰還の原則の衰退であった。[16] 一九八〇年代初期以降、人権に基づいた難民問題への新しいアプローチを発展させるべく、上記のようにいくつかの取り組みが行なわれてきたが、より重要なことは、国際社会は大量の人権侵害を、たとえ他の国々が安全保障上の脅威に全く直面していなくとも、国際的行動に値すると決めたことである。[17] そして、人権は全ての難民問題への中心的な事柄としてみなされるべきだとの論議があった。冷戦終結は、予防的保護という政策の実施手段として、人権法で難民問題に直接関与する可能性を開いた。この見解によれば、自発的帰還は根本的な解決であり、その否定は基本的人権の侵害であるということになる。

しかし、よく考えれば、この見解は帰還促進の手段・口実ともなりうる。現実に非自発的帰還が行なわれている状況から目をそらすために人権の言葉を使っていると批判されても仕方がない。伝統的に国際難民法は独自の地位を保ってきたが、しかし今日、国際難民法は事実上、政策という恣意的分野におとしめられる怖れ[18]が出て来た。難民の権利の衰退は、難民法の価値の低下に深い根を有している。

他方、実施面でも根本的な変化が国際難民制度に起こった。帰還した土地でカギとなるのは、自由で公正な選挙という国際法の原則の実現だが、しかし現実は競争するエリートが注意深く管理する選挙で、指導者決定への大衆の参加は限られる[19]。政治的民主主義は必ずしも社会経済的民主主義にはつながらない。地域社会内の対立、水や土地をめぐる争い、歴史的に深く刻まれた社会的不平等は単に自由、公正な選挙というお題目を唱えることでは解決されない。公正がいき届いた真の参加型民主主義が必要だが、一体だれがそれを推し進めるのか？　国際金融機関でもなく、彼らを管理する国家でもない。伝統的に国際赤十字やＮＧＯのような機関は受け入れ政府の許可の下に活動を続けてきたが、しかし近年は、多くのＮＧＯがこの規制に縛られず、独立的に活動を始めている。

冷戦期、原因国内での保護と援助は、国家主権の侵害であり国連機関にはタブーであった。冷戦後、難民問題の主要な変化は、援助関係者がたとえ紛争国家でも原因国内で働くことであった。UNHCRにとって、介入の態様が変化したことは国内の武力紛争状況へ大きく関与することを意味した。変化する国際環境とUNHCRが関与する人々の範囲が拡大したことで、国際難民制度は根本的に変化した。

しかし人権を唱えて他国の国内問題に関与することは、新たな難民危機の発生に至る国内不安を引き起こすことになるかもしれない。軍事化された状況へのUNHCRの関与は、かなりの痛みを伴った。人道機関が提供してきた救援物資は武装勢力を養うこととなり、かくして紛争の長期化に手を貸した。UNHCRはまた、国連から委託を受けた多国籍軍と責任を分け合うようになった。一九九九年のコソボ危機では、UNHCRと他の国連機関は国を逃れた難民の援助に深く関わった。しかし、NATOの空爆中、国際機関がそこにいるのは安全ではなかったので、国内での民族浄化とその犠牲者たる国内避難民には全く国際的関心が払われなかった[20]。また、軍と人道組織は各々、その目的と実施方法が異なり、場合によっては互いに矛盾した。近年のボスニアのように、救援活動に軍が付き添って援助関係者に身の安全を与えるというやり方は、人道援助機関側の政治的中立性を妥協させ、援助物資の配布活動さえおびやかした。

国家から離れた武装勢力の存在という事態の中で、難民保護は、政府、国際機関だけではなく、様々な市民組織とNGOのように広範囲の活動主体を含んでいる。メディアは国際難民制度の一部ではないが、視聴者に難民移動の情報を伝えるために、かなりの影響力を持っている。メディアは、地域から国際的なレベルまで様々な段階で、異なる役割を果たしている。国際難民保護の将来は、これらの活動主体が異なる場で、強制移動に対し果たす役割に大きく依存している。

3 UNHCRの拡大と変質

国際難民制度の目的は、国家制度の失敗で作り出される危機や脅威を防ぎ、管理することであった。難民流出への国際的な措置・反応は最初、国際連盟下でおこり、現在は主として国連制度内で対拠されているが、国民国家制度のもとで活動が行われている。人々は国家の保護の下にあり国境内におり、国境を越えた無秩序な移動は国際政治の安定を損ねると考えられている。国際難民制度は国際条約、多国間機関、NGOのようなものから成るが、第一に人道的感情に基づいているわけではない[21]。逃亡する個人の動機・感情がいかに官吏、国際公務員、難民、人権団体の人々の心を鼓舞しようとも、国際難民制度の政治的基礎は国家の保護である。同制度は、国家が国家としてその正当な役割を果たすことができない時に、安全が脅かされる国家間の関係をとりもつための国際的制度である。

国際難民制度の歴史は、ロシア革命と国際連盟まで遡るが、第二次大戦後まで大した進展はなかった。UNHCRは設立時から、東西対立の国際政治に巻き込まれ、難民は二極対立の中での政治要因の一つと認識されていた。冷戦政治下では、UNHCRや西側政府にとっては難民の取り扱いが容易であった。難民の地位の認定は明確だし、単純であった。UNHCRは〝自由世界〟の中で、ソ連・東欧圏からの流出者を定住のために取り扱える機関として、西側には価値ある機関とみられていた。

冷戦後、UNHCRはその活動範囲を拡げ、多くの人々を対象に援助活動をしてきた。UNHCRの強みの一つは、元々難民保護という明確な委任事項だったが、より一般的な人道援助、開発援助を行い、多くの異なる種類の強制移動民を援助の対象として含むまでに拡大してきた。UNHCRの最初の主要な拡大は一九七〇年代で、インドシナ難民危機の影響があった。ここでは、アメリカが主導的な役割を果たし、制度拡大の主要な推進者となった。[22] 次に同様な高まりを見せたのは、一九九〇年代バルカンでの危機であった。UNHCRはここで、難民のほかに帰還民、国内避難民、戦火被災民、大量追放の犠牲者、庇護申請を拒否された人々などの支援に関与してきた。旧ユーゴ戦争では、ドナーから促されて、援助する場所や法的立場に関わりなく、全ての犠牲者に援助を実施した。中でも戦火被災民は、国外へと追い出されてはいないが、人道援助と保護が必要な人々でUNHCRの援助対象として一九九〇年代、かなりの部分を占めている。旧ユーゴでも資金のかなりの割合がこの人々のために投じられた。この多様な活動の結果、UNHCRは強制移動の様々な形態の人々を抱える国家や地域状況の中で、質的にも異なった役割を果たすよう迫られた。そのため、UNHCRは性格的に、従来の難民機関から、より広範な緊急事態に対処する人道実施機関に変貌してゆく。以上のことから、四つの点が問題として出てきた。

まず第一点は、UNHCRの近年の活動上の変化で最大のものは、法的保護から物質援助への焦点の移動である。[23] UNHCRは一九八〇年代半ばから、援助が保護を上回り、UNHCRの保護の文化は退潮した。事業の優先順位が保護よりも物資配布の効率性へと向かい、UNHCRの目的は一層、実用的になった（緊急援助と物資配布なら、ＵＮＨＣＲ以外の他の機関でもなしうる）。今日、ＵＮＨＣＲは主として難民への庇護の供与や保護に関与してはいない。むしろ主要な点は、人道的活動である。ＵＮＨＣＲが主に関与しているのは援助であり、食糧、住居、医薬品の配布である。ＵＮＨＣＲが難民機関から人道機関へ変質し、帰還を行い、国内避難民にかかわり、予防外交に焦点を合わせたことで、同機関は原因国での帰還民の再統合と人権擁護に関与することになった。これは、原因国での復興援助のために世界銀行等との新しい協力関係の樹立につながり、保護というＵＮＨＣＲ本来の機能の一層の低下につながった。

第二の点は、難民は今や、高度な政治問題という現実の中で、主要ドナー[24]は〝不当な影響力〟をＵＮＨＣＲに行使、かなりの程度ＵＮＨＣＲの自治性を損なってきた[25]。財政的弱さと強力なドナーへの依存が、ＵＮＨＣＲの自主性を妨げている。ＵＮＨＣＲは冷戦中、難民条約の中心原則の維持に関心を集中できたために、その活動は比較的に政治的な束縛からは離れて活動することができた。しかし、新しい国際政治環境の中で、ＵＮＨＣＲは過去その業務の指針となってきた国際法規準に基づいて決定が下せなくなってきている。ＵＮＨＣＲは今や、人道目的が達成される可能性があるかどうかによって、政策が評価されるようになった。紛争や人権侵害が進行する渦中への強制帰還、安全地帯の設置、予防のような新しい〝解決策〟を通じて国家が難民への抑制策を採るようになって、ＵＮＨＣＲは委任事項・原則か、それとも政治的な実用策を採るかの選択を迫られるようになってきた。原則をとれば、ＵＮＨＣＲはドナーへの影響力が低下し、周縁化される。それを避けるために、ＵＮＨＣＲは所与の状況下で難民の利益のために最良な〝取引〟をめぐって政治的な方策を探ることになる。結果として、UNHCRを含めた国際社会は、しばしば理想とは少し離れた政策を追及してきた。そのことがUNHCRに疎外感を抱かせる。

第三点は、世界的に難民の抑制・封じ込め策が強まり、安全保障の言葉が広がる中で、UNHCRの委任事項である〝非政治的で人道的〟な条項が弱められていることである。[26] UNHCRと他の人道機関は、ルワンダでのツチ族等への大量虐殺後、アフリカ大湖地域でみられたように、高度に軍事化され、政治化された状況に巻き込まれた。UNHCRには、政府や反政府勢力に対し、たとえ人々の強制移動につながる明らかな人権侵害の証拠があっても、政治的に介入する委任事項は与えられていない。UNHCRが配布する援助物資は、難民キャンプの武装勢力の手に渡り、結果的に彼ら武装勢力を援助することになって、紛争の長期化を招き、人道危機の拡大に手を貸したとの批判がある。ルワンダでのこの新しい事態は、人道的緊急事態で保護を与えるUNHCRの中心的な役割を損じただけではなく、難民危機が手に負えなくなった時、保護の機会とその有効性を譲歩させてしまった。UNHCRはまた、コソボの人道援助では国連決議なしに、紛争の明確な当事者と提携して働いた。政治的に中立の行為者という主張は弱まり、非政治的という条項は疑わしくなった。UNHCRにとって、ドナーの戦略に追随すれば自律性も不確かなものになるという怖れが出た。とはいえUNHCRは、各国家が安全保障や国益への関心で動く国際政治の場へ難民規範を注ぎ込もうとしてきたのも事実である。これはUNHCRが、難民が危険になった時、国家の政治へ挑戦し、難民法の下で国家の行動について監視をしたり、判断をする可能性を開くことにつながってきた。

第四点は、難民中心のアプローチから総合的アプローチ（難民以外の人々にも保護と援助を与える）の採用に伴い、他機関との調整が優先事項になったことである。人道問題は性質上、多元的で複雑であり、多くの国際主体が問題に関与する。加えて、UNHCRはしばしば国連の政治、軍事機関が関わる包括的な平和維持、平和創出活動への参加を依頼された。UNHCRは難民、帰還民、国内避難民の問題をもはや単独では解決できないし、人権、平和維持・平和創出のような問題を扱う他の組織と橋を架ける必要があった。その傾向は例えば、一九九〇年UNHCRが初めて人権委員会に提携を呼びかけたことにもあらわれているし、またUNHCRと「国連開発計画」（UNDP）のような開発機関の間の調整が続けられてきたことにもみてとれる。しかし開発機関は各々の機関がそれぞれ異なった計画期間と政策枠組みをもっており、UNHCRとの調整はむずかしかった。UNHCRとUNDPの間では、難民帰還に伴い、救援から開発へ円滑に移行するための論議が長いこと続けられて来たにもかかわらず、両者の間には制度上の壁が依然、実施を妨げ、調整はむずかしい。重要な点は、UNHCR以外の機関は「国連人道問題局」（DHA）にしろUNDPにしろ人権擁護の委任事項を持っていないことである。両者はともに援助に関係するが、UNDPは民主化プロジェクトを持つものの、DHAは現場にスタッフが長期に駐在していない。難民問題の解決には、市民社会の確立、多元的組織が共存する政治制度、法的・行政的組織の強化、草の根組織の強化を含む広範囲の人権活動が必要である。しかし、〝良い統治〟や人権尊重を確保することは、人道機関や開発機関の中心的な関心事項ではないし、役目でもない。UNHCRは激動する国際政治の中で、自らの中心原則とアイディンティーを維持しながら、急速に変化する国際環境に効果的に対応することが求められるようになっている。

4　負担分担――〝費用〟と〝利益〟の不確かさ

世界的に難民庇護への抑制措置が強化される中で、「負担分担」(burden-sharing) という古い考えが復活し、通用し始めた。負担分担の考えは、自国領域に不当な割合で難民が流入したと感じた国が、負担を軽減しようとすることから来ている。受け入れ国が弱体で、大量難民を受け入れられないとなったら、難民保護の観点から得られる選択肢は、難民条約の前文にある国際的な負担分担によらねばならない。分担で可能とされる方法は、活動のための費用を出すことと、安全な国で庇護の機会を与えることである。そのためには難民を守るべく、各国家に対し、難民受け入れの誘因を増すことが必要となる。考えられたことは各国が大量流出の際、あらかじめ難民の一定量を受け入れる同意をする。そして、参加するどの国も単独の受け入れ国にはならないようにすることである。大量難民をより良く管理することは、国益にかない、国際秩序と安定を強め、同時に難民の権利を守ることになるという考えである。つまり、集団的行動は個々の国家の単独の方策よりも、危機に耐えうる解決策になるかもしれないという前提に基づいている。

分担計画の主要な点は、難民保護はグローバルな問題で、その解決は一つの国家の能力を超えると認識するところにある。現実には大半の難民が自国内、近隣の諸国に留まり、極度に困難な状況の中で、数少ない発展途上国が世界の難民の多くを引き受けたままである。国際的な分担の不均衡は、先進国の間にも存在する。欧州では、ドイツが何年もの間、欧州地域の庇護申請者の半分以上を受け入れ、他の欧州諸国は責任を逃れていた[27]。それを避けるために、各国家が定住分担で国際協調し集団的行動をとることは、国家にも難民にも利益がある。分担計画は保証措置として働くと思われた。

しかしそうした負担分担は、軍事防衛、環境のような分野でいくらか進展はみられるが、難民の分野ではあまり成果がみられない。難民の場合、負担分担は国家への義務を伴わず、例外的な事態で一時的にとられる高貴な原則のように見えるためである。協力すれば実際的な利益が得られるという考えは、例えば軍事同盟の場合、費用分担の意思を作り出す。個々の国家が単独では達成できない安全保障の水準を協力は生み出すからである。国際環境制度は、大気中や海中への汚染物質の投棄の規制や、共通の資源への規制を図ることで問題の根源に取り組み、解決が図られる。

環境、国防上の協力よりも難民・庇護申請者への負担分担が困難なのはなぜか。基本的な問題は、〝なぜ費用を分担するのか〟の問題に行き着く。国際難民制度は、難民流出という結果のみに対応する。もしも国家が、難民を生み出す出来事を管理できるという確信がいくらかでも持てれば、計画を受け入れる動機になるかもしれない。しかし、難民は暴力紛争から出るので、原因についての協力は戦争と平和という、容易には管理が難しい問題と取り組まねばならない。さらに、難民は次の項で述べるように、難民の大量流入の場合でさえ、弱小国が自身のいくらかの軍事力で扱えないほどの脅威はめったに存在しない。小さな国家でも、ふつう国家として不釣合いな軍事力を持ち、難民の大量流入を阻止したり、押し返すのに軍事力を使うことは可能である。純然たる軍事的事柄ではないのなら、弱い国家でも単独で難民のもたらす安全保障上の脅威に見合うだけの、かなりの力を持っている。結果として、経費と責任を分担しようという気持ちは本来、国家には弱い。過去二〇年、国際社会において難民流出には根源で取り組まねばならないと言う認識は高まったが、紛争の規制と犠牲者救援の間には、制度と政策の間で大きなギャップ[28]がある。

緊急事態の発生で、難民の負担を分担しようという国々の間の協力は、その場しのぎのものである。国家は制度化された長期の関与は避けたいと願う。事柄の性格上、頻度と規模が不確かなので、計画参加に要する費用の意味が全く明確ではない。国家は慣例上、自分たちが全く管理できない事態の計画には関与を渋りがちである。これは定住受け入れの場合、とくにそうである。どの国もその行為が呼び水となって、将来、難民をより多く受け入れることになっては困るし、〝磁石〟としても働きたくないので、自然と排除したいという傾向が出てくる。各国家は紛争解決、平和創造、平和維持を通じて、難民流出の原因を和らげようとした。同時に各国は、マスメディアに大々的に報道された難民危機に対応を迫られ、重ねてＵＮＨＣＲやその他の国際機関に救援物資を与えるようになった。他方、難民受け入れ国の動機は、金銭目当てというのが、人道救援の世界で広くもたれている考え[29]である。

負担分担には過去、難民の主要な緊急事態で二つの成功例がある。ただし、いずれも一時的で非公式な計画であり、それぞれ別の力学[30]があった。事例は、第二次世界大戦後の欧州での避難民と、一九七〇年代に発生したインドシナ難民である。第二次大戦後の分担の成功因は、①定住は欧州、すなわち西欧での出来事だったこと。②戦後復興への労働力需要があったこと。特にカナダ、オーストラリアは難民キャンプで活発に人々を勧誘した。③戦争参加国の義務感、である。インドシナ難民の場合、とくにベトナム難民では一九七九年、一九八九年の二つのジュネーブ会議でアメリカが強い指導力を発揮した。①アメリカが問題を関係国での高度の政治課題にしたこと。②問題解決へのカギとなるアメリカが関与を続けたこと。③アメリカの政策が難民制度の目的と一致していたこと、があった。個々の国々へアメリカが自らの影響力を駆使した非公式の分担計画[31]であった。前者の欧州モデルは、国家が自らの価値と利害計算に基づき、ベトナムのモデルは各国々が強国アメリカに説得され、圧力をかけられて実現した。公式化されてはいないが、これらの力学の要因は、緊急事態の動因として重要である。

難民の分野では、負担分担の論理は難民を助けることは道徳的義務であり、国際法上の義務であると言う前提から始まる。国家は、平等という合意された原則に従い、分担を制度化することで、同時に国益を促進しながら義務を果たすことができる。分担計画は主として、〝一般的な暴力〟の状況下で発生した大量難民の流入の場合について論議[32]された。大量流入のケースでは、難民が逃亡する理由は様々で、厳密な意味で難民条約の難民の定義にはあてはまらない。そこでは、分担は地域内の不平等を軽減する手段として進められてきた。

難民の負担分担で地域的協調を作りだすのが難しいのはなぜか。問題に今一度答えれば、分担を受け入れるという〝前払いの費用〟と〝相互利益の不確かさ〟の間の食い違いにある。負担分担計画はもし出来たとしても、代わりにかなり低い水準で国家が関与を固定、それにより、地域の間で負担の転嫁を制度化し、難民の権利を制限する仕組みになるかもしれない。[33]国家が庇護へのカギを握っているし、解決策を見つけ実施するカギを握っている。世界の難民問題は、過去にそうであったように、各国の強い政治意志があれば対処可能だが、難民が先進国での定住機会を与えられないのなら、先進国は彼ら難民と難民を受け入れる途上国を助けねばならないであろう。経済移民の場合と同様に、その源で問題に取り組む解決策を考えるべきであろう。

5　安全保障の脅威で、〝新しい人道主義〟の登場

難民問題は常に国家の安全保障や政治上の利害と結びついてきたが、国際関係を扱う広大な文献はめったにこの問題に触れず、またその重要性を言うこともなかった。人の国際移動は人口学者や社会科学者にとってさえ、長いこと周縁的な研究対象でしかなかったが、急速に国際的な安全保障上の問題に上ってきた。[34]冷戦後は以前と異なり、難民危機は原因国と受け入れ国の双方の安全保障に影響する事態と見られるようになった。イラクからのクルド族のトルコへの流入のように、隣国への難民の大量流出状況は受け入れ国の国内治安への脅威だけでなく、国際的な安全保障を脅かすという〝新しい認識〟が出てきた。ルワンダとブルンジでのツチ族とフツ族の間の紛争では、難民がザイールとタンザニアに流れ、これらの国々を不安定化した。さらに大量流出は、アフリカの大湖地域、リベリア、シエラレオネ、アルバニア、コソボ、東チモールと続いた。

流出の衝撃は、外部からの資金援助、武器供与さらには戦争の技術・情報の取得によっても強められる。

一九九〇年代益々、難民は上記のように国際安全保障への危機とみられるようになり、そのため国連憲章第七章に基づく行動に基礎が与えられた。近年、「国連安全保障理事会」は、紛争の激化を避け、大量の戦火被災民の流出を防ぐために、人道的介入を繰り返し認めてきた。NATOや他の地域組織が多くの紛争に関与してきた。イラク北部、ソマリア、旧ユーゴでは国家の内政問題への国際的介入が難民流入に対応して認められた。一九九〇年代、人道問題は国際政治の中で、歴史的に前例のない役割を果たした。そうした中で、人道活動自体が近年、かなりの変化を被ってきた。難民移動は、世界的安全保障と地域安全保障の両面で政治的な重要度を高め、安全保障理事会やNATOのような政治、軍事の場で話題となった。難民移動が持つ安全保障上の重要性は高まり、世界的なメディアの報道もあり、より緊急な課題として国際的な場で難民問題に焦点があわせられることになった。

それでは、難民による安全保障上の脅威とは何か。難民について人は、〝拡大した安全保障問題〟だと言う。難民はめったに軍事的脅威ではないのに、様々な点で怖れがあると知覚されている。議論を簡明にすると、脅威だと主張する人は、難民は受け入れた一社会の政治制度、文化的同一性、社会経済秩序、環境（少なくとも地域に巨大な数で流入したら）、国家の安全を脅かす（彼らが逃亡してきた紛争に軍事的に関与したら）、という。さらに、一つの政権が隣国を不安定化するために故意に人々を押し出すかもしれないことを理由にあげる。

しかし安全保障上の類推は、いくつかの基本的な点で誤りをおかしている。弱小国でさえ、大量流入の場合、いくらかの軍事力を行使して管理できない脅威はめったに存在しない。究極の武器は入国拒否である。確かに、アフリカ等に限らず、国境管理は困難だが、難民は庇護を求めて入国をはかり、大量流入状況の中で、見て明らかに十分に見える存在である。しばしば、暴力と難民の関係が言われてきたが、一握りの武装勢力による暴力へ過剰反応する危険性は非常に高い。先のルワンダ難民が流入したザイールでは、モブツ政権は一九九四年、最初は政治的理由で難民を受け入れ、数カ月後にはまた政治的理由から難民の何人かを力で押し返している。[35] 国家は軍事力で人の流入を管理しているし、十分可能である。国防とは違い、脆弱な国家でさえも独力で難民による〝安全保障上の脅威〟に見合うだけのかなりの能力を持っている。

重要な点は、安全保障という言葉を安易に使うことで、難民流出はそれ以後、原因国への力の行使を正当化[36]してしまうことにある。コソボであったように、たとえ力の行使が現実に難民流出に拍車をかけても、そのような場合、難民福祉は念頭にはのぼらない。冷戦時代の一般に〝受身的な〟政策に比べ、国際社会は今や原因国での難民の流出原因を強調する政策に、より主眼を置くようになった。各国政府はもはや、難民の〝国を離れる権利〟(right to leave) ではなく、〝国に留まる権利〟(right to remain) や〝国に戻る権利〟(right to return) を強調し始めた。国家が感じる脅威という感覚は、難民の封じ込め政策か、負担分担の不在につながり、安全保障という言葉で覆われる。最終的な結末は、ノン・ルフールマン原則のような基本原則の崩壊。国家が国境を閉じたり、あるいは理想とは程遠い状況の下で難民を帰すのを正当化している。

通俗的に国家安全保障の用語を理解してしまうわけは、内的か外的に発生する軍事的脅威の概念に基づいているためである。安全保障への脅威論は、いくつかの理由から難民政策には否定的に働く。脅威が増すと感じれば、国家への軍の発言力が増し、軍は難民福祉よりも脅威を抑えることに関心があるので、難民管理、つまり封じ込めにつながる。採られる措置は、入国拒否、難民キャンプへの押し込み、送還、難民交換がおこるかもしれない。

今日の紛争への国際的関与での著しい特徴は、人道援助が政治的、軍事的介入の代用になってきたことである。安全保障の言葉が人道主義の世界へ侵入し、それを追い出し始めたといわれる。一九九〇年代、各国はＵＮＨＣＲや人道援助を、長期化する地域紛争解決への自分たちの政治的怠慢の弁解に使った。各国政府は時に、拒否戦略をとる。無視していれば、そのうち問題がなくなるかもしれない。さもなくば、強硬措置をとって難民の大量の追放と送還が行なわれてきた。難民流出と地域の不安定化を防ぐ手段としての人道活動。武力紛争に予防的措置を講じ、難民移動に人権優先で取り組むのではなく、保護よりも内戦での救援物資の配布に主力を集中している。アフリカ大湖地域、スーダン、アフガニスタン、チェチェンのような内戦や暴力の発生を政治活動だと認めることで、何をすべきかの決定をするかわりに、これらの事態は人道危機[37]だとしている。各国政府は、ＵＮＨＣＲやＮＧＯへの支援に満足して、政治的な解決を求めて内戦に活発に関与しようとはしない。

各国にとって、人道援助の供与は、財政的にも政治的にも、比較的危険度の低い選択肢である。マスメディアの要請を満たし、人類の苦難を軽減する活動を実践すべしという公的意見を満足させることができる。それはまた、政治的、軍事的介入という、より決定的で負担の多い形を避ける言い訳として各国政府によって繰り返し使われてきた。国際政治に影響力をもつ国々の責任の放棄である。難民危機に対応する人道活動は、多くの国々での伝統的な保護と庇護の仕組みの弱体化と一致した。

「人道主義」の言葉はその性格上、元々意味は多方面にわたり、広範な行為が人道的と分類される。「人権」とか「難民」のように国際法上の明確な定義はなく、確固とした概念上の境界がない。拡張した意味はあいまいなため、ごまかして使うこともできる。新しい人道主義のイデオロギーが、進行中のグローバリゼイションと複雑につながっていることは疑いない。難民問題はもはや、単に人道問題として孤立的に考えることはできない。現在の援助のやり方の背後にある、政治的な利害の吟味が必要となっている。

6　おわりに——解決への展望

国際難民制度は、世界中で厳しい圧力の下にある。冷戦終結により大国の行動上の抑制因は取り去られた。強国は政治的意図の達成のために必要なら安保理を使おうとしたが、そこで反対されればNATOのような地域機構で封じ込め策を実施した。これらの行動は目的が何であれ、難民流出を制限するという全体的な影響をもった。負担分担という言葉は今日では、国家の安全保障への脅威という言葉に置き換えられてしまった。難民は今や、乏しい資源を要求し、その存在自体が国家の安全を脅かすとされ、庇護国への安全上の脅威とみられている。難民流入とは結局、国民国家制度を不安定化する脅威である。国家は益々、国内であれ国境を越えてであれ、強制移動民への保護を保証する関連の人権条約と国際難民条約の適用を望まなかったり、与えることができなくなってきている。他方、人の密輸業は、真の難民が庇護申請の手続きに入るのを妨げる。これは経済的グローバリゼイションの圧力下で、国家の権限の崩れと密接に結びついている。難民制度へ国際的関与が弱まる傾向は、先進国の受け入れ基準の下方修正でさらに拍車がかけられている。[38]

難民と、人権、経済開発、安全保障の間の密接な関係にもかかわらず、国際社会はこれらの領域の間に明瞭な区別を維持してきた。過去五〇年、別々の国連機関がそれぞれ特定の領域にのみ焦点をあわせてきた。現在、難民危機への国際的な取り組みの体制は多国間、一国でと幅広く、組織的にも政府、NGOと様々な主体が関与し、しばしば関係者間の調整がとれていない。各々の機関はそれぞれ独立してドナーから資金を集め、直接にあるいはNGOに委託して援助計画を実施している。〝NGOの人道救援は大きな商売になってきた[39]〟と言われるゆえんである。各主体は、自分たちの組織の目標を持ち、独立の行動を行い、その結果、事業内容は重複し、活動上の効率を低下させている。

人道的行為は、単に救援や物資の配布の問題ではない。まず最初は、犠牲者の保護である。難民の物理的保護と彼らの権利擁護の確保は、最優先事項にならねばならない。現在はまだ、保護は国際社会の中心的な関心事項ではなく、国内紛争の状況で保護を与えるという明確な原則は存在しない。難民や庇護申請者が一体どの位の数いるのか、その確定は決して簡単な仕事ではない。最終的に自国に戻ったり、他国でさらに庇護を求めた難民の数のデータが殆どない。他方で、難民の地位を拒否された人がどうなったかについての情報は限られている。ほんの僅かの人々が公式に追放されるか、自発的に移動するのみで、大半の人々は不法か、その他の形で、拒否された国に留まっている。[40]

先進国は、自国の安全に影響があり、地政学的に重要だと思われる国へ援助を限る傾向にあり、その他の状況は無視する。豊かな国々は難民庇護で一層しり込みし、一方発展途上国では国境管理のために行政的、軍事的能力を改善して来ているので、庇護供与の機会は不透明になってきている。従って原因国内に留まる避難民へ、国際保護を与える計画を早急に開発する必要がある。同時に、先進国の入国締め出し策の変更を働きかける必要がある。世界では今、偽の現実主義の名の下に、難民の保護と権利という中心原則の侵食を受け入れている。封じ込め策は、難民保護の原則を破壊する。

この新しい状況下で、差し迫った課題は難民流出に関する多国間の協力活動の目的の再検証である。伝統的なこれまでの制度には、移民でもなく難民でもない、内戦や破綻国家の犠牲者を救うための、仕組みが十分整っているとは言い難い。今日、地域的にも国際的にも一貫した移民政策は存在していない。グローバリゼイションの時代に、特別で明瞭な社会集団としての難民のニーズを認識し、それに応えるのが一層むずかしくなってきている。これは、特定の犠牲者集団よりも全体としての状況に応えようとするために、法的な諸原則や分類を曖昧にすることを正当化[41]

してきている。強制であれ自発的であれ、人の移動が急速に拡大している世界では、政策の再検討は緊急課題である。国家の課題は、国境管理を行いながら民主国家としての人権原則を損なわず、国際難民制度を崩さない政策をどう作り出せるかである。各政府は積極的方向にも否定的方向にも、政策上で大胆な変化を実施することができる。

これまで適用されてきた〃解決〃というのは、人道救援の対象として難民を考えるよりも、各国の政策で動機づけられてきた経緯が濃厚である。また実際の救援計画では、難民を継続的に緊急事態のままに放置しておき、難民キャンプに閉じ込め、受け入れ国の国民から隔離する現在の政策は、経費的にも不経済なだけでなく、難民を非人間的に扱っている。乏しい援助資源の有効利用のために、ドナーは援助政策を再度、明確にする義務がある。政策形成へのカギは、国際移動の原因と力学の理解である。誤解や単なる期待に基づく政策は失敗する。さらに最も重要な事だが、民族間の紛争を解決するのに必要な確固たる政治意思や行動が人道行動に伴わないなら、軍も救援機関も長期化する人道活動の中で行き詰まる。

代わりに、われわれは理念的に人道活動を超えて、強制移動民を生み出す問題に取り組む必要がある。強制移動の防止を意図した外交政策手段とその仕組みの開発を含む、より広範な政策領域へと研究を発展させて行く必要がある。

注

(1) Chimni, B. S., *Globalisation, Humanitarianism and the Erosion of Refugee Protection*, Refugee Studies

Centre, University of Oxford, 2000, p. 10.

(2) Crisp, Jeff, *Policy challenges of the new diasporas : migrant networks and their impact on asylum flows and regimes*, Centre for Documentation and Research, UNHCR, New Issues in Refugee Research, Working Paper No. 7, 1999-a, p. 9.

(3) Loescher, Gil, *The UNHCR and World Politics : A Perilous Path*, Oxford University Press, 2001-a, p. 16.

(4) 一九八〇年代半ば、ＵＮＨＣＲはドナーに迫られて、長期的に費用のかさむ第一次庇護国での難民キャンプ事業を見直し、帰還という別の選択肢に取り組み始めた。ＵＮＨＣＲは庇護国への対応だけでなく、原因国の難民流出のその根源へ取り組むことになった。

(5) Loescher, *op. cit.*, 2001-a, p. 16.

(6) *ibid.*, p. 17.

(7) Loescher, Gil, "Protection and Humanitarian Action in the Post-Cold War Era", in *Global Migrants, Global Refugees : Problems and Solutions*, edited by Zolberg, Aristide R. and Benda, Peter M., Berghahn Books, New York, 2001-b, pp. 190-191 & 203.

(8) Loescher, *op. cit.*, 2001-a, p. 17.

(9) *ibid.*

(10) Bissell, Richard E. and Natsios, Andrew S., "Development Assistance and International Migration", in *Global Migrant, Global Refugees : Problems and Solutions*, edited by Zolberg, Aristide R. and Benda,

Peter M., Berghahn Books, New York, 2001, p. 306. 例えば、ＵＮＨＣＲは一九九二〜九五年、一七〇万人のモザンビーク難民がＵＮＨＣＲの帰還計画で帰国したと言ったが、実際は三七万五千人だけがＵＮＨＣＲの輸送手段、受け入れ施設を利用した（Crisp, Jeff, *"Who has counted the refugees ?" : UNHCR and the politics of numbers*, Centre for Documentation and Research, UNHCR, New Issues in Refugee Research, Working Paper No. 12, 1999-b, p. 17.）。

(11) Loescher, *op. cit.*, 2001-b, p. 185.

(12) *ibid.*, p. 188.

(13) Collinson, Sarah, *Globalisation and the dynamics of international migration : implications for the refugee regime*, Centre for Documentation and Research, UNHCR, New Issues in Refugee Research, Working Paper No. 1, 1999, p. 8.

(14) Loescher, *op. cit.*, 2001-b, pp. 188-189.

(15) *ibid.*, p. 189. 国連人権委員会では難民問題を正式の議題として取扱ってはいないし、特別報告者もいない。かくして、国際的には、包括的なやり方での難民保護の取り組みは存在していない。

(16) Chimni, *op. cit.*, 2000, p. 13.

(17) Martin, Susan F., *Forced migration and the evolving humanitarian regime*, Centre for Documentation and Research, UNHCR, New Issues in Refugee Research, Working Paper No. 20, 2000, p. 8.

(18) Einarsen, Terje, Refugee Protection Beyond Kosovo : Quo Vadis ?, in "Responses to Barutciski and Suhrke", *Journal of Refugee Studies*, Vol. 14, No. 2, Oxford University Press, 2001, p. 120.

(19) Chimni, *op. cit.*, 2000, p. 13.

(20) Loescher, *op. cit.*, 2001-b, p. 196. 国内避難民（ＩＤＰ）に関しては現在、各国連機関が自らの機関の委任事項、財源、関心の点から関与できる状況を選んでいる。各国連機関によるこの選択的な対応と条件付与のために、救護活動は限定的で一貫しないものとなっている。

(21) Keely, Charles B., “How Nation-States Create and Respond to Refugee Flows”, *International Migration Review*, Center for Migration Studies, New York, Vol. xxx, No. 4, 1996, p. 1057.

(22) Suhrke, Astri, “Reflections on regime change : How do concepts about displaced people change ?”, in *Researching Internal Displacement : State of the Art*, Conference Report, 7-8 February 2003, Trondheim Norway, 2003, p. 15.

(23) Loescher, *op. cit.*, 2001-a, p. 363.

(24) ＵＮＨＣＲは政府間機関で、各国からの資金と助言に依存している。ＵＮＨＣＲの活動資金の約九八％が各国政府からの自発的拠出金である。そのうち大半の資金は、米、日、ＥＵなど少数の主要国から出ている。これらの国々はＵＮＨＣＲの政策に強力な影響力を持っている。

(25) Chimni, *op. cit.*, 2000, pp. 13-14.

(26) *ibid.*

(27) Loescher, *op. cit.*, 2001-a, p. 367.

(28) Suhrke, Astri, “Burden-sharing during Refugee Emergencies : The Logic of Collective versus National Action”, *Journal of Refugee Studies*, Vol. 11, No. 4, Oxford University Press, 1998, pp. 402.

(29) Harrell-Bond, Barbara, *Refugees and the Reformulation of International Aid Policies : what can Britain and Japan do ?*, Background Paper for UK-JAPAN 2000 Group, Refugee Studies Programme, University of Oxford, 1992, p. 6.

(30) Suhrke, *op. cit.*, 1998, pp. 404-406.

(31) Crisp, *op. cit.*, 1999-a, p. 2. ＵＮＨＣＲの統計では、一九七〇年代末以来、難民の定住計画で西欧諸国へ二五万人が入国した。大半はインドシナ難民で、フランス、ドイツ、イギリスその他に定住した。インドシナ難民計画は、一九八〇年代半ばに停止された。

(32) Suhrke, *op. cit.*, 1998, p. 398.

(33) *ibid.*, pp. 412-413.

(34) Zolberg, Aristide R., "Introduction : Beyond the Crisis", in *Global Migrants, Global Refugees : Problems and Solutions*, edited by Zolberg, Aristide R. and Benda, Peter M., Berghahn Books, New York, 2001, p. 1.

(35) Suhrke, *op. cit.*, 1998, p. 401.

(36) Chimni, *op. cit.*,2000, p. 10.

(37) *ibid.*, p. 16.

(38) Collinson, *op. cit.*, 1999, p. 25.

(39) Weiss, Thomas G., "Reforming the International Humanitarian Delivery System for Wars", in *Global Migrants, Global Refugees : Problems and Solutions*, edited by Zolberg, Aristide R. and Benda, Peter M.,

Berghahn Books, New York, 2001, p. 209.

(40) Crisp, *op. cit.*, 1999-a, p. 2.

(41) Chimni, *op. cit.*, 2000, p. 11.

(42) Harrell-Bond, *op. cit.*, 1992, p. 1.

第Ⅲ部

地域紛争における
さまざまな暴力

第7章　女性の紛争経験へのアプローチ

——フィリピン南部を事例として

石井　正子

1　はじめに

紛争は、その動員力と破壊力の大きさから、男女を問わず多くの人びとの運命を翻弄し、苦しみを与えるものである。ところが、指揮官や戦闘員として動員されるのは圧倒的多数が男性であり、女性は後方支援に従事したり、犠牲者として紛争に巻き込まれる場合が多い（Skjelsbæk and Smith 2001 : 5-6）。紛争の勝敗を左右するハイ・ポリティクスは男性の世界であり、女性は紛争の中心勢力からみれば周辺的存在であった。このため、紛争研究は男性の活動領域を対象とするものが多かった。

しかし今日、紛争による死者の約七五%、死傷者の約九〇%が非戦闘員や一般住民であるという[(1)]（Turpin 1998 : 4 ; Skjelsbæk and Smith 2001 : 3）。この数値からも予想できるように、紛争の犠牲者をみるだけでも、相当数の女性が紛争に巻き込まれている。とりわけ内戦型を特徴とする今日の紛争では、「ウォーロード」のような国際法に拘束されない非国家主体が行使する「公」

と「私」の暴力により、これまでになく膨大な数の住民、とりわけ女性が犠牲になっているという（Turshen 1998 : 1-4）。

紛争は性別を問わず人びとの日常を破壊するが、多くの女性が男性とは異なる経験をしている。それゆえ、「紛争と女性」のテーマについて、少しずつではあるが、考察が進められるようになった。まず、紛争に「参加」する側面として「女性兵士」「軍需産業と女性」「後方支援に携わる女性」などのテーマが取りあげられ、実態が踏まえられると同時に、それらに対する政策の是非が論じられている。一方、「国内避難民・難民となる女性」「家族の連行・殺害と女性」「女性に対する性暴力（レイプ・売買春）」など、紛争の「犠牲」となる女性の問題は、しばしば人権保護、戦争補償などの現実的な問題解決策の模索とあわせて議論されている。被害状況に関する克明なドキュメンテーションがない場合が多く、存在したとしても客観的な状況記述ではない。女性の目撃と記憶のなかだけに留められる紛争体験にもとづく証言を、どのように裁きの材料とするかが論議を呼んでいる。また、「敵」だけが女性に暴力を振うわけではない。紛争中に、ストレスやトラウマを抱えた夫や恋人による暴力に苦しむ女性が増えると報告されている（Turpin 1998 : 7）。さらに、紛争が女性に及ぼす否定的な影響は、紛争後にも及ぶ。伴侶を亡くして「母子家庭」の家長となった女性が、生業環境が破壊された地域で家族を養っていくなど、紛争後にも女性は様ざまな問題に直面している。このようなことに対する理解が、女性学、フェミニズム、ジェンダー研究や、NGO（非政府組織）などの活動により、深まりつつある。

さらに、女性が「戦闘に参加する側面」や「紛争の犠牲となる側面」などの実態とあわせて、紛争の様ざまな局面における女性の「主体的な対応」が理解されるようになっている。紛争が多くの女性の日常生活を破壊し、想像を絶する苦悩をもたらすことはいうまでもない。人びとの活路を断ち、生きる気力すら奪う紛争の惨状からは目をそらすべきではない。だが女性たちは、その暴力には受動的にならざるをえなかった状況に対して、少しずつ能動的に逆境を変え、生活を再建している。女性たちはまた、主体的に紛争に参加し加担もする。紛争という非日常の経験を通じて、女性たちは、生きのびるために、そして家族を守るために活動範囲を広げ、新たな役割を担いつつある。犠牲者としての側面を矮小化することを避けつつ、あえて社会変容のエージェントとしての役割に注目する研究書もある（Manchanda 2001a ; Moser and Clark 2001）。とりわけ長期にわたるインタビュー、聞き取り調査、オーラル・ヒストリーの収集、フィールドワークを行ったフェミニストや研究者、ジャーナリスト、そしてNGOなどが、このような女性の姿を描くようになっている。オーラル・ヒストリーという方法論を積極的に導入し、記述されない女性の声から主体的な認識に光を当てることは、紛争のなかの女性を可視化させるのみならず、紛争後の平和を考えるうえでも重要だからである。

私は以前、フィリピン南部で紛争を体験したムスリム（イスラーム教徒）女性の語り(2)から彼女たちの紛争体験を再構築する試みを行った（石井 二〇〇二）。フィリピン南部のムスリム女性たちもまた紛争に参加し、多くが犠牲となった。活路をみいだせずに命を落としていった女性も多い。しかし、こうした紛争による断面と同時に、日常生活の破壊が女性自身を変える契機となったことを理解した。女性は紛争中に自己と社会についての認識を変え、紛争後の社会で新しい役割を選択している。こうした紛争下での女性の主体的対応と社会変容の過程は、アプローチとして女性の語りを積み重ね、彼女たちの内在的視点に近づくことによって、浮かびあがったことであった。紛争は男女に異なる影響をもたらし、社会のなかの女性の役割を変えていく。それゆえに、紛争後の復興・開発や人間の安全保障を考える際にも、女性が紛争によってどう変化し、どの方向に向かって生きようとしているのか、という主体性をみることが極めて大切であるように思われる。

しかし、紛争下におかれた当事者の主体的対応を問うことには、いくつかの難しい問題が伴う。それらは、語ることが苦痛であり、沈黙のうちに伏せられている紛争経験を、フィールドワークによる聞き取り調査によって問うこと、非対称的な力関係にある調査者が被調査者を記述および表象すること、語りやオーラル・ヒストリーの性質と扱いをめぐること、などである。そこで本章では、フィリピン南部の紛争を事例に、聞き取りやオーラル・ヒストリーによって女性の紛争体験にアプローチするうえでの問題点を整理したい。そのうえで、女性の主体的対応をとらえることが、紛争後の復興・開発の問題や、本書全体のテーマでもある人間の安全保障に示唆することについて触れてみたい。まずは、フィリピン南部のムスリム女性が紛争にどのように関わり、社会が変容していったのかを簡単に紹介しよう。

2　フィリピン南部の紛争とムスリム女性

紛争から復興・開発へ

一九六〇年代後半、フィリピン南部のミンダナオ島、スルー諸島では、先祖伝来の土地が移民入植と資源収奪の対象とされ、政治の中心から追いやられ経済的にも窮乏したムスリムの不満が高められていた。モロ民族解放戦線（Moro National Liberation Front：ＭＮＬＦ）が結成され、一九七〇年代前半より、同戦線を中心に中央政府に対してムスリムの主権（のちに自治権）を要求する武力闘争が展開された。ムスリムはフィリピン全人口の六～八％であり、約九〇％のクリスチャン（キリスト教徒）に対して少数派である。一方、同時代のフィリピン南部では、アグロインダストリーの発展に伴い、貧困問題が悪化していた。社会不安の広がりを反映して共産党の軍組織である新人民軍（New People's Army）や学生・労働運動も活発になっていた。こうした動きに対抗するために、政府は国軍を動員し、いわゆる「自警団」を活性化させた。その結果、一九七〇～八〇年代にかけて多くの一般住民が紛争に巻き込まれた。例えば、戒厳令が布告された一九七二年九月から一九八五年のおわりまでに、七万人が逮捕され、六〇二人が「行方不明」になり、その大半が国軍によって抹殺されたという。また二二二五人が国軍によって監禁、処刑され、一九七七年から一九八五年のおわりまでに約三〇〇人の女性が暴行を受けたとも報告されている（ベリョー　一九九一：69-70）。一九九六年九月、ＭＮＬＦがフィリピン政府と和平に合意するまでの約二五年間、特に一九七〇年代から八〇年代にかけて、フィリピン南部は内戦状態に陥った。その結果、地域住民、とりわけ少数派のムスリム住民に対する殺戮、暴行、拉致、略奪、放火などが繰り返し行われた。

和平合意後、フィリピン南部では新たな自治区樹立準備および地域の復興・開発計画が策定された。具体的には、ミンダナオ島やスルー諸島の一四州九市に、暫定行政機構である南部フィリピン平和開発評議会（Southern Philippine Council for Peace and Development：SPCPD）と平和開発特別区（Special Zone of Peace and Development：SZOPAD）が設置された。MNLFの兵士七五〇〇人をフィリピン国軍と警察に統合する、残りの二〜四万人の兵士はSZOPADのもとで復興・開発支援の恩恵を受けて生活を再建する、SPCPDはSZOPADにおける和平を監視し、三年後の一九九九年に住民投票を行い、新たにムスリム・ミンダナオ自治区（Autonomous Region of Muslim Mindanao：ARMM）を樹立する、というシナリオが描かれた。実際には、住民投票は二〇〇一年八月に延期され、これまでの四州[3]に加えてバシラン州とマラウィ市がARMMを構成することになった。SZOPADとSPCPDは二〇〇二年三月に廃止され、現在はARMMを中心に、二国間支援や国際支援を受けて復興・開発が行われている。

しかし、実際の和平合意後の展開が平和の実現からほど遠いものであることは、マス・メディアなどで報じられている通りである。MNLFから分派したモロ・イスラーム解放戦線（Moro Islam Liberation Front：MILF）との度重なる和平交渉が破綻し、エストラダ政権下の二〇〇〇年には「全面戦争」政策の下、国軍がMILFの基地を攻撃し、応戦するMILFとの間で紛争が激化したため、百万人近い住民が避難民となった。誘拐事件や爆弾テロ事件を引き起こすアブサヤフ（Abu Sayyaf Group）の活動も沈静化していない。二〇〇一年九月に起きた「米国同時多発テロ事件」以降、テロ対策においてアメリカの後ろ盾をえたアロヨ政権は、二〇〇二年にアブサヤフの活動拠点であるバシラン島で米比軍事合同演習を行うなど、ムスリム分離運動派に対する攻勢を強めている。二〇〇三年二月には、国軍は再びＭＩＬＦの拠点を攻撃し、四〇万人もの人びとが避難民となった。

紛争と女性――語りにみる主体的対応

フィリピン南部のムスリム女性たちは紛争の様ざまな局面をどのように生き抜いてきたのか。この実態は、文献資料や先行研究にはほとんど反映されていない。いかにして住み慣れた土地から避難したのか。避難先でどのようにして子どもや家族を養ったのか。家族を殺害された痛みをどう胸のうちにしまってきたのか。新たに生活を開始するために何が必要だったのか。紛争後の新しい社会で、行動や役割をどのように変えたのか。紛争経験者の女性に和平や復興・開発過程はどのように映るのだろうか。どのような社会の再建を望んでいるのだろうか。

私は、一九九五～九六年の間にのべ一三カ月間にわたって、二八人の女性に紛争に関するインタビューを行った。その結果を述べるためには、インタビュー方法や状況を開示することが重要であるが、すでに詳細を別冊に記しており、ここではむしろ当事者の主体性を問うことを主題とするので、注に記すことに留めたい(4)。インタビューから彼女たちの紛争体験を主なタイプに分けると、日常生活の破壊から生活を再建してきた女性の経験が次のように浮かびあがった。

まず、無差別に家族が殺害されるような激しい暴力に直面し、MNLFのメンバーやサポーターとして、銃をとって防衛と攻撃に参加した女性がいた。ロジスティックスなどの後方支援や看護支援に携わる女性がいた。一方、多くの女性が、避難することを強いられた。自給自足を中心とした生計基盤から離れ、山中に逃れ、親族を頼って難を回避し、最終的に現金を稼ぐことによってしか食べていけない都会での避難民生活を余儀なくされた。家族を支えるため、都会ではじめて現金収入をえる仕事に就いたものもいた。女性よりも男性のほうがMNLFのメンバーであると疑われ、必要以上に厳しく取り調べられ、連行、殺害されることもあった。そのため、女性がMNLFの基地に伝令や物資を運ぶ役割を果たした。MNLFのメンバーとして投獄された夫、息子、娘を取り戻そうと国軍に掛けあう女性もいた。伴侶を失った女性は、家長となって一家を支える役割を担わざるをえなくなった。避難中もなんとか子どもの学校教育を続けさせようと奮闘した。国軍による性的暴力の被害にあった女性もいた。そして、国軍のムスリムに対する残虐行為に抗議の声をあげはじめた女性たちもいた。

調査は一〇以上の民族集団で構成されるムスリムのなかでも、主にサンギル人という少数派の女性に焦点を当てたものであった。したがって、ジェンダー論を展開したものではなく、紛争の周辺に位置していた人びとの認識を問うことに主眼がおかれていたことを付記しておきたい。ジェンダー研究やフェミニズム研究が「女性」を対象に考察を行う際にも、「男」と「女」という本質主義的な二分法を前提とする考察には陥穽があることが指摘されている。女性も民族、階層、文化、イデオロギーなどの差異によって分かれている。とりわけ社会の網の目が分断される紛争下では、性差のほかに、これらの様ざまな差異が女性の経験の分け目となるのである。例えば、フィリピンのムスリム女性の場合、同じ女性とはいえ、MNLFを構成する中心的な民族集団であるマギンダナオ人、マラナオ人、サマル人、タウスグ人の女性およびダトゥと呼ばれる貴族・首長層の子孫の女性は、異なる経験をした可能性がある。もちろん錯綜した紛争下では経験に大きな個人差が生まれるため、社会集団として一般化できない体験が多く存在することも書き加えておく。

ここで紛争下の女性の認識を問うことに、フェミニズムの研究実践が強みをもつことを強調したい。女性やマイノリティは、歴史のなかで取るに足らない役割しか担わなかったとして軽視され、記述されることが少なかった。これに対してフェミニストは、女性のオーラル・ヒストリーやそれを取り囲む記録から埋もれていた事実を明らかにしてきた。また後述するように、調査者と被調査者の非対称的な力関係に向きあう方法を模索してきた。紛争を体験した女性の声や言説をとりまく状況によるが、往々にして紛争下の女性の実態を記述したものは少なく、しかも紛争の記憶は沈黙のうちに伏せられることが多い。体験が凄惨であればあるほど、人びとは語ることを躊躇し、忘却に封じ込めようとするであろう。「沈黙の声」を聞き取ることは容易ではないし、代弁するかのように第三者が記述することには道義上の責任が伴う。こういったジレンマと向きあいつつも、紛争を体験した女性の声をすくいあげる行為は、紛争史のなかに女性を書き加えていく作業となる。また、単に書き加えるだけではなく、女性の主体的な関わりを社会史に織り込んでいく第一歩になるであろう。

例えば私は、紛争の逆境に対処するために女性が主体的に自らの役割を変えた事実に、語りから紛争体験を再現する過程で気づくようになった。具体的には、紛争が契機となって、女性が行動範囲を広げ、商売をするなど集落を離れて活動することを、女性自身が受け入れ、また社会も容認していったのである。この背景には、女性性規範、すなわち女性の貞操を守るために行動範囲を制限して性（セクシャリティ）を管理する規範が変化したことが認められた。女性たちは紛争下の状況にあわせて女性性規範を柔軟に解釈し、ゆるめ、行動範囲を広げていった。

紛争を契機に女性が自己と社会についての認識を変え、活動領域を広げ、社会変容のエージェントとして立ち現れる様子は、他の紛争地の事例でも報告されている。南アジアの女性の紛争経験を集めた編著を出版したマンチャンダは、紛争が家族という私的領域と、男性に占有されていた政治という公的領域との境界をあいまいにし、結果、女性が公的領域で活動するスペースを開いたと述べる（Manchanda 2001b : 15–16）。女性は、市民として、兵士として、家長として、軍需産業の労働者として、売買春婦として、兵士を送りだすものとして、戦争に反対するものとして、政治指導者として、地方、国レベルで紛争状況に関わり、状況を変えようとしている。しかし紛争後、女性をとりまく言説は、一枚岩的かつ一方的に「犠牲者」である側面を強調しがちである。だからこそ、「犠牲者」という実態を踏まえたうえで、それを越えて女性がいかに多様に紛争に関わり、社会を変えるエージェントとして立ち現れたかへの理解が必要であるという。ターシェンも、アフリカにおける紛争下での女性の実態を描いた編著のなかで、従来のように国家間の紛争ではなく、非国家主体により私有化された暴力が複雑に行使される今日の紛争においては、女性の暴力への関わり方も多様化していると述べる。女性が受動的な犠牲者になるというステレオタイプは当てはまらなく、女性と紛争の様ざまな関わりを考察し、具体的な行為の実態を検討することが重要であるという。そして、紛争中に女性がどのような新しい活動領域を切り開いていったかをみることが、紛争後の社会を考える鍵になるという（Tarshen 1998）。

女性が紛争の犠牲者であるという本質主義的な見方をすると、女性が犠牲となった状況に対して主体的に改変しようとするダイナミズムがみえてこない。むしろ紛争がジェンダーに与えた影響を考察する際に重要な一つの見方は、社会文化的に構築された地域社会の男性性、女性性が、民族や階層などの差異とむすびついて、戦闘員の動員および暴力の行使にどう作用したかであろう。ジェンダー化された動員システムと暴力のなかで女性がどのように行動し、活動領域を広げていったのか。女性をとりまく暴力、力関係、それに対する女性の主体的抵抗や改変の可能性を無視しないことが大切である。

例えば、私のインタビューに応えたムスリム女性の場合、戦線への参加はジェンダー化された領域にゆるやかに制限されていた。女性の役割は主に看護など解放戦線の後方支援や、物資の調達や情報の伝令であった。この背後には、女性は防衛には参加すべきだが、最前線の戦闘からは守られるべきであるという考え方が存在した。しかし紛争後には、これが女性排除の根拠となる一面もみられた。和平合意後にＭＮＬＦの兵士と「その家族およびコミュニティ」に対する支援が策定されたが、戦線の後方に参加した女性は兵士としてみなされず、多くが直接的な支援の対象外におかれた[5]。戦線への貢献が報われない女性のなかには、紛争後にMNLFへの反発を強めたものもいた[6]。一方、意図的には従来の規範を逸脱しなくとも、「家族を守るための」行為が、次第に従来の女性性規範を変えることにつながった。家を破壊されたり、家族が連行されるという暴力に直面し、女性たちは公権力と交渉する活動を余儀なくされた。女性たちは、自ら行動範囲を制限する女性性規範を変え、現金収入を稼ぐ経済活動をしたり、娘の教育に熱心になるなど、自己と社会の認識を変えていった。女性はまた紛争時に、敵対する勢力や国家のイデオロギーに触れ、民族や国民としてのアイデンティティを覚醒させられ、新しいアイデンティティを形成していった。

このように女性たちの語りから彼女たちの主体的な変容過程をひろいあげていく作業は、「オフィシャル・ヒストリー」とされている歴史と並ぶ、新たな史実を浮かびあがらせる作業になる。彼女たちの「オーラル・ヒストリー」は、和平合意で終わるものではなく、紛争後も生き続けて社会を形成している。だからこそ、オーラル・ヒストリーに反映される自己認識や社会の変化をとらえることこそが、紛争後の平和を考えるうえでも重要なのであろう。しかし、オーラル・ヒストリーから紛争を生き抜いた女性の主体性を描くことには、方法論上の問題点が伴う。

3　方法論の問題点

埋もれていた女性の紛争体験に「声」を与えることが、女性をエンパワーすることには単純につながらない。紛争の歴史のなかに女性を単に書き加えるだけでは十分ではない。女性を物語の主題、話の語り手とすることによって「歴史の積極的行為主体の女」(スコット 二〇〇〇：37)を構築することが重要である。しかし、女性を話の語り手とする作業は、調査や記述、表象方法によっては、彼女たちの声を奪い取り、彼女たちの意思とは無関係に一人歩きさせることにもなりかねない。フェミニズムの実践は諸刃の剣であり、ジレンマを抱えている。だからこそフェミニズムは、対象者の女性との非対称的な力関係について繊細になることを要求してきた(中谷 一九九七：245-247；岡 二〇〇〇：207-216)。ウルフは編著『フィールドワークにおけるフェミニストのジレンマ』のなかで、フィールドワークを行うフェミニストのジレンマは、調査者と被調査者の間の不平等な力関係にあると述べている。不平等な力関係は、次の三つの過程で生みだされ、維持され、再生産されるという。それらは、調査者と被調査者の異なるポジショナリティ(民族、階級、国籍、人生に与えられる機会、都市・農村などの出身地背景の差異)に起因する力関係、フィールド調査中に生みだされる力関係(調査関係、不平等交換、搾取)、そしてフィールド調査後に生みだされる力関係(記述と表象)である(Wolf 1996：2)。ここでは調査者と被調査者の非対称的な力関係に起因するジレンマを、フィールド調査過程、フィールド調査後の記述と表象の段階に分けて考えてみたい。

紛争体験の聞き書き調査——フィールドワーク

調査者が調査地で引き起こす様ざまな「迷惑」を宮本は早くも一九七〇年代に「調査地被害」

と呼んだ（宮本 一九七二）。調査者と被調査者の非対称的な力関係から、調査者が「調査」を振りかざして無遠慮に訊問したり、資料を略奪するなどして、被調査者に心理的、物理的な被害をもたらす場合がある。被調査者の心の傷に触れる紛争体験に関する聞き取り調査では、調査する側の質問が及ぼす影響が先鋭に現れる。上野は「従軍慰安婦」への聞き取りの例をあげ、「弱者の立場におかれた人間は強者としての聞き手の聞きたい物語を語る傾向がある」と述べ、「語りの現場もまた、権力の行使される臨床の場である」と指摘する（上野 一九九八：174–178）。聞き手には繊細さと倫理観が要求される。

おそらく紛争体験の聞き取り調査は、紛争を実際に生きた人びとの体験を肉声を通じて直接聞くことに対する戸惑いからはじまるのであろう。MNLFの分離運動について机上で学んでいた私は、実際にムスリム社会を訪れ、人びとからMNLFのことについて話を聞くだけで、まるで空想の世界が現実になったかのような興奮を覚えた。しかしその興奮はすぐに、印パ分離の歴史を主に女性へのインタビューからとらえなおしたブターリアが、その著書『沈黙の向こう側——インド・パキスタン分離運動と引き裂かれた人々の声』のなかで何度も繰り返した苦悩に変わっていった。「おそらく、私が最も多く直面した疑問は、まさにこの仕事の性格そのものに対するものである。なぜこんなことを苦労してかき集めるのか？ もし人々が記憶と折り合いをつけて平和に暮らしているのだったら、彼らが忘れたほうがいいと思っている不愉快な記憶を強いて思い出させることで何が得られるのか？ こういった疑問に対する満足な答えは見つからなかった。ジレンマは残ったままだ。話すことと沈黙することのどちらがいいのか？ または、研究者にと

って、沈黙を「認める」ことと語りを「強いる」ことのどちらがいいのか?」(ブターリア 二〇〇二:343-344)

私は、戦いに参加した女性には参加した動機から活動を休止するまでの話を、その他の女性には避難を余儀なくされた時点から一九九五年時(インタビュー当時)の居住地に落ち着くまでの話を時系列に聞くインタビューを行った。インタビューの途中で、突然記憶を呼び覚まされたせいか、話者が思いの丈を話し続けることもあった。その際には、時系列のインタビューをとりやめ、そのまま話を続けてもらうことにした。たいていの人びとは、私の質問に戸惑い、最初は話をしたがらなかった。インタビューの最中に、涙を流し、忘れかけていた辛い記憶を呼び覚まされたことに、怒り、悲しみの表現を浮かべる人もいた。私が掘り起こしたものは、一〇~二〇年前に痛みとして刻まれた記憶であった。

また、紛争時の出来事をたどる作業は、時として政治的に分断された人間関係に触れることを意味する。例えば、表面上調和が保たれている親族間関係にも紛争によって刻まれた分断がある。紛争中、叔父がMNLFのメンバーであることを親族に密告されたある女性は、その傷を胸のうちにしまっていた。私の密告した家族側へのインタビューが彼女を困惑させてしまったこともある。図らずも、ある集団に接近することが、他の集団から疑いの目でみられることがある。例えば、私は、女性へのインタビューのほかに、大学や役所などに足を運んで資料を深した。その結果、日本人の私には思いもつかなかったことだが、米CIA(中央情報局)の一員ではないか噂されたことがあった。しかし、フィリピン南部は、アメリカによる工作が日常生活に実在する世界である。私の調査がしばしば不快感を与えてしまったことも否めない。

記述と表象

紛争体験の調査に関しては、被調査者の心の傷や政治的立場に触れるものであるだけに、調査者は自身が特権的な立場から調査を行うことの意義を考え、記述と表象に責任を負うことになる。例えば、性的虐待を受けた女性を救済するために実態を取りあげることが、逆に偏見や好奇の目にさらし、性的な尊厳を再度踏みにじるとの指摘は繰り返すまでもない。この問題に、最も精緻な議論を重ねながら真剣に取り組んできたのはフェミニストであろう。フェミニストは社会科学的な分析と同時に女性の抑圧や周辺化を変革することを目的とする。したがってフェミニストは、調査する側とされる側の力関係について、そのギャップを埋めるための方法論を真剣に模索してきた。研究テーマを被調査者との共同作業によって選ぶアクションリサーチを試みたり、フィールドワーク後に研究成果を還元したり、被調査者を搾取しない研究実践が求められてきた（Wolf 1996：19–34）。しかし、こういった工夫や努力をもってしても、両者のあいだに内在する力関係を解消することは難しい。フェミニストは、非対称的な力関係と搾取の構造を隠すのではなく、口述資料の編集や表象の方法、著者である自分のポジショナリティを記述に盛り込むことで、その関係と構造の透明性を確保する実践をしはじめている（Wolf 1996：33–35）。著者である自分自身がどう感じたか、どのように解釈したかを著作の前面にだし、客観的であるようなふりをしない記述である（ブタ―リア 二〇〇二：36–38）。

オーラル・ヒストリーの編集に関しては、大きく分けて二通りある。一つは、編集の基準を明確にしながら、オーラル・ヒストリーを再構築する方法である。質問を記述から省いたり、翻訳したり、話者の表情など言外のメッセージを省略して文章化することがすでに編集作業であり、純粋なオーラル・ヒストリーの再現は困難であるという立場に立つものである（ブターリア 二〇〇二：30-31）。もう一方は、なるべく編集しないでオーラル・ヒストリーを提示する方法であり、人類学者が多く用いる。いずれの方法においても、オーラル・ヒストリー、すなわち口述資料は、「語り手」と「記録者」の間の関係、あるいは聞き取り調査をとりまく状況が介在せざるをえないという点で、流動的な性格をもつ。したがって、フィールドワークの詳細、口述資料の性質に関する「資料批判」、記述や表象の方法、ポジショナリティを明示することが必要であろう。

例えば私は、フィリピンのムスリム女性の語りから、彼女たちが自ら社会に働きかけ、女性をとりまく制約を変え、紛争状況に対して主体的に対応してきた様を描いた。その結果、私の意図しなかったことだが、読み手から紛争の悲惨さよりも、女性たちが逆境からたくましく立ちあがっていく様が描かれ、希望がもてる、というコメントが寄せられたことがあった。確かに私は、犠牲者となった女性たちが、能動的にならずには生きのびていくことができなかった状況のなかで、主体的に生活を再建していったことに注目した。紛争を体験した女性の語りから、日常生活が中断される側面があると同時に、人びとが紛争体験を通じて認識を変え、社会を継続していった側面を示した。しかしその結果、彼女たちが乗り越えてきた逆境、紛争後に抱えている問題や不安をあわせて描くことができなかったとしたら、彼女たちの能動的な生き方のみを切り離して、一人歩きさせることにもなりかねない。自らのポジショナリティと他者表象に伴う責任を自覚し、記述に盛り込むことの重要さを改めて認識させられた[7]。

4 おわりに

本章では、フィリピン南部の紛争を事例に、女性の主体的対応をオーラル・ヒストリーから構築し、社会史のなかに織り込んでいく作業が大切であることを述べた。一方、調査者と被調査者のあいだには非対称的な力関係が存在し、紛争の認識を問うことに関しては、調査中、そして調査後の記述と表象において、それが先鋭なかたちで現れることを指摘し、問題点を整理した。以上の事柄が、紛争後の女性と地域社会の安定や人間の安全保障に示唆することについて考えてみたい。

フィリピン南部や南アジア、アフリカの事例からも、多くの女性が紛争の犠牲者となりつつも、抵抗し、家族を守り、生きのびるための手段をみいだすなど、主体的な対応をしてきたことが理解されている。紛争を契機に女性たちは活動領域を広げ、新しい役割を担いだしている。紛争は社会を変える。紛争後の社会関係は紛争前と同じではない。紛争後に構築される平和は、紛争前の平和裡な状況に戻ることを意味しない (Butalia 2002)。このことは、紛争後の状況を考えるうえで極めて重要な意味をもつ。つまり、語りのなかにみえてくるものは、過去の事実や女性の主体性だけではない。過去が現在にどのように反映されているか、紛争体験がどのように現在の暮らしのなかに生き続けているのか、ということを読み取ることが重要である。再びブターリアを引用してみたい。

「私はこの歴史上重大な政治的事実の数々が何を言わんとしているのかを見てみた。私の読み方が正しかったとすれば、印パ分離はすでに終わった処理済の過去の出来事であるようだ。しかし、私たちを取り巻くあらゆるものは違った事実を示していた。異なる宗教間の緊張、原理主義、今も続く宗教に基いた分離…。印パ分離の影はそこらじゅうにあった」（ブターリア 二〇〇二：22）。「これらのことすべてが強調しているのは、印パ分離はそう簡単に消し去れるものではなく、その深く個人的な意味、根深い断絶感、なにかにつけとりたてられ強調される差違などが、今も多くの人々の暮らしの中に生き続けているということである」（ブターリア 二〇〇二：23）。

過去の事実や女性の主体的な変容を反映する記憶や語りは、一貫性がなく、不確定で流動的な性格をもっている。とりわけ紛争の記憶は、心の痛みや癒しの状態に大きく左右される。より長い時間を視野に入れた時、認識に変化があるかもしれない。また人は、身のうえに起こった否定的な出来事を、自己正当化して過去を回想する傾向がある（上野 一九九八：164-170）。このような見地から、過去の事実を実証する際には証言の信憑性が様ざまに検討される。[8] しかし一方で、現時点における過去の解釈を問うことには一定の信憑性をもつのではないか。なぜ特定の体験が語られ、ある記憶が選択され、時の経過とともに強められているのか。彼女たちの声はどのような言説状況に絡めとられているのか、いないのか。人びとが出来事について語ることを躊躇したり、沈黙したりする社会的状況は何であるか。紛争後の社会で、紛争の主観的な記憶はどのように変化してきたのか。「周辺化」されやすい女性の生活や尊厳を重視する人間の安全保障を考える際に欠かせない観点ではないだろうか。

このようなことをあえて強調するのは、現在進行中の紛争後の復興・開発支援の現場で「ローカル・オーナーシップ」の確保が一つの争点として浮かびあがっているからである。現在の地域紛争後の復興・開発過程には、国際機関や国際NGOなど、外からの支援が多く寄せられる。無論、国際社会の支援なしに今日の紛争地の復興・開発は成り立たず、安易な批判は避けられるべきである。しかし、外からの支援団体が、地域住民に対して非対称的な力をもっているために、地域社会の復興・開発を進めるうえで、地域住民の主体性が尊重されにくいことが問題となっていることも事実である。つまり、当事者の意見が反映されないまま社会の復興・開発が進められることが「ローカル・オーナーシップ」の欠如として問題視されているのである。

地域社会の復興・開発の主体となる住民と、彼らを支援する団体とのあいだにみられる皮肉な「オーナーシップ」の問題は、紛争中に暴力を経験した女性と、彼女たちを支援する外部の団体とのあいだにも垣間見られる。インドネシア・アチェ特別州における暴力のなかで形成された女性の主体性を歴史的に考察したシアプノは、アチェ女性の人権を救済する団体が形成する言説を分析した。シアプノは、人権を救済する動きが必要であることは疑いなく、活動を安易には批判できないと断りつつも、女性の一部の声が、切り取られ、代弁される過程で、実態からかけ離れていく様子を次のように述べている。

「私が問題視しているのは、アチェ人を「犠牲者」にしている合成カテゴリーであり、ジェンダーの主体性が、他の主体性を意図的に排除しつつ、いかに選別された犠牲と苦悩に関する経験と語りから形成されているかということである。それはまた、善意の研究者、人権活動家、連帯を目指すグループ、女性のNGOが、女性を可視化することを手助けすると同時に、女性を沈黙させ、従属下におくメカニズムの生産、再生産に関与していることに対する批判的考察でもある」(Siapno 2002 : 180)。

実際には、当事者の女性は、他者による本質主義的な言説ですら利用したり、抵抗や交渉したりすることもみられるようである。しかし、女性の声がゆがめられ、絡めとられていく例は他地域にもみられる。例えば東チモールでは、人権団体が、拉致され民兵と結婚した女性を東チモール女性の犠牲者の象徴のように取り扱うなかで、彼女自身の声がかき消されていく様子が報告されている (Fukutake forthcoming)。インドでは、パキスタンに拉致されたヒンズー教徒とシク教徒の女性を救済することが、国家の威信と名誉を回復するナショナリズムの議論にすり替えられ、「被拉致女性救出法」の内容に影響を与えたことが報告されている (ブタ―リア 二〇〇二 : 206-225)。

紛争を経験した女性の声であれ、代弁する声であれ、紛争の記憶の伝えられ方、作られ方は、紛争後の社会のあり方に影響を与える。紛争の影響を受けた女性を支援することが、彼女たちの主体性や尊厳を無視するならば、新たな係争の火種となる。だからこそ「彼女たち」の人間の安全保障を考える時には、「第三世界」の女性とのあいだに横たわる非対称性に悩み、繊細な研究実践を積みあげてきたフェミニズムのアプローチが参考にならないだろうか。人間の安全保障は、内戦の影響を受けた人びとの安全を確保し、生活と尊厳を重視するために、国際社会やNGOを含めた国境を越えた協力を重視している（下村他 二〇〇一：132）。コミットメントと介入がもたらす非対称的な力関係の作用をみつめ直す必要はないだろうか。ところでフィリピン南部では、国際社会による復興・開発支援が本格化し、「ムスリム女性」をとりまく様ざまな声が聞こえはじめている。新しい平和構築や安全保障の概念に触れ、揺れ動きながら、新しく形成されていくムスリム女性の主体的な紛争と平和への対応に今後も注目していきたい。

注

（1）これに対し、例えば第二次世界大戦による一般市民の死傷者は、全体の約五〇〜六〇％であると見積もられている（Turpin 1998 : 4 ; Skjelsbæk and Smith 2001 : 3)。

（2）オーラル・ヒストリーとは、広義には「現存する人々からの過去の体験の聞き取りおよびそれを文字で表した聞き書き」（広川 一九九八）を指す。ただし、私が用いたものは、直接現存する人から聞き取りを行ったものに限るため、「語り」という言葉を使う。

（3）アキノ政権下の一九八九年にムスリム・ミンダナオ自治区組織法が発布され、住民投票の結果を受けて、一九九〇年に南ラナオ州、マギンダナオ州、スルー州、タウィタウィ州がARMMとして成立した。

（4）インタビューは、調査地であるジェネラルサントス市とサランガニ州で広範に話されているセブアノ語で私が直接行った。が、必要に応じて通訳の補助をえて、セブアノ語を介してサンギル語やマギンダナオ語で行った。ただし、紛争を経験した女性が私の質問を待たずとも体験を語りだした時には、承諾をえて語りをカセットテープに収録し、後に翻訳した。二八人が紛争勃発以前に生活していた地域は、キアンバ町カトバオ村（八人）、キアンバ町ダトゥダニ村（一人）、グラン町パンギャン村（一人）、ジェネラルサントス市（一人）、マアシム町カナロ村（一人）、グラン町バリトン村（一人）、グラン町パンギャン村（一人）であった。インタビューがキアンバ町タンビリル村出身者に偏ったのは、私がジェネラルサントス市で滞在した家族が同村出身であり、その親族関係者を通じて話者を紹介してもらったためである。二八人のうち、一回のインタビューが一〜二時間におよび、内容を確認するために複数回インタビューを行うことができたのは、二二人に対してであった。現地調査を行なった期間は和平が合意される以前であり、紛争に関する聞き取りは困難であった。こうした事情を考慮して、再度確認が取れなかった聞き取りも検討の対象とすることにした。

(5) 主に国連開発計画（UNDP）とアメリカ国際開発庁（USAID）が「MNLFの兵士とその家族およびコミュニティ」を対象に支援を行った。

(6) 一方、MNLFの女性委員会や女性補助部隊で活動していた女性のなかには、男女の役割の違いからMNLFが男性中心的な組織であることに不満を抱かないものもいた（Angeles 1996：145）。また、それらの女性が和平合意後すべて排除されたわけではなく、ARMMの組織のなかで役職に就いているものもいる。

(7) 選択の余地のないまま暴力に巻き込まれた女性の主体性を強調することは誤解を招くことがあり、記述と表象に細心の注意が必要とされよう。例えば上野は、「新しい歴史教科書をつくる会」らが「従軍慰安婦」が強制されたのではなく、自由意志のもと主体的に「売春」をしたことを強調することで、「強姦」ではなかったと主張する誤謬を指摘している（上野　一九九八：115-121）。

(8) ただしここでは、口述資料が文献資料よりも信憑性がないことを述べようとしているのではない。文献資料も選択された記述であることから、歴史学においては文献資料と口述資料の資料価値が同等であることが認められてきた（広川　一九九八：55-56）。

参考文献

Angeles, Vivienne SM. (1996), Women and Revolution : Philippine Muslim Women's Participation in the Moro National Liberation Front. *Muslim World* 86 (2) : 130-147.

ベリョー・ウォールデン一九九一（フィリピン情報資料室訳）『フィリピンと米国——ＬＩＣ戦略の実験場』連合出版

ブターリア・ウルワシー 二〇〇二（藤岡恵美子訳）『沈黙の向こう側——インド・パキスタン分離独立と引き裂かれた人々の声』明石書店

Butalia, Urvashi (2002), Introduction. In *Speaking Peace : Women's Voices from Kashmir*, edited by U. Butalia, Kali for Women, pp. ix-xxiv.

Fukutake, Shintaro (forthcoming), East Timor Feminism and Human Rights Discourse. *JCAS Symposium Series* 21. The Japan Center for Area Studies, National Museum of Ethnology.

広川禎秀　一九九八「オーラル・ヒストリー」樺山紘一編『歴史学事典　第六巻　歴史学の方法』弘文堂、五五〜五六頁。

石井正子 二〇〇二『女性が語るフィリピンのムスリム社会——紛争・開発・社会的変容』明石書店

Manchanda, Rita, ed., (2001a), *Women, War and Peace in South Asia : Beyond Victimhood to Agency*, Sage

Publications.
Manchanda, Rita (2001b), Where are the Women in South Asian Conflicts? In *Women, War and Peace in South Asia : Beyond Victimhood to Agency*, edited by R. Manchanda, Sage Publications, pp. 9-41.
宮本常一　一九七二「調査地被害――される側のさまざまな迷惑」朝日講座『探検と冒険７』朝日新聞社、二六二～二七八頁。
Moser, Caroline O. N., and Fiona C. Clark, eds. (2001), *Victims, Perpetrators or Actors ? : Gender, Armed Conflict and Political Violence*, Zed Books.
中谷文美　一九九七「「女性」から「ジェンダー」へ、そして「ポジショナリティ」へ――フェミニスト人類学の系譜」岩波講座文化人類学第四巻『個からする社会展望』岩波書店、二二五～二五三頁。
岡真理　二〇〇〇「「同じ女」であるとは何を意味するのか――フェミニズムの脱構築に向けて」江原由美子編『性・暴力・ネーション』勁草書房、二〇七～二五六頁。
スコット・ジョーン W. 二〇〇〇（荻野美穂訳）『ジェンダーと歴史学』平凡社
下村恭民、辻一人、稲田十一、深川由起子　二〇〇一『国際協力――その新しい潮流』有斐閣
Siapno, Jacqueline A. (2002), *Gender, Islam, Nationalism and the State in Ache : The Paradox of Power, Co-optation and Resistance*, Routledge Curzon.
Skjelsbæk, Inger, and Dan Smith (2001), Introduction. In *Gender, Peace and Conflict*, edited by I. Skjelsbæk and D. Smith, International Peace Research Institute/Sage Publications, pp. 1-13.
Turpin, Jennifer (1998), Many Faces : Women Confronting War. In *The Women and War Reader*, edited by

L. A. Lorenzen and J. Turpin, New York University Press, pp. 3-18.

Turshen, Meredeth (1998), Women's War Stories. In *What Women Do in Wartime : Gender and Conflict in Africa*, edited by M. Turshen and C. Twagiramariya, Zed Books, pp. 1-26.

上野千鶴子　一九九八『ナショナリズムとジェンダー』青土社

Wolf, Diane L. (1996), Situating Feminist Dilemmas in Fieldwork. In *Feminist Dilemmas in Fieldwork*, edited by Diane L. Wolf, Westview Press, pp. 1-55.

〔付記〕　本稿は、著書『女性が語るフィリピンのムスリム社会――紛争・開発・社会的変容』（二〇〇二）で既述した、紛争下のムスリム女性の主体的対応に関する内容と調査方法に書き加えたものであることをお断りしておきたい。

第8章　人びとの平和の実現に向けて

――北アチェ県女性の証言を中心に

佐伯奈津子

1　はじめに

グローバル化の進展のなかで格差が拡大、貧困が深刻化し、さらに東西冷戦終了後、紛争、とくに国内紛争が頻発しており、紛争予防、平和構築への関心が高まっている。日本政府も、『政府開発援助（ＯＤＡ）白書』（二〇〇二年版）のなかで、ＯＤＡの戦略化、重点化が必要であるとし、そのひとつに平和の定着をあげている。さらに白書では、東ティモール、アフガニスタン、スリランカ、ミンダナオ（フィリピン）、そしてアチェ（インドネシア）などにおいて、和平プロセスの促進、治安への支援、人道・復旧支援といった具体的な取り組みがおこなわれていると紹介されている。

いっぽうで、日本政府を中心として実施されている紛争予防、平和構築については、貧困や格差を削減するために開発援助を促進するというアプローチが前面に出すぎているという批判も少なくない。たとえば、日本は二〇〇〇年、「アクション・フロム・ジャパン」を発表し、この分野へのODAによる支援をおこなうことを表明したが、それも「紛争予防―緊急人道支援―復旧・復興支援―紛争再発防止と本格的な開発支援」と開発援助を中心としたものとなっている。また白書では、文民（非戦闘員）が犠牲者の八割にのぼることが、近年の武力紛争の大きな特徴であるとし、それ自体が人道危機を引き起こすのみにとどまらず、紛争により長年の開発の努力が失われ、膨大な経済的損失を生み出しており、こうした状況に対して、開発援助の果たしうる役割も大きい、とまとめられている（傍点筆者）。

しかし、暴力をともなう紛争下で、文民の犠牲者が八割にのぼっているという現実は、「のみ」という言葉で片づけられるものではけっしてない。そもそも、経済成長を目指した開発そのものが、貧困や格差を生み出し、紛争を引き起こしたり、拡大させたりしてきたことも、しばしば指摘されてきたことであり、開発援助のありかたについても注意が必要である。イラク人質事件からも明らかなように、その地域の人びとが望む和平・復興・援助でなければ、平和の定着どころか暴力の拡大・定着になりかねない。

本章は、以上のような問題意識から、アチェにおける紛争の犠牲者がどのような体験をし、どのような感情を抱き、どのような生活をしているのかを詳細に描くことで、紛争の実態や構造を明らかにすることを目的としている。現在も軍事戒厳令下にあるアチェでは、さまざまな暴力が進行形で行使されており、調査をすることはけっして容易ではない。そのため、まだ多くの課題が残っていることを付言しておきたい。なお、証言をしてくれた人びとの生命の安全のため、個人を特定できる可能性のある人名、地名は仮のものをつかっている。

2　アチェにおける暴力の根源

インドネシア成立にまつわる暴力——国民国家に組み込まれるアチェ

マラッカ海峡沿いのスマトラ島北西端に位置し、アラブ、インド社会に開かれていたアチェは、独自の歴史と文化を営んできた。現在のインドネシア領域でもっとも古く（九世紀）、イスラームに改宗したといわれ、「セランビ・メッカ（メッカのベランダ）」と呼ばれている。一五世紀には独立した王国「ナングロー・アチェ・ダルサラム」が存在、スルタン・イスカンダル・ムダの時代（一六〇七〜一六三六年）には、ジョホール、パハン、ケダ、ペラックを包括する王国として全盛期を迎えた。また一六世紀以降、マラッカ海峡最大の国際貿易港として、コショウや金の貿易で栄えていた。

しかし一九世紀に入り、イギリスのスマトラ進出を警戒したオランダが、スマトラ東海岸への干渉を拡大し、一八七三年にアチェに対して宣戦布告してから現在にいたるまで、いわば三つの世紀にわたり、アチェはさまざまな暴力に直面し、それに対する抵抗を繰り返してきた。

一八七三年、アチェに対して宣戦布告したオランダの侵略に対し、アチェは徹底的に抵抗した（アチェ戦争）。トゥンク・ティック・ディ・ティロらウラマー（イスラーム学者・指導者）はジハード（聖戦）を叫び、民兵を組織してゲリラ戦を展開、トゥク・ウマルらウレーバラン（領主層）もこれに加勢する。しかし、オランダ人イスラーム研究者スヌック・フルフローニェ[1]の提言をも

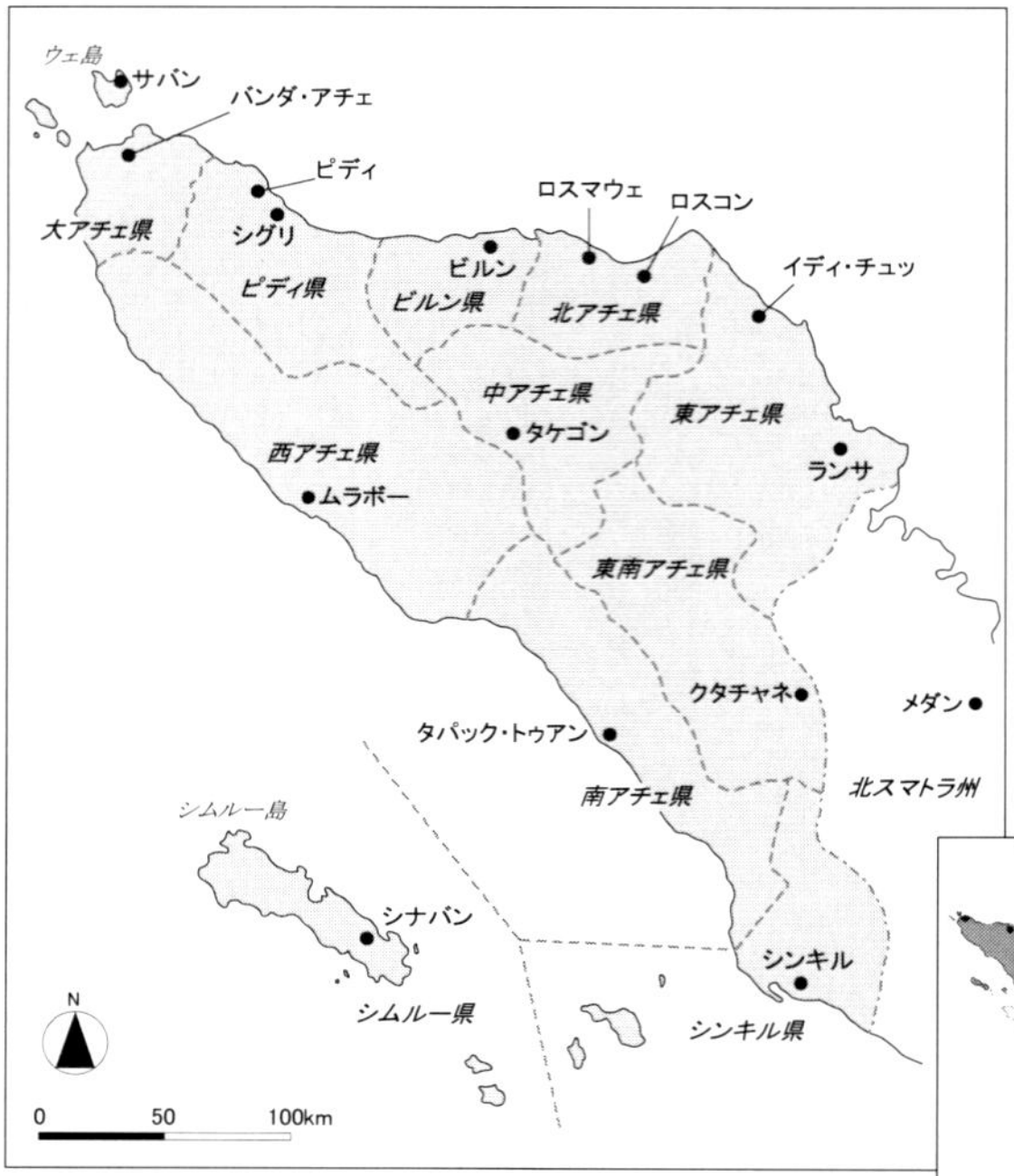

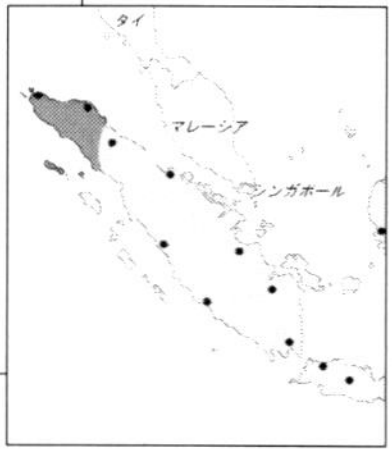

出典：矢田誠作成

とに、オランダは積極攻撃に転じ、一九〇四年、アチェ戦争は終結した[2]。

四一年一二月一九日、日本軍がマレー半島ペナンを占領、藤原（F）機関が対北スマトラ工作を開始すると、ウラマーの組織である全アチェ・ウラマー同盟（PUSA）は日本軍上陸に協力し、各地で対オランダ反乱を起こす。ウラマーは、日本軍進行をオランダからの解放ととらえたが、コメ徴収による食糧危機や労務者使役など、その軍政は過酷なものであった。

四五年八月一五日に日本が無条件降伏し、つづいて八月一七日にスカルノとハッタ（のちのインドネシア共和国初代正副大統領）がインドネシア共和国独立宣言をおこない、対オランダ独立戦争（～四九年）がはじまる。アチェは、ジャワ島以外の反オランダの拠点として、この独立戦争に多大な貢献をしている。アチェ商人は、ゴムや石油の輸出、ペナンでの交易を通じて資金を集めた。インドネシア空軍最初の飛行機「スラワー」は、アチェの人びとが集めた資金で購入されたものである。

一貫してオランダに抵抗してきた歴史、「セランビ・メッカ」としての独自の文化をもつアチェに対し、インドネシア共和国中央政府は四九年一二月、副首相決定により、地域自治権限をもつアチェ州の地位を与えた。しかし五〇年八月、アチェは北スマトラ州に併合される。[3]これに反対して、五三年、ダウド・ブルエを中心とするPUSA系勢力は、ダルル・イスラーム（DI）運動[4]に連帯して反乱を起こした。共和国政府は、武力をもってDI運動を鎮圧しようとした。と同時に、妥協策として、五九年にアチェに特別州の地位を与え、とくに宗教、慣習法（アダット）、教育の自治権を約束し、六二年には反乱が終結したのである。

「開発」という名の暴力——周縁化されるアチェの人びと

しかし、多くのアチェ人は、「アチェ特別州（DIA）」は名ばかりのものだったと語っている。とくにスハルト政権による中央集権と大規模開発は、以下に記すように、アチェを周縁化していった。

アチェにおける大規模開発は、七一年、国営石油公社（プルタミナ）の依頼を受けた米国のモービル・オイル（現エクソン・モービル）によって、北アチェ県ロスコンで天然ガスが発見されてから、急速に進んでいった。[5] 七四年には、石油ショックで代替エネルギーの必要性を感じていた日本が、天然ガス開発借款三一八億円を供与し、アルン液化天然ガス精製プラントが建設された。[6]

北アチェ県には、さらに天然ガスを利用した尿素肥料工場アセアン・アチェ肥料（ＡＡＦ）社、[7] イスカンダル・ムダ肥料（ＰＩＭ）社、木材伐採・製紙をおこなうアチェ・クラフト・ペーパー（ＫＫＡ）社も建設された。これらは、すべて北アチェ県の県庁所在地であるロスマウェ近郊にあることから、「ロスマウェ工業地帯（ＺＩＬＳ）」と呼ばれ、「基幹プロジェクト」として、インドネシア経済にとって重要なものとなっていった。

しかし、この開発は、アチェの人びとの暮らしを豊かにするものではなかった。多くの大規模開発プロジェクトと同じように、強制的な土地収用、環境破壊、経済格差の拡大といった問題が起きたからである。また、アチェの人びとが、これらの工場で雇用されることも少ない。たとえばエクソン・モービルは、外国人三〇人、ジャワ島を中心に他地域から一五〇〇人を雇用しているが、アチェ人は六〇〇人にすぎないという。[8] さらに、すべての工場が、インドネシア国軍兵士[9]が警戒し、自由に出入りができないよう囲い込んだ従業員居住区を有している。有名なのがアルン社のもので、洋風の住宅のほか、学校、ホテル、スーパー、銀行からゴルフ場、ボート池までを備えている。こうして、アチェの人びとは、目に見えるかたちで、みずからが「開発の傍観者」でしかないこと、それどころか自分たちの土地に住みながら、周縁化させられていることを認識するようになるのである。

実際、開発の成果を享受したのは、アチェではなく中央であった。中央へ吸い上げられる基幹プロジェクトからの収益は、年三一兆ルピア（約四四〇〇億円）をくだらないという報告がある。[10]また北アチェ県は、インドネシアでもっとも豊かな県として、スハルト時代、国家予算の二〇〜二五％を稼ぎ出していたとも言われている。[11]にもかかわらず、中央統計局アチェ支部のデータでは、九八年の北アチェ県における貧困層人口は四〇万六六五六人、全人口に占める割合は三九・三七％に達しているのだ。

このような大規模開発による負の側面、つまりアチェの人びとの疎外・周縁化は、アチェの人びとの不満、不信感を生み出し、さらに七六年一二月四日の「アチェ・スマトラ民族解放戦線（ASNLF）」（通称は自由アチェ運動（GAM））によるインドネシア共和国からの独立宣言へとつながっていくことになった。GAMが、開発が集中的におこなわれてきた北海岸沿いの三県（東アチェ県、北アチェ県、ピディ県）に活動の焦点をおいたことも、大規模開発と独立運動の密接な関連性をあらわしていると言えよう。[12]

しかしスハルト政権は、アチェの人びとの声に耳を傾けるのではなく、「国家の統一」と「開発」という二大国是を守るため軍事力を動員し、環境破壊や土地収用など開発の負の側面に対して、人びとが声を上げられないよう徹底的な弾圧を加えることで問題の解決を図ろうとした。「開発独裁」という言葉が示すように、発展途上諸国は、開発を円滑に進め、外国の援助・資本を誘致、保護するために、「政治的安定」が必要と考え、自由や人権を制限した抑圧的な体制を敷く。インドネシアも例外ではなかったのである。

このときのGAM掃討作戦で、メンバーの多くが殺害、逮捕されるか、マレーシア、スウェーデンなどに亡命し、アチェに残ったメンバーは八〇人程度だったと言われている(13)。海外に亡命したGAMメンバーの一部がリビアで軍事訓練を受け、二度目の蜂起をしたのが八九年のことである。これに対し、政府はアチェに国軍部隊を派遣、GAM活動地域である三県を軍事作戦地域(DOM)に指定したのだった。

3 むき出しの暴力と人権侵害――北アチェ県女性の聞き書きから

軍事作戦地域に指定されたアチェ

八九年のGAM蜂起後、インドネシア政府は、まずアチェに駐屯していた部隊六〇〇〇人を反乱鎮圧作戦に動員する。さらに九〇年七月一一日、当時のアチェ州知事イブラヒム・ハサンの要請を受け、陸軍の精鋭である特殊部隊を含む六〇〇〇人の部隊の派遣と展開を命じた。軍事作戦は「赤い網作戦」と名づけられ、ブキット・バリサン軍管区司令官H・R・ジョコ・プラモノ少将が率いた。

アチェにおける人権監視活動が非常に困難だったため、DOM時代の人権弾圧の犠牲者数は、現在まで明らかではない。九八年五月のスハルト退陣後の改革・民主化の流れのなかで、九八年八月にはDOMが解除され、軍事作戦による被害実態の調査がおこなわれており、その数字から推測するしかない。九八年八月、国家人権委員会が出した報告書では、殺害七八一、失踪一六八、虐待三六八、レイプ一〇二件とされている。いっぽう、九八年一二月に、アチェ州知事が発表した数字では、DOMに指定されていた三県で、殺害一〇二一、失踪八六四、寡婦一三七六、孤児四五二一と、国家人権委員会の報告より多い。証言者がいなかったり、遠隔地で起きたりしたために、把握されていない事件もあると考えられ、実際には、この数字をはるかに上回っているだろう。多くの報道では、一万二〇〇〇人の死者が出たとされている。

ニサム郡の場合

ビルン県に近い北アチェ県ニサム郡は、GAMの拠点のひとつとして知られる地域である。そのため国軍の作戦が頻繁におこなわれてきた。

九〇年七月一五日深夜、銃の先に赤い布をつけ、赤いハチマキを巻いた兵士たちがマンガ村に来て、三人の男が連行された。アミナは、そのときのことを語る。「数えられるだけで一二人の兵士が来て、『武器はどこにある?』と尋ねました。『そんなものはない』と答えても、信じてくれませんでした。わたしは『どこでも探してください』と言いました。兵士たちは、武器を探すために、わたしの洋服まで脱がせたのです。そして彼らの銃で、わたしの背中や腕を打ちました。兵士たちは、夫を連行しました。夫は、『何も悪いことをしていないのだから行きたくない』と言ったのですが無駄でした」。

ファティマもまた、夫を連行された。「『武器はどこだ? GPK(治安攪乱分子)の手紙はどこだ?』兵士は聞きました。わたしは、武器も手紙も知りませんでしたから、そう答えました。兵士は、わたしの胸、背中、そして喉にまで銃をつきつけました。でも、知らないものは知らないし、『撃ってもいい』と答えたのです。兵士は、わたしが何も知らないとわかったらしく、夫を連行して行きました」。

アイシャの記憶は、さらに生々しい。「兵士たちは、クデ・ラユッのほうからやって来ました。夫は、手と目を縛られ連行されました。兵士たちが、わたしのほうにも近づいてきたので、わたしは抵抗しました。兵士の一部は、夫を車に乗せ、一部は、キオス（簡易商店）で売っていたクルプック（揚げせんべい）、砂糖、タバコなどを奪い、さらに家とキオスを破壊してから車に乗り、クタパンのほうへ向かいました」。

村の人びとは、その後、三回の銃声を聞いている。結局三人は翌朝、遺体となって発見された。アミナの夫は、喉を撃たれ、腕は縛られたまま、服は着ていなかった。アイシャの夫は、後ろ手に縛られ、頭に一発銃弾が撃ち込まれていた。三人の遺体は、道路の脇に捨てられていたという。三人の男が射殺されて一週間後、アミナのもとに、夫を連行した兵士のうち三人が再びやって来た。「兵士たちは言いました。わたしの夫は間違っていなかったと。でも彼らは、間違っているかどうかが問題なのではない、ほかの人びとに恐怖を与えるために、夫は死ななくてはならなかったのだ、と言ったのです。人びとが捕まり、殺されるのに、理由はないのです」。

このように、国軍に拷問を受けたり、発砲されたりした遺体を遺棄するのは、アチェで日常的におこなわれる暴力のひとつである。「ショック・セラピー」と呼ばれるこの手法は、まだ生きている人びとに恐怖を与え、政府や国軍に対していかなる抵抗もしないよう沈黙させるのに有効であると考えられてきた。実際、アチェがＤＯＭに指定されていた八九〜九八年、アチェの人びとは、自分たちが受けた暴力、人権侵害について沈黙していた。しかし、暴力による圧力はいつまでも効果があるものではない。九八年五月のスハルト退陣を契機として、アチェの人びとは、これまでの人権侵害に対する調査と裁判を求めて立ち上がり、逃亡先から戻ってきて、みたび武装蜂起したＧＡＭへの支持を強めていく。結局、暴力や恐怖支配によって問題は解決できず、むしろ人びとをより過激化させ、出口のない暴力の連鎖を生み出すこととなるのである。

さて、夫を殺された三人は、まだ幼い子どもたちを一人で育てなくてはならなくなった。アミナは当時二〇歳。三人目の子どもを身ごもって三カ月だったが、兵士たちに殴られたのと、精神的なショックで流産した。結局、三歳、二歳の子どもが残された。殺された夫は運転手をしていたが、そのとき車を友人に預けていた。しかし、そのことを証明する文書がなく、夫の友人は、車を預かったことを否定した。もしも、その車があれば、生活の糧を得るのに役立っただろうと、いまでも思うそうだ。当時、彼女はキオスを開いて一年たったところだった。しかし、兵士たちは、武器を探すときに、店の売り物をすべて破壊していったため、彼女は、ゼロからはじめなくてはならなかった。ピサン・ゴレン（揚げバナナ）とシリー[14]を売るところからはじめた。子どもたちには、食べ物と洋服を買うのが精一杯の、カツカツの生活を送ってきた。九七年、再婚する。「いまの夫は、わたしの経験を知っています。だから、わたしと結婚したいと考えてくれたのです。わたしが悲しく、寂しいことを知ったから」。現在は、夫とともに小さなワルン（食堂）を借りて経営している。しかし、同じことが繰り返されないよう、誰が夫を殺害したのか、訴えることはやめないという。

ファティマは、農業労働者として、水田で働いてきた。アチェの稲作には、三つのシステムがある。第一に他人所有の水田を小作し、収穫量にコメで支払う定額小作制度「ニェワ」である[15]。苗、肥料、農薬などは、すべて耕作者もちになり、収穫の多寡が決め手となる。しかし、ニェワするには、水田所有者からの信頼を得なくてはならない。つぎに、水田所有者の必要に応じて、賃金労働するシステム「トゥパ」である。午前(八~一二時)、午後(一四~一八時)の二回に分かれ、それぞれ四〇〇〇~五〇〇〇ルピア[16]の賃金をもらうのが一般的である。苗、肥料、農薬などは準備する必要がないが、何らかの事情で四時間働けず、途中で引き上げれば、賃金をもらうことができないし、なにより水田所有者の都合に依存しているため、恒常的な収入は見込めない。これ以外に、苗、肥料、農薬などは水田所有者もちだが、収穫を二等分する借入小作制度「マワ」があるというが、あまり実施されていないようだ。ファティマの場合、トゥパにあたり、水田で働けないときは、ゴザを編んで生計を立ててきた。二人の子どもに乳をあげられず、砂糖水を与えたこともあったという。

アイシャは、アミナと同じように再婚の道を選んだ。水田でトゥパしていたが、生活は厳しく、夫がいれば、少しは楽になると考えたのである。九九年末に結婚したアブドゥラは、しかし、GAMの地域司令官で、第一夫人もいた。アイシャは「アブドゥラたちは、マンガ村によく集まっていたので、毎回、村の人に食事などを頼るわけにはいかないと思ったのでしょう。また寡婦を助けたいと思ったのかもしれません」と語る。家族にはGAMメンバーとの結婚について反対されたが、彼女には、恐怖も不安もなかったという。ほかの人には秘密で、神の前で結婚した。アブドゥラは、オートバイに乗り、AK銃を抱えて、ニサム郡がDOM犠牲者用に用意した、彼女の家にしばしば帰ってきた。「GAMから出る給料があったので、おカネのあるときは、おカネもくれました。いまつけている金の指輪、ブレスレットも婚資としてもらったものです」。しかし、背が高く、色も白く、ハンサムだというアブドゥラとの結婚生活は、長くはつづかなかった。〇一年三月四日、レバラン・ハジ（犠牲祭）の前日、国軍は、アブドゥラを捕まえるため大規模な作戦を展開する。パンサー[17]（装甲車）やヘリコプターまでつかった掃討作戦で、アブドゥラは、昼ごろ右腿を撃たれ、マグリブ後に死亡した。アイシャは「夫を二回も失ってしまいつらい。アチェが独立して欲しいです」と締めくくった。

三人の男が射殺された日、ランブータン村のハスナの夫も標的になっていた。ハスナは、夫とともに、衣料や食料品を売る店を経営していた。国軍が、クデ・ラユッに入ってきたとき、夫は逃げて、家にいなかった。洋服、ズボン、タオル、タバコなどの店の商品すべてが略奪された。一〇〇〇万ルピアくらいあったという。さらにオートバイと夫の洋服が燃やされた。アイシャのキオスもそうだったが、国軍は略奪や焼き討ちも常套手段としている。捜索するGAMメンバーがいなかったとき、もしくはGAMに襲撃され国軍側に犠牲者が出たとき、国軍は報復として、付近の村々を焼き討ちにする。しかも、焼き討ちの前に、おカネ、金、テレビ、冷蔵庫、オートバイ、家畜といった金目のものから、洋服、タバコといった細々したものまで奪っていく。わたし自身も体験したことだが、国軍の駐屯地や監視ポストの前を通行する車両がすべて、数千ルピアの「通行料」を払わされることもある。アチェの多くの人びとが「軍事作戦の真の目的は略奪」と言うゆえんである。このことを指して、「国軍はアチェにM16とともに来て、16Mとともに帰る」という、インドネシアの人権活動家たちのあいだで有名な冗談があるくらいだ。「M16」は米国製の自動小銃、「16M」は一六〇億ルピアのことである。

さて、ハスナは、兵士に夫の居所を尋ねられ、殴られ、銃をつきつけられる。「夫がどこにいるか言わないと殺すぞ」と脅され、結局、第二夫人の連絡先を教えた。実際には、夫とその第二夫人とは三晩だけの結婚で、とうに別れていたのだが。国軍が出て行ったあと、ハスナは川に飛び込み、母親のもとに逃げる。国軍が母親の家に来るかもしれないというので、さらに家族全員で逃げた。母親は親戚の家に行き、ハスナは水田で寝た。事実、国軍は母親の家に来て、家の前にあったハスナの妹のキオスを破壊し、商品を盗んでいったという。翌日、ハスナはバンダ・アチェ（アチェ州都）に逃げ、一年間、親戚の家にいたあと、九一年に戻り、夫と再会した。しかし九二年、夫は何も言わずに家を出て、そのまま行方がわからなくなっている。ハスナは、アチェについてこう語る。「アチェは平和ではありません。平和になってほしいです。独立して欲しいと思いますが、独立すれば平和になるのでしょうか。また争いがあるのでしょうか。よくわかりません。とにかく平和になって欲しいです。国軍がいなければ、たぶん平和になるでしょう」。

「ショック・セラピー」、略奪と並ぶ、国軍の常套手段に「チュアッ」の存在がある。アチェ語で「情報提供者」を意味することばだ。国軍は、このチュアッをつかい、村にGAMメンバーやその支援者がいないか報告させている。[18] バコン村のハビバの夫スレイマンの場合、叔父がチュアッであった。農園地帯のバコン村で、夫は、コーヒーやショウガといった商品作物の買い付けをおこなっていた。当時、国軍がもつGPKリストに「スレイマン・ブルガン」という名が記されていた。バコン村に住むジャワ人が、夫を指して「これがバコン村のスレイマンだ」と言ったため、夫は国軍に追われるようになり、親戚の家を転々とするようになった。スレイマンというのは、アチェでは一般的な名前だったのにもかかわらずである。

九〇年七月二〇日、ラマダン（断食月）四日目の夜二〇時ごろのことだった。ハビバと夫、娘たちは、クルン・クルクンにある叔父の家に身を寄せた。しかし叔父は、ハビバが泊まることを拒否した。スレイマンはどこかに行き、そのうち叔父も五分ほど出かけて戻ってきた。しばらくして二人の男がやってきた。一人はプレマン（ならず者）だったという。しばしばプレマンの格好をしていると言われている特殊部隊や諜報部員だったのかもしれない。ハビバが「夫はタバコを買いに出ました」と答えると、二人は住民全員を脅し、スレイマンを捜すように命じた。夜中、スレイマンは海岸にいるところを発見された。スレイマンを発見した住民は、みなその友人だったという。彼らは、スレイマンが見つからなければ、射殺されると脅されていたのである。友人に「船で別の場所に行こう」といわれたスレイマンは、それを信じ、結局連行されることになった。一五日間勾留され、スレイマンは射殺された。目を布で縛られていた。彼の友人が、その墓穴を掘らされたという。ハビバは、一年八カ月たって、はじめて夫の墓穴を掘り起こし、家に遺体を連れて帰ることができた。チュアッになってしまった叔父に対して、ハビバは、恨みはないと語る。「もし彼がチュアッだったことをGAMメンバーに言えば、彼は連行されるでしょう。でも放っておきます」。

夫の死後、ハビバは、祖母の出身地で、自身の出生地でもあるチュンダに移った。チュンダは、ロスマウェに隣接し、北スマトラ州都メダンとバンダ・アチェを結ぶ幹線道路沿いにある町である。三人の娘を抱えた生活は、苦いものであった。人の洗濯物を引き受けたり、小さな商売をしたりして生計を立てた。ひとりで生活するのは無理だと考え、五年ほどして再婚した。ロスマウェの市場で魚を買い、チュンダで売っている。魚を五〜七キロ仕入れれば、一日一万〜一万五〇〇〇ルピアくらいの収入になるが、食料を買える程度でしかない。町での生活は容易ではない。村であれば、野菜など植え、自給自足に近い生活ができるが、町では何もかも買わなくてはならない。水の悪いチュンダでは、水も買っている。しかし、村に戻ることはできない。夫の住民登録証（KTP）はバコン村のものではないため、村に行けば、それだけで国軍にGAMと疑われる理由となってしまうからだ。

インドネシアのほかの地域では、とくに村の人びとの場合、KTPを所有すらしていないことも多いが、アチェでは、KTPも暴力の一手段である。国軍の駐屯地や、監視ポスト前でおこなわれる一斉検問の際、男たちはKTPの提示を命じられる。このとき、国軍が捜索しているGAMメンバーと偶然名前が一致していた場合、それだけで拘束される理由となりうる。さらにKTPに記載されている住所から離れた場所にいた場合も、GAMメンバーと目される危険性がある。わたしが遭遇した一斉検問では、バスの隣席に座っていた青年が、KTPを提示するとき手が震えていた。さらにKTPには「既婚・未婚」を記載する欄があるが、女たちのKTPに「ジャンダ（寡婦、もしくは離婚）」と書かれていた場合、「DOMの犠牲者か？」と尋ねられ、これもまた脅迫を受ける材料になる。アチェの人びとは、このように日常的なレベルでの暴力にも直面しているのだ。

クタ・マクムル郡ドゥリン村の場合

北アチェ県クタ・マクムル郡ドゥリン村は、北アチェ県政府によって貧困層向けに開発された内陸部の村である。その成り立ちから「プロイェック（プロジェクト）」とよばれている。八二年に近隣の村から移住してきたマリアムによれば、三ランタイの土地に建てられた家（台所と二部屋、土間にトタン板の壁）、二ヘクタールの農園、さらにパラン（山刀）、鍬・鋤、コメ、魚、食用油などが与えられたという。現在のドゥリン村は、ピナン、ドリアン、マンゴー、パパイヤ、コーヒー、トマトなどの商品作物がたわわに実る豊かな村である。しかし、同時に、人工的につくられたこの村では、ほかの村より顕著に、ある特徴がみられる。移住者の問題である。

移住政策（トランスミグラシ）は、古くはオランダ植民地時代の植民政策にさかのぼることができるが、とくに六九年からのスハルトが進める開発政策のなかで重要な位置を占めるようになった。その名のとおり、人口稠密なジャワやバリ島から、スマトラ、カリマンタン、パプアといった人口密度の低い外島に、土地なし農民などを移住させる政策である。その目的として、人口の再分配、移住者の生活水準の向上、人的資源の有効活用、地域開発、開発の公平な分配、国民統合などがあげられる。移住にともなって、地方のインフラが整備されるなどの成果もあったが、いっぽうで移住者のために、土地や雇用機会などを奪われた先住の人びととのあいだに衝突が生じるという問題も起きている。ドゥリン村にも、このジャワ人の移住者が住んでいた。

九〇年八月末のある日のスブ[19]のことである。兵士たちは、迷彩服を着て、赤いハチマキをつけ、覆面し、武器をもった兵士数十人が村に入ってきた。兵士たちは、村人の家々をまわり、男たちをムナサ（祈禱所、集会所）に連行した。ムナサで、兵士たちは「GPKを助けている人間はいるか」と尋ねるが、誰も答えない。兵士たちは、所持していたリストにしたがい、一二人の男を選別し、殴る、蹴るの暴行を加えたのち、二人ずつ手首を縛って連行した。そのまま現在まで、彼らの行方はわからない。

犠牲者の家族たちは、一様に「ジャワ人が中傷した」と信じている。兄を失ったマリアムは、「兄はGAMのメンバーではありませんでした。でも連行されたのは、ジャワ人に嫉妬されたのだと思います。わたしたちの家族は非常に仲がよく、みんなで集まったり、スポーツをしたりしていましたから。ジャワ人とアチェ人の関係は悪くありませんでした。つきあいもありました。なぜ、こうなったのかわかりませんが、ジャワ人が中傷したのだと信じています。事件後、ジャワ人が村を離れたことからも、国軍が連行する人の名前を書いた紙をもっていたことからも、そう思うのです」と語る。

父親と二人の弟を連行されたアイヌル・マルディアも、同じように述べている。「家や土地をもっていない貧しいジャワ人をかわいそうだと思って助けたら、こういうことになってしまいました。この事件があってから、ジャワ人はいません。誤ったことをして怖くなったのでしょう。いなくなったということは、やはり悪いことをしたのでしょう」。

いまとなっては、ジャワ人が、本当に一二人について中傷したのかどうか調べるすべもない。犠牲者の家族に聞いても、ジャワ人がそう認めたというのではなく、そのような噂が流れたのだという程度でしかないからである。しかし、ジャワ人と国軍との関係について、カディジャの証言からある仮定を導くことができるかもしれない。

この事件の数日後、カディジャの婚約者であるズルフィカルは夜警をさせられていた。アチェでは、GPKから村を守るという名目で、住民が動員され、村によって異なるが、数人から十数人が交代で夜警をおこなっている。ズルフィカルが夜警をおこなっていた晩、村で泥棒に入られた家があった。集落長のスミトロ（ジャワ人）は、夜警をおこなっていた六人を泥棒だと非難し、翌日、ブロー・ブラン・アラの軍分支部に連れて行った。六人は軍分支部横のサッカー場で、走らされたり、匍匐前進させられたり、スクワットさせられたりする。しかも、軍分支部には、カディジャを好いているルスリという兵士がいた。ズルフィカルに嫉妬しているルスリは、命じられたことをする体力がないズルフィカルに暴力を加えた。ズルフィカルは、解放されたあとも一カ月治療を受けなくてはならなかった。呼吸が困難になり、頭も痛くなったためである。いまも頭痛はつづいており、重労働をすることはできない。

既述のように、アチェがDOMに指定されたとき、インドネシア政府は、特殊部隊を含む六〇〇〇人の部隊の派遣と展開を命じた。このように、軍管区（Kodam）―軍分区（Korem）―軍小分区（Kodim）―軍分支部（Koramil）という、インドネシア国軍の正規の領域支配構造、指揮系統の外にある派遣部隊は、「ノン・オルガニック」とよばれ、もともとの駐屯部隊以上に恐れられている。アチェに派遣された兵士にはジャワ人も多く、彼らが、同じジャワ人である移住者と心情的に近いであろうことは想像に難くない。〇二年に、アチェに派遣されたことのある兵士から、そのときの体験について聞いたことがある。誰がGAMメンバーか、GAM支持者かわからず、アチェ人すべてが「敵」に見え、恐怖のために、寝るときも武器を離せなかったという。ドゥリン村における悲劇も、そのような状況のなか、嫉妬や不信感といった些細な感情のもつれが原因となったのかもしれない。

さて、一二人の男が連行されたのち、犠牲者の家族たちは、彼らを捜しに行くことになった。ほかの事件でもそうだが、連行された男たちを捜したり、解放を求めたりするのは女の役割である。男がおこなえば、彼もGAMメンバーであると疑われ、拘束されたり、拷問されたりする危険性があるからである。もちろん女は単独ではなく、犠牲者の家族同士で、もしくは同じ村の友人などと連れ立って行く。弟が連行されたアシアも、犠牲者の家族と相談して、一二人を捜しに行くことにした。アシアは、そのときのことをつぎのように回想する。

「まずランチュンに行きました。入り口にいた兵士に『このあいだ連行された家族を捜しに来ました』と言いました。彼が上官に電話し、上官がやってきました。『なにをしに来たんだ？なにをして欲しいんだ？』『このあいだ連れて行かれた家族を捜しに来たのです』『ここにはいない。帰れ、お前たち！』わたしたちは、怖くて帰りました。そのあともロスマウェ、ロスコン、メダンまでも捜しに行きました。メダンに行くために、土地を一二〇万ルピアで売りもしました。七カ月間捜しましたが、いままで見つかりませんでした。ほかの人も同じです。お墓がどこにあるのかもわかりません」。

マリアムも、ロスマウェにあるリラワンサ軍分区で「お前たちを殺すぞ」と怒鳴られた。悲しく、怖くなったというが、それでも、どこに兄がいるのか知りたかったという。彼女もまた、メダンに行くために親戚などからおカネを借りなくてはならなかった。夫と娘の夫が連行されたロスマワティのように、おカネがなくて、メダンに行けなかった女性もいる。ロスマワティの娘ユス・ナイニアは、当時、妊娠二カ月だったため、父や夫を捜しに行くことはできなかった。そのときの子どもも中学生になった。ユス・ナイニアはまだ三〇代半ばだが、新しい夫が、子どもをかわいがってくれるか不安なので、再婚はしていない。

事件は、一二人の男が連行されるにとどまらなかった。事件後も数度にわたって、国軍はドゥリン村に入ってきたのである。

ザイナボンは、八月末の事件のときに、夫の兄ラフマンが連行された。その一週間後の夜中、犠牲者の家族の女ばかり五人で寝ているところに、兵士が裏の扉を蹴破って入ってきた。兵士に抱きつかれ、レイプされそうになったラフマンの妻は、子ども三人をザイナボンに預け、東アチェ県ランサに逃げた。ラフマンを捜すために、家や土地を五〇万ルピアで村の人に売ってしまった彼女は、いまも村には帰ることができず、ランサで洗濯婦をしている。

このとき、ザイナボンの夫ザカリアが、ランチュン・キャンプ[20]に連行され、三カ月間勾留された。ランチュン・キャンプは、日本のODAで建設された天然ガス精製工場のアルン社敷地内にあり、「拷問センター」として悪名高い国軍の施設である。ザカリアは、このキャンプで、GAMであることを認めるよう強要され、認めないと殴られたり、蹴られたりした。食事は一日に一度、解放されたときには丸坊主にされていたという。解放されたあとも、一週間に三度、三年間、ブロー・ブラン・アラの軍分支部に出頭し、トイレ掃除や草刈を命じられた。出頭しなければ殴られる。ザイナボンは、このときのことを「奉仕活動というのか、強制労働というのか」と苦笑する。結局、ザカリアは、いまも重労働ができない。重労働すると、咳をしたとき血を吐くからである。体が震えて、ベッドが揺れるくらいになることもあるという。

同じころ、父と弟二人を失ったアイヌル・マルディアも連行されている。国軍が村に入ってきたとき、夫が森に逃げていなかったため、代わりにブロー・ブラン・アラの軍分支部に一カ月勾留されたのである。アイヌル・マルディアは拷問されなかったが、夫がどこに逃げたのか、誰と逃げたのかなどの尋問を受けた。解放されてしばらくしてから、夫は村に戻ってきた。しかし一〇月、国軍が再び村に入ってきて、夫は連行される。四二日間勾留され、腿や耳に電気ショックをかけられるなどの拷問を受けた。解放され、村に帰ってからも、なにもできず、生計すら立てられなくなってしまった夫と、アイヌル・マルディアは離婚した。夫は、現在、第一夫人の子どもたちに食べさせてもらっているという。アイヌル・マルディアは、第二夫人だったのだ。

ニサム郡と同様、このように男たちが、連行されて行方不明になったり、たとえ解放されても肉体的・精神的に働けなくなったりした場合、女たちが一家を養うことになる。自分の子どもだけでなく、アシアやザイナボンのように、（義）兄弟の子どもを育てなくてはならなくなった場合も多い。アシアの肩には、自分の子ども二人と弟の子ども四人の生活がかかってきた。自分の夫だけでなく、他人の農園でもトゥパした。食事をとれないこともあったという。夫が働けなくなったカディジャも、やはりひとり、一〇ランタイの農園で働いた。日々食べるための野菜は家の庭に植え、農園には売るためのピナンとコーヒーを植えている。ピナンは一キロ一五〇ルピアで売る。コーヒーは、生豆なら一バンブーで一〇〇〇ルピア、皮をむき、乾燥させたものであれば、一キロ五〇〇〇ルピアになる。

たとえ肉体的・精神的に働けたとしても、男たちが森にある農園に行くのは困難である。アシアの息子アムリザルは、〇一年、国軍に撃たれたことがある。アシアの娘マイムナが語ってくれた。アムリザルは、森に野生のニワトリを探しに行ったところ、国軍に遭遇する。そこで殴られ、着ているものをすべて脱がされ、目の前で焼かれた。「パンツだけは焼かないでください」と言い、パンツは返された。アムリザルは殴られ、蹴られ、口のなかで撃たれそうになった。「僕はアチェ人ではありません。ジャワ人なんです」「なら、ここに何をしにきた?」「農園があるんです」「今度ここで見つけたら、撃つからな。行け。ゆっくりな。うしろから撃つから」。彼はジグザグに走る。後ろから撃たれたが、命中しなかった。アムリザルは、近くの家に逃げ、そこで布を借りる。さらに逃げたところで、ある人が洋服をくれ、「あっちに逃げろ」と言ってくれた。マイムナは「兄が、アチェ人だと言っていたら、その場で撃たれていたでしょう」と語る。

サキディアの息子もまた、売るために、森へ薪を拾いに行ったところで、国軍に拘束された。

サキディアは九〇年六月三日、集落長をしていた夫ザカリアを連行されている。ロスマウェの軍分区に勾留されているあいだ、二回会うことができた。解放されるという約束だったが、三回目に軍分区に行ったとき、夫はどこかへ再び連れ去られ、そのまま行方不明になってしまった。そのとき一二歳だった息子は、メダン〔ジャカルタ〕のトラック運転手になった。〇一年、妻が妊娠したため、息子が村に戻ってきた。その三日後、事件は起きる。森に行こうとした息子に、サキディアは「国軍がたくさんいるからやめなさい」と止めるが、息子は「タバコ代を稼ぎに行って来る」と、友だちと出かけてしまった。

家から一〇〇メートルほどのところで、息子は国軍に止められ、つかわれていないピナン倉庫に監禁される。息子の友だちから事件を聞いたサキディアと息子の妻は、倉庫へ駆けつけた。国軍は、息子を解放したと言ったが、サキディアたちの声を聞いた息子が、叫び声を上げる。国軍に静止されながらも、倉庫のなかを覗いたサキディアは、息子が、頭を黒いビニール袋で覆われ、後ろ手に縛られ、拷問を受けている姿を目撃してしまう。村の女たちが、倉庫の前に集まってくる。夕方になっても、マグリブになっても、息子は解放されない。マグリブ後、後ろのドアからどこかへ連れて行かれそうになった息子は、「お母さん、助けて！　殺されてしまう！」と叫んだ。サキディアは息子のところに駆け寄り、連行されないように抱きしめた。後ろ手に縛られていたのも、サキディアがほどいた。なお息子を連行しようとする国軍に対して、サキディアは「絶対に動かない。死ぬなら、息子と一緒に死ぬ」と言った。結局、その晩は、女たちが息子とともに倉庫で眠ることを許された。翌朝、息子の妻の両親が、ブロー・ブラン・アラ軍分支部のところにドリアンを届け、泣きながら頼み、息子はやっと解放されたのであった。

サキディアは「わたしはバカだから、何も考えることができないんです。頭のなかが平和ではないから。よく病気になります。心臓も痛いし、お腹も痛くなるし。それに……」と言って、かぶっていた帽子を脱いだ。髪の毛が抜け落ち、一本も残っていなかった。「自然に抜けてしまったんです。貧血だとも言われました。左目も見えません」。

いつ、どこで、誰が、国軍による暴力を受けるかわからない状況で、女たちは、アチェがインドネシアから独立することを望むようになっている。「国軍が村に入ってくると、男はみな逃げます。国軍がいれば、平和になるのは難しいです。国軍がいなければ、平穏な気持ちになれるのですが。とにかく国軍がひとりでもいてはいけません」（マリアム）、「国軍を見ると悲しいです。もう騒乱がないこと、独立することが望みです」（アイヌル・マルディア）、「わたしたちが望んでいるのは独立です。インドネシア共和国から離れることです。もしアチェがインドネシア共和国から離れなければ、前よりもっとひどいことになるでしょう。もしアチェが独立すれば、もう国軍は入ってきませんし、わたしたちが殴られることもなくなります」（アシア）、「国軍が人を殴らなくなったとしても、やはり、まだ怖いです。国軍がいなくなれば、はじめて平和だと考えられると思います。どうすればいいのかわかりませんが、国軍がここにいてはいけません」（ロスマワティ）、「独立すればいいのです。国軍がたとえ暴力を振るわないとしても、平和だとは思えません」（ユス・ナイニア）——すべて、女たちが経験から導き出した、素朴ではあるが、自分たちの生命を守るための結論である。

4　おわりに

二〇〇二年一二月、東京で、日本、米国、世界銀行の主催による「アチェ和平・復興に関する準備会合」が開かれ、それを受けるかたちで、インドネシア政府とGAMは、スイス・ジュネーブで「敵対行為停止合意」に調印した。

インドネシア政府とGAMの和平交渉は、アブドゥルラフマン・ワヒド大統領の時代にはじまった。ワヒド政権は、これまで、その存在すら公式に認められてこなかったGAMを交渉相手とみなし、スイスのNGO「アンリ・デュナン・センター（HDC）」の仲介で、二〇〇〇年五月「アチェ人道的停戦合意」を調印している（翌六月から実効）。しかし国軍は、この和平交渉路線に反発した。国軍にとって、アチェのような「紛争地」は、軍事作戦のための予算を引き出し、基幹企業からの警護料[21]をせしめ、住民から略奪し、GPKを壊滅させることで昇進を果たす場であったからである。アチェでは、九九年はじめから、「ウィバワ九九作戦」「レンチョン覚醒作戦」「チンタ・ムナサ作戦」と、実質的にはDOM時代の軍事作戦と変わらない治安回復作戦が展開された。対象は、海外からアチェに戻り、勢力を拡大しつつあるGAM武装ゲリラということだったが、実際に作戦の犠牲者となったのは一般の民間人であった[22]。

またインドネシア政府のアチェへの譲歩を示すものとして、アチェへの特別自治権の付与[23]があるが、これも名ばかりのものとなっている。財政配分について確実でないほか、正副州知事選の直接選挙が定められたが、地方議会が選定をおこない、政府に諮ったうえで最終候補が決まる。治安維持も、あくまで国家警察の指揮のもとになされると定められている。そのため、中央政府の利権や軍事作戦のための住民分裂戦略にも沿った新しい権力者・政治エリートをアチェ内部で生み出し、アチェをより植民地化させるものであるとの批判が、人権団体などから強く出されている。

このような状況のなかで、国際社会のアチェ和平への介入に期待が高まった。しかし、〇三年五月、東京で開かれた和平協議の失敗を受けて、敵対行為停止合意は破綻し、〇三年大統領決定第二八号によってアチェは軍事戒厳令下におかれた。外国人のアチェ入域も規制され[24]、外界に隔離されたなかで、国軍がさまざまな暴力、人権侵害を人びとに対して加えている。〇三年末までに殺害された民間人は公式発表で五〇〇人（ほかGAMメンバー一五〇〇人が殺害されたという）。アチェにおける暴力、人権侵害が止む日は遠い。

なぜアチェの和平は破綻したのか。民主化・改革が失敗したというインドネシア国内の問題が第一だろうが、日本をはじめとする国際社会（諸政府、世銀）の責任もけっして小さくない。

日本や米国を中心とする外国政府、企業は、アチェやインドネシアに多大な利権をもっており、国軍による暴力、人権侵害にも深く関与してきた。アルン社のランチュン・キャンプについては前述のとおりだが、エクソン・モービル社も、国軍が殺害した人びとの遺体を埋めるために採掘機を貸し出してきたとして、米国で訴えられている。（多国籍）企業は、アチェの人びとの周縁化を助長させるだけでなく、外国援助・資本を受けた開発を守るという名目で、インドネシア国軍と協力して暴力を拡大させてしまった。またアチェは、日本にとって「生命線」ともいえるマラッカ海峡沿いに位置しており、その「安全」は死活問題だ。

以上のような経済的理由(利権)、地政学的理由から、アチェ紛争の平和的解決を支援すると表明する諸外国政府も、インドネシア国軍の人権侵害や暴力に対して、強い批判をすることはけっしてない。それどころか、和平協議の共同議長として中立が求められるはずの日本、米国は、「インドネシア領土の一体性を支持する」と繰り返し発言している。このような発言は、インドネシア政府・国軍が、アチェでの軍事作戦を正当なものだと考える背景となり、暴力、人権侵害を助長させている。

こうしてみると、結局、アチェ和平支援は、誰のため、何のためになされたのか、という疑問をもたざるをえない。〇二年八月に閣議決定された、日本のODA大綱で「我が国ODAの目的は、国際社会の平和と発展に貢献し、これを通じて我が国の安全と繁栄の確保に資すること」と定められている。アチェ和平支援も、紛争下に暮らすひとりひとりの平和のためではなく、日本の安全と繁栄の確保のためだったのだろうか。

ミレニアム・サミットにおいて、コフィ・アナン国連事務総長が強調したように、人間は「恐怖からの自由」と「欠乏からの自由」を享受すべきであり、これが確保されないかぎり、真に紛争予防も平和構築も実現しないだろう。紛争予防、平和構築とたやすく言うことができても、それを実現することがいかに困難なことか。アチェの女性たちは、暴力の実態を明らかにし、わたしたちに大きな問題を突きつけている。

注

(1) 一八八九年からオランダ領東インド政庁官吏として、同地のイスラーム諸問題を研究、政策提言をおこなう。一八九三~九四年には『アチェ人』二巻を出版、アチェ戦争においてウレーバランと協力しウラマー勢力を制圧するよう提言、徹底圧殺に「貢献」した。Hurgronje, C. Snouck, *The Achehnese*, AMS Press, 1984(翻訳版)、Siegel, James T., *The Rope of God*, Univ. of California Press, 1969. 金光男「アチェにおけるインドネシア独立運動」茨城大学政経学会雑誌六八号(一九九九年)、などを参照されたい。

(2) 通常、内陸山地ガヨ、アラス地方が征服されたこの都市をアチェ戦争の終結の年とするが、ウラマー率いる抵抗は主なものでも一二年まで続発している。

(3) 五〇年五月、共和国政府と連邦政府(インドネシアは四九年一二月から五〇年八月まで連邦制)との協定が結ばれ、共和国行政が一〇州に区画されることが決められた。

(4) 「ダルル・イスラーム」とは、「イスラームの家」の意味で、イスラーム法にもとづいて統治がおこなわれている領域をあらわす。カルトスウィルト(西ジャワ)、カハル・ムザカル(南スラウェシ)に率いられた運動が有名である。アチェにおけるDI運動は、イスラーム法の適用を求めたもので、共和国からの分離を目指すものではなかった。

(5) それ以前から、アチェではオランダ、日本が石油の開発を進めていた。金光男「北スマトラ石油帰属問題、一九四五~五七年」アジア経済(アジア経済研究所)第三二巻第一〇号(一九九一年)に詳しい。

(6) 佐伯奈津子「人権抑圧に荷担した日本の天然ガス開発借款」藤林泰・長瀬理英編著『ODAをどう変えればいいのか』(コモンズ、二〇〇二年)を参照されたい。

(7) アセアン工業化プロジェクトのひとつとして建設された。日本は七九年、ＡＡＦ社建設に対してもＯＤＡ三三〇億円を供与している。

(8) インドネシア全国日刊紙『コンパス』二〇〇一年四月一七日。なお国営アンタラ通信社配信ニュース（二〇〇三年七月一日）では、アチェ人契約社員少なくとも一〇〇〇人が解雇されたと報じられている。

(9) 九九年四月、それまでの四軍（陸・海・空・警察）体制から警察が分離した。アチェにおける治安維持作戦には、警察からも警察機動隊（Brimob）が動員されているが、アチェの人びとも同一視していることから、本章では混乱を避けるため「国軍」で統一する。

(10) Al Chaidar, Ahmad, Sayed Mudhahar & Dinamika, Yarmen, *Aceh Bersimbah Darah : Mengungkap Penerapan Status Daerah Operasi Militer* (*DOM*) *di Aceh 1989-1998*, Pustaka Al-Kautsar, 1998, p. xviii.

(11) 前掲『コンパス』紙。上記注とあわせて、これらの数字の根拠は不明であるが、アチェの人びとの間で語られ、信じられているという事実に注目したい。

(12) Morris, Eric, *Islam and Politic in Aceh : A Study of Center-Periphery Relations in Indonesia*, PhD Thesis, Cornell Univ., 1983. Kell, Tim, *The Roots of Acehnese Rebellion, 1989-1992*, Cornell Modern Indonesia Project, 1995. を参照されたい。

(13) Djuli, M. N., "Aceh for Beginners : The Process of Ethnic Dilution in Aceh," Dec. 1999.

(14) ビンロウジュ、キンマのこと。ビンロウジュの実に石灰を塗りつけキンマの葉でくるんだものを嚙み、唾液を吐き出すのは、熱帯で広くみられる習慣。

(15) 四ランタイの広さの土地で四ナレーのコメを小作し、三・五〜四グンチャの収穫があるのが一般的である。なお二五ランタイ＝一ヘクタール、一グンチャ＝一〇ナレー、一ナレー＝一六バンブー、一バンブー（竹の筒二メートル分）＝一・五キログラム。
(16) 女性たちへの聞き書きをおこなった二〇〇〇〜〇三年のレートは、一円＝約七〇ルピア。
(17) 日没の礼拝。一九時ごろを指す。
(18) なかには、軍に拘禁され、拷問を受け、解放される際に、村の状況などを報告する義務を課されるなど、強制的にチュアッにさせられた者もいる。DOM解除後、このチュアッが射殺される「謎の発砲事件」が相次いだ。人権団体は、生き証人を消し、その責任をGAMに転嫁することで、再度軍事作戦をおこなおうとした軍側の作戦だったと指摘している。チュアッを利用することで、人びとのあいだの不信感を募らせ、人びとの行動を抑制する効果があった。
(19) 夜明けの礼拝。朝四時半〜五時ごろを指す。
(20) ピディ県には、「ルモ・グドン」と呼ばれる同様の施設が存在した。〇一年一月、インドネシア民主化支援ネットワークの招きで来日したラシダは、九八年三月にルモ・グドンに連行され、五カ月間にわたり、五人の特殊部隊員によってレイプされ、暴行を受けたことを証言した。
(21) 現地の人権団体の調べによると、エクソン・モービル社が国軍に支払う謝礼は月に五〇億ルピア以上、兵士一人に支払う謝礼は日に四万ルピアにのぼり、さらに輸送、監視所、兵舎、無線、電話、寮などの費用もまかなっているという。
(22) 九八年五月のスハルト退陣以降のアチェ情勢については、佐伯奈津子「アチェ—和平を望まない国軍」インドネシア民主化支援ネットワーク編『失敗のインドネシア―民主化・改革はついえたのか』（コモンズ、二〇〇三年）を参照されたい。

(23) 二〇〇一年法律第一八号によって、「アチェ特別州」が「ナングロー・アチェ・ダルサラム（NAD）州」に改名され、特別自治権が付与された。

(24) 二〇〇三年大統領決定第四三号、アチェ軍事戒厳令責任者布告第五号による。

〔付記〕 アチェにおける調査のため、トヨタ財団二〇〇二年度研究助成Aを受けた。ここに謝意を表したい。

第Ⅳ部

グローバルな諸課題の解決の担い手

グローバル時代の平和学
4

私たちの平和をつくる
環境・開発・人権・ジェンダー

第9章　市民社会とグローバルな諸課題

――開発ＮＧＯを中心に

高柳　彰夫

1　はじめに

ＮＧＯに対する社会の関心はますます高まっている。その背景には、地球規模での貧困や貧富格差の拡大、環境破壊、人権侵害、ジェンダー差別などグローバルな諸課題に対する関心の高まりがある。こうした問題は従来の国家間関係の枠組みでは解決が難しいとされ、ＮＧＯなど市民社会の諸組織の役割が注目を集めるようになった。さらに情報・通信技術や交通手段の発達は市民レベルでのトランスナショナルな（国境を超えた）共同の活動を容易にした。しかしＮＧＯの役割は多様化し、それに伴って社会におけるＮＧＯの取り上げられ方や人々のＮＧＯに対するイメージも多様化している。

第一に、ファウラー（Fowler 1997）のことばを借りればミクロ・レベルの活動である。ＮＧＯは草の根レベルで貧困解消、緊急援助、環境保全などの活動の担い手として注目を集めてきた。こうしたＮＧＯの活動は市民の支持やマスメディアの注目を集めるだけでなく、各国政府や国際機構もその長所（特に草の根レベルで活動を行いやすいとされること）に注目した結果、政府セクターとNGOとの間の連携もますます進んでいる。あるいは市民社会への支援はとりわけ九〇年代以降、二国間・多国間の開発援助の大きなテーマになっている。

第二に、ファウラーのいうマクロ・レベルの活動である。特に九〇年代以降、トランスナショナルなアドボカシー（政策的な提言や働きかけ）を通じて政策決定に影響力を行使したり、社会変革をめざしたりするアクターとしてNGOに対する注目が高まっている。次節で述べるように、国連会議のNGO並行フォーラムの開催、いくつかの国際条約でのイニシアティブなどを通じてNGOが国際的な政策決定に果たす役割は一層大きくなり、グローバルガバナンスにおいて国境を超えた市民の共通利益を追求するアクターとしてNGOは注目されてきた。一方でシアトルでのWTO会議以後の国際会議での「反グローバリゼーション」運動による暴動は、NGOに対する否定的なイメージを生み出していることも否定できない。

ミクロ・レベルでは、政府セクターとの連携や協調の重要性がますます唱えられている。一方でマクロ・レベルでは、政府セクターや現在の世界の大きな潮流である経済のグローバリゼーションに対する批判性やオルタナティブの提示などが要請される。

このようにNGOの役割や社会のイメージが多様化する中で、本章では、NGO、あるいは市民社会の今日的意義を、大規模なNGOの活動が第二次世界大戦以後見られ、また筆者の研究テーマでもある国際開発協力のNGO（以下、開発NGO）を中心に再検討したい。果たして二つの側面は両立できるのだろうか、政府セクター、ビジネスセクターとの関係をどう展望すべきなのか、特に九〇年代以後注目されているマクロ・レベルの活動を踏まえつつ、ミクロ・レベルのあり方はどうあるべきなのか、従来の国家間関係の枠組みでは難しかった理念の提示や実践をどこまで行えるのか、こうした問題を考えてみたい。

ここでNGO、市民社会の二つの概念に触れておきたい。NGOは平和・軍縮、開発／発展（本章の主たる対象）、人権、環境、ジェンダーなど地球的諸課題に取り組む市民のイニシアティブでつくられた非政府・非営利目的の団体を総称する。ただ、NGOとは非政府・非営利目的という組織形態を表すことばなのである。

市民社会（civil society）ということばは多義的に用いられ、混乱した概念の一つともいえる。規範的概念なのか現実を分析する概念なのか、市民の自発的な活動のアリーナなのか諸組織の集合名詞なのか、など様々なレベルの論争がある（詳しくはVan Rooy 1998）。紙幅の関係でこうした概念論争に触れない。本章では、市民社会は「政府、ビジネスセクターとは独立した、特定の価値実現のために市民により自発的に組織化された多様な政治的・社会的活動のアリーナ」（したがって企業や業界団体は含まない）とし、具体的な組織を市民社会組織と表すことにしたい。市民社会組織には、NGOのみならず、様々な社会運動団体、労働組合、協同組合、宗教組織、職業団体、学術団体などが含まれる。市民社会とは決して一様なものでなく、むしろ多様な見解や利益が競合する場でもある。市民社会組織には、定義次第で偏狭な民族主義や保守的とされる価値を持つもの（例えばアメリカの妊娠中絶禁止や銃規制反対を唱えるグループ）なども含みうる。(1)

(Clark, J. 2003a ; Florini 2000 ; Edwards 2001a など)

NGOやより広く市民社会の国際開発へのかかわりをどのような枠組みで考えたらよいのだろうか。ハウエルとピアスは、市民社会の国際開発へのかかわりには二つのビジョンがあるという(Howell & Pearce 2002)。一つは今日いわば主流となっているもので、また援助機関の視点でもあるが、資本主義的発展を前提に、国家(または政府)と市場のそれぞれの失敗を補完し、社会的責任を伴った資本主義(socially responsible capitalism)をめざすものである。市民社会の役割は政府や市場ができない社会サービスの供給のみならず、経済発展と民主主義の基盤となる社会関係資本(social capital)[2]の提供、政府や市場部門をチェックしアカウンタビリティを確保することもある。これに対するオルタナティブなビジョンとは、資本主義、特に新保守主義やその考え方にもとづいたグローバリゼーションに批判的な立場の社会運動というものである[3]。

こうした二つのビジョンへの分類はある種理念型的であり、現実のNGOの活動にはこれら二つのビジョンが混在しているといえよう。ミクロ・レベルでの活動は現実の社会を前提にしなければならないから前者のビジョンにあてはまるものが多いが、後者のビジョンにもとづく南の社会運動づくりを支援する活動も3節で見るように増えている。マクロ・レベルでの活動でも現在の政治経済システムを前提とした提言も、現行システムに対する否定的見解とオルタナティブの提示の試みも行われる。NGOは一方で現行の政治経済システムを前提にその人々の立場に立った改革と他セクター(政府・ビジネス)の失敗の補完、もう一方で現行システムへのチャレンジとオルタナティブの提示という二つの要請を受けているといえるが、現行システムの捉え方が相反するなど、実際の活動には多くのジレンマを伴う。本章ではこうしたジレンマを踏まえつつ、

ＮＧＯの国際開発協力の活動の諸問題を検討してみたい。

2　トランスナショナル(4)なアドボカシーの担い手としてのＮＧＯ

拡大するＮＧＯのアドボカシー活動

市民社会組織のトランスナショナルなアドボカシー活動は近年になってはじめて出現したものではない。古くは一九世紀前半の反奴隷制の運動にさかのぼることもできる。しかし、特に九〇年代以後、急速にＮＧＯなど市民社会組織のアドボカシー活動やそのためのネットワーク化が盛んになり、国際的な政策決定への影響力が高まっていると言えよう。

国連では、九二年の国連環境開発会議（地球サミット）以後、人権（九三年、ウィーン）、人口と開発（九四年、カイロ）、社会開発（九五年、コペンハーゲン）、女性（九五年、北京）の一連の国連会議では、ＮＧＯの並行フォーラムが開催され、政府間会議と同様の注目を集めた。ＮＧＯフォーラムの宣言文では、貧困削減と格差縮小、地球環境保全、人権、ジェンダー平等などの観点から既存の開発モデルの再検討の必要性が強調された。

ＮＧＯはまたいくつかの国際条約づくりで主導的ともいえる役割を演じた（目加田 二〇〇三）。対人地雷全面禁止条約や国際刑事裁判所はＮＧＯのネットワークと数か国の政府のリーダーシップにより成立したものであった。一方で投資の自由化を進める多国間投資協定（ＭＡＩ）をＯＥＣＤが構想したときには、事前に情報を得たＮＧＯが反対運動を行い、関係国間の対立もあって、

MAI作成作業は休止状態に追い込まれた。

世界銀行、IMF、GATT→WTO、アジア開発銀行をはじめとする地域開発金融機関など国際経済機関へのアドボカシーもNGOは活発化させてきた（O'brien et. al. 2000；Scholte ed. 2002；Brown & Fox 2001；大芝 二〇〇三など）。世銀・IMFの進めてきた構造調整や、WTOが進めようとしている貿易の自由化はNGOの批判キャンペーンの対象となってきた。また、例えば世界銀行についてはインドのナルマダ・ダム問題をきっかけにインスペクション・パネルが設置されるなど、NGOのアドボカシーを通じて環境・住民移転・先住民などの問題に関する施策の変更が行われていった。

NGOのトランスナショナルなアドボカシー活動は、特に強権体制下にあり、政府と市民社会の対話のチャンネルがない（または乏しい）国において、NGOが関係の強い他の諸国の政府や国際機関を通じて当該国に圧力をかける「ブーメラン効果」を狙うケースもある（Keck & Sikkink 1998：12-13）。

NGOのアドボカシーのターゲットには政府機関や国際機関だけでなく企業も含まれる。例えば、児童労働、搾取的労働を通じて安価な衣料品やスポーツ用品などを生産していた企業（ナイキ、エディ・バウアーなど）に対するボイコット運動を行い、対話を通じて倫理綱領を作成し、企業側も自ら実行し、委託生産者に遵守させることを約束した。毎年スイスのダボスで開かれ（〇二年はニューヨークで開催）、世界の政財界のリーダーたちが集まる世界経済フォーラムに対抗して、NGO・市民社会組織は世界社会フォーラムを〇一・〇二年にブラジルのポルトアレグレで、〇四年にはインドのムンバイで開催してきた。

NGOのトランスナショナルなアドボカシーの促進要因

まず世界の多くの国で（国の間の差は大きいが）、市民社会組織の役割が台頭していることが国際社会に反映された。また冷戦後の世界では、貧困と開発、環境、人権、ジェンダーなど国家間関係という従来の枠組みで解決が難しいグローバルな諸課題への注目が高まったことも、こうした課題にトランスナショナルに取り組むNGOの役割を拡大させた。

今日の「民主主義の欠陥」、すなわち支配的な代議制民主主義は国家単位のものであり、国家政府を通じて国際的政策決定の場で反映されにくいこと（Clark, J 2003a : 12–13 ; 2003c : 165）により、草の根の声のチャンネルとしてNGOの役割が注目されることとなった。

通信手段や交通手段の発達や低コスト化——特にインターネットの発達により電子メールなどで瞬時に情報交換ができるようになったこと——も重要な要因である。

トランスナショナル／グローバル市民社会

このようにNGOのトランスナショナルなアドボカシーが活発化し、さまざまな成果があがる中で、グローバルガバナンスのあり方にどのような変化がもたらされたのか数多くの研究が近年発表されてきた。九〇年代はじめから地球市民社会（global civil society）についての文献が出始めた（Lipshultz 1992 ; Wapner 1997 など）。マシューズは国家アクターから非国家アクターへの

「パワーシフト」に伴うグローバルガバナンスの変化について述べる（Matthews 1997）。NGOその他市民社会の活動は、トランスナショナル・アドボカシー・ネットワーク（Keck & Sikkink 1998）、トランスナショナルな社会運動（Smith, J. et. al. eds. 1997）、トランスナショナル・シビルソサエティ（目加田 二〇〇三）、グローバルな市民アクション（Edwards & Gaventa eds. 2001）といった概念でグローバルガバナンスにおける新しいアクターとして捉えられている。あるいは、従来の国家や国際機関だけでなくグローバルな社会運動の影響も含んだ新しいグローバルガバナンスのパターンをオブライエンらは複合的マルティラテラリズム[5]（complex multilateralism）と呼ぶ（O'brien et. al. 2000）。

こうした概念を個別に検討する紙幅はないが、この節で述べてきたさまざまな経験からNGO・市民社会の国境を超えたネットワーク化やアドボカシー活動が、国家や国際機関の政策決定に影響を与えてきたことは間違いない。しかし個々のケースでは、協力的な国家が存在していたり、さまざまな限界に直面したりで、NGO・市民社会のアドボカシー活動の成果を一般化することは難しい。グローバルな政策決定で票決権を持つのは国家であり、その意味では主権国家システムを超えたものということは難しいだろう（大芝 二〇〇三）。一方でNGO・市民社会はグローバルなレベルだけでなく個別国家の投票行動などへの働きかけを行う意味でも国際的政策決定に影響力を強め、国家をより多元的なものにしていった（Smith, J et. al. 1997 : 74-77）側面もある。NGO・市民社会の役割をいわれるほど強調できないとする見解もある。国連会議などで本質的問題でNGOの提言が受け入れられていないこと、国家の側がNGOの締め出しを図ることがあることなどを述べ、地球市民社会の台頭という見方は時期尚早と述べるものもある（Clark, A. M. et. al. 1998）。

NGOのトランスナショナル・アドボカシーの問題点

ＮＧＯのトランスナショナルなアドボカシーが拡大し、社会の注目が高まる中で、その問題点も次第に指摘されるようになってきた。

第一に、ＮＧＯの代表性、正当性とアカウンタビリティである（Florini 2000；Clark, J 2003a；Edwards 2001）。ＮＧＯは誰の声を代弁しているのか、選挙で選ばれたわけでもない彼らの活動にどのような正当性があるのか、ＮＧＯは政府・国際機関・企業のアカウンタビリティの向上を要求しているがＮＧＯ自体アカウンタビリティを持っているのか、ＮＧＯは民主的に運営されているのだろうか、といったものである。代表性についてクラークは現場の経験こそがＮＧＯの代表性の基盤であるという（Clark, J. 2003a：173-174）。

第二に、ＮＧＯのトランスナショナルなアドボカシーでは、今日の経済中心のグローバリゼーションのあり方に批判が集まっている。しかし代わりにどのような世界を構想するのか明らかとはいいがたい。またいうまでもなくＮＧＯにとって多様性は重要であり、ＮＧＯのネットワークの中でも多様な立場がある。例えば世界社会フォーラムでは、参加者の間では資本主義に反対するのか修正するのか、世銀・ＩＭＦは廃止するべきなのか改革するべきなのか、見解の相違があった（Schonleitner 2003）。オルタナティブがはっきりしないが資本主義に反対するグループと、現行システムの改革を唱えるグループとに分かれているのである（Chandhoke 2002）。

第三に、南でアドボカシーNGOの発達が見られるものの、依然として南北のNGO・市民社会組織の力の格差が大きく、また南の中でも都市エリート層と草の根の格差が大きいことである。一つにはトランスナショナルな活動を行う市民社会組織の中に欧米諸国に本拠を置くものが多い（Smith, J 1997）。国際会議についての経験・知識・情報が豊富な北のNGOがトランスナショナルなアドボカシーで中核的な役割を担いやすく、また南のNGOはしばしばITにアクセスがしやすく外国語に堪能なエリート層で占められ、貧困などに直面する草の根レベルの声がどの程度代弁されるのか問題である（Clark, J. 2003b：24-26）。NGOのトランスナショナルなアドボカシー活動は北のNGO、時には北の政府や国際機関を主要財源として行われ、南のNGOは交通費などを北に依存し、また南からの参加メンバーの選定などにも北の意向が反映されやすいことも否定できない。しかし世界社会フォーラムのように南のNGOが中心的な役割を果たす事例も増えている。南の、特にPO（民衆組織）や草の根組織（grassroots organizations＝GRO）と呼ばれる草の根レベルでのNGO・市民社会組織の発展をいかに促進するのかは大きな課題である。

開発NGOとトランスナショナル・アドボカシー

グローバルな諸課題の多くが貧困解消・開発の問題と深く関係するのであるから、トランスナショナル・アドボカシーにおいて開発NGOは大きな役割を期待される。しかしNGOが全てアドボカシー活動に参加するわけではない[6]。伝統的には慈善の活動からスタートした開発NGOや、環境NGOの中で植林や公害防止など現場での活動を重視してきた団体は、アドボカシーに熱心な団体と必ずしもそうでない団体とに分かれる傾向がある。国際的な大規模開発NGO（CARE、World Vision、Save the Children、Plan International、Oxfam、国境なき医師団など）[7]のうち、Oxfamはアドボカシーを活動の主要な柱の一つに位置づけている。緊急援助の比率が高いCAREや里親支援を中心とするWorld VisionやPlan Internationalといった団体は従来あまりアドボカシーに取り組んでこなかったが、近年では地域紛争や子どもなどそれぞれの活動分野に関わるテーマが中心であるが、取り組みが見られるようになった。クラークのいうようにNGOのアドボカシーの代表性は現場の経験にあるのであるならば、現場での経験をもとに具体的な提言を行える開発NGOはもっとアドボカシーに取り組む必要がある。

開発NGOがアドボカシーに必ずしも熱心に取り組まない背景はいくつかある。第一に会員、寄付者の多くは慈善意識が強く、また保守的な市民も含まれ、現場で資金が使われることを望み、政治的と思われやすいアドボカシーは必ずしも支持されない。第二に、詳しくは次節で述べるが、団体による程度の違いは大きいが多くは二国間・多国間のODA資金を得ている。援助機関という批判と連携の両方が共存する関係をつくるのか、各団体が直面する課題となっている。第三に、特に大規模な団体は年間予算が数百億円にもおよび、高い経営能力が要求され、ビジネス界出身のリーダーが増える傾向にある。開発NGOは現場で現行システムを補完する活動に傾きがちであり、また支持者、資金源、マネージメントの観点からも現行システムへのチャレンジ、オルタナティブの提言といった方向にむきづらい。

3　ＮＧＯの開発活動の再検討

慈善から市民社会支援へ？

前節で述べたＮＧＯのトランスナショナルな（＝マクロ・レベルでの）アドボカシーの活動は、ミクロ・レベルでの開発活動を通じて貧困の根源は社会構造にあること、関連してコミュニティ・レベルの活動の積み重ねではとうてい問題の解決にならないことを次第に認識したからといえよう。開発ＮＧＯの活動はミクロ・レベルからマクロ・レベルに重点が移っていくのだろうか。あるいは移すべきなのだろうか。筆者は、ミクロ・レベルでの活動は引き続き重要であるし、開発ＮＧＯの主要な活動であり続ける一方で、マクロ・レベルでの活動を視野に入れつつ、ミクロ・レベルでの活動も再検討の必要があると考える。ＮＧＯのアドボカシー活動が代表性や正当性の基盤は、日常の現場経験であり、あるいはミクロ・レベルでの活動を通じて現場から得られる情報だからである。南の特に草の根レベルでの市民社会組織のアドボカシーの活性化にも、日々の生存や健康が危うい状況から脱却すること、人々が情報を得て整理するために必要な（特に基礎）教育にアクセスがあることは欠かせない。

開発ＮＧＯの活動は、コーテン（Korten 1990）の「世代型」論（第一世代型＝慈善・救援、第二世代型＝小規模コミュニティ開発、第三世代型＝持続可能なシステムの開発、第四世代型＝民衆運動）のように慈善から始まり、新しいタイプの活動が生まれていくと言われてきた。しかし実際には、新しいタイプの活動に積極的に取り組むNGOもそうでないところもある。前節の最後で述べたアドボカシーへの取り組みの差が大きいことも一つの現れである。筆者は慈善・救援重視のNGO、コミュニティ・レベルでのBHNサービス重視のNGO、インスティトゥーション（地域住民の社会的地位や影響力強化のための組織や制度の枠組み）開発重視のNGOの三つの方向性に分類できるのではないかと考える[8]（高柳 二〇〇一）。

今日でもNGOの募金者や会員の間では緊急援助や慈善色が強い里親支援が人気があることは否めない。里親支援NGOでも手紙のやり取りでは里子と里親の間で一対一の関係であるが、里親の寄付金は従来のように里子の奨学金にあてられるのでなく、里子の属するコミュニティの開発に用いられ、奨学金をもらえる子どもももらえない子どもの不公平という従来の問題点を克服する動きがある。しかし寄付者に子どもたちが貧しい状況に置かれる世界の構造を理解する視点が十分でないという問題は依然として残る。

より多くのNGOは、開発現場で貧困などの問題に直面する人々が自ら問題解決の能力のために力をつけること（エンパワーメント）を重視してきた。識字教育にしても、NGOは慈善として文字を教えるよりも、意識化、すなわち自らが社会を変える主体であり、同じ問題に直面する人々が問題を理解し解決を図るために組織化するという方向づけがなされることが重要だと考えることが多い（斉藤 一九九八）。多くのNGOは農民や都市貧困層などの組織づくりにも取り組んできた。フィリピンではコミュニティの組織化（community orgainizing＝CO）[9]はNGOの重要な活動であったし、バングラデシュをはじめ南アジア諸国ではショミティなどと呼ばれる住民組織づくりを重視するＮＧＯが多い。そして南北のＮＧＯの役割とはこうした住民組織の能力形成（capacity building）の支援と考えられ、また北のＮＧＯは南のＮＧＯ・市民社会組織の能力形成支援を重視する団体が増えている。

さらに南の人権団体、消費者団体、環境団体、女性団体などに対し支援を行う例も増えている。ここでも重視されるのは能力形成である。支援を受けた南のこれらの市民社会組織は前節で述べたトランスナショナルなアドボカシーに関わる場合が少なくない。

ここで注意しなければならないことは、能力形成とは開発への一つのアプローチであり、事前にパッケージ化された技術協力ではないということである（Eade 1997：24）。

このような人々の組織化を通じた問題解決能力や発言力をつけるアプローチとともに、起業と生産を通じた収入向上と経済的自立を重視するアプローチもある。具体的に行われている代表例はマイクロ・クレジットである。マイクロ・クレジットは人々の意識化・組織化の中で貯蓄組合づくりなどを経て、その一環として行っている団体もある（例えばバングラデシュ農村振興委員会＝ＢＲＡＣ）。一方でむしろ意識化・組織化よりも経済力強化の観点から実施している団体もある。マイクロ・クレジットは多くの人々の収入向上の機会をもたらす成果をあげた一方で、最貧層はアクセスできていない、貧困層の経済力強化はもたらしても社会的影響力強化はもたらしていないなどの問題点も指摘されている（Hulme & Mosley 1996）。

いずれにしても、問題解決能力や発言力を重視するのか、経済的な力を重視するのかの違いがあるが、ＮＧＯは一層エンパワーメントということを重視する方向にあるといえよう。

近年の開発NGOの活動について、市民社会支援という新しい役割を担っているということがいわれる。これは、冷戦後の世界で開発における民主主義の重要性と市民社会の役割についての注目が高まったこと、現実に自立のための社会サービスからトランスナショナルなアドボカシーまで様々な活動を行う住民組織・市民社会組織づくりや、それらの能力形成への支援が重視されてきたことが背景にあろう。ここでいう市民社会には、PO・GROなどと呼ばれる住民組織からトランスナショナルなアドボカシーに参加する団体まで、南の多様な組織を含むことになる。最初に述べたように、市民社会には既存のシステムを前提に政府部門・市場部門の補完——政府や市場ができない社会サービスの供給、経済発展と民主主義の基盤となる社会関係資本の提供、政府や市場部門のチェック——の側面と、既存のシステムにチャレンジする社会運動の側面とがあり、実際開発NGOの市民社会支援の活動にも両方の側面が混在している。市民社会支援の意義の明確化が求められよう。

NGOの南北「パートナーシップ」をめぐる諸問題

過去二〇年間の開発NGOをめぐる変化の一つは、国により程度の差が大きいとはいえ、南のNGOの台頭であろう。北のNGOの間では、依然として開発現場で直接社会サービスの活動を行う団体も少なくないが、直接現場での活動を組織せずに南のNGOや住民組織、すなわちパートナー団体を支援する方向に転換する団体が増えている。

今日、NGOの南北パートナーシップのあり方も問題になっている。パートナーシップということばから、共通の目標、価値・視点・原則の共有、役割・力関係・活動方法における対等性や相互主義と行ったイメージがわいてくるだろう（Smillie 1995）。現実のパートナーシップは、垂直的な関係、一歩通行のリソース移転、北のＮＧＯによるトップダウン型の政策決定などの特色を持ってきたことは否定できない（Hately & Malhotra 1997；Malhotra 2000；Abugre 1999）。南北のＮＧＯのパートナーシップのあり方や北のＮＧＯの役割の再検討は開発ＮＧＯが直面する重要課題の一つである。

現実には南のＮＧＯが北のＮＧＯに資金の多くを依存している中で、南北ＮＧＯ間の対等なパートナーシップは容易でない。その上、近年ＮＧＯの成果とアカウンタビリティに対する関心が高まる中、南のパートナーの事業実施能力や事務能力に不安から、北のＮＧＯが指導的な関係が維持されやすい。また北の慈善志向の会員や募金者は自分の団体が直接現場で事業を実施することを好む傾向もある。

ＮＧＯと政府の関係

北の諸国では早いところでは六〇年代半ばから、多くの諸国では七〇年代から、遅い日本でも八〇年代末からＯＤＡの一部をＮＧＯに供与するようになった。多国間援助機関も次第にＮＧＯとの連携を深めていった。開発援助機関はＮＧＯが貧困層や紛争・災害被災者を直接の対象とした活動を行いやすい点が注目してきた。八〇年代以降世銀・ＩＭＦによって進められた構造調整の中で、南の多くの諸国で社会・経済部門での政府の役割の縮小が強いられ、政府の社会サービスが後退したことから、NGOは社会サービスの担い手として重要性を増した。また「小さな政府」や民間セクターの役割が標榜される中で、NGOも民間セクターの一つとして注目された側面もあろう。九〇年代に民主主義の促進が開発援助の役割として重視されるようになると、NGOも市民社会促進の観点からますます注目されるようになった。

南の政府のNGOに関する政策は多様である。内外のNGOの自由な活動を認めない国もある。社会主義を標榜する諸国を中心に、自国民によるNGO結成を認めず、北のNGOも政府や単一政党の関連機関との共同事業でのみ活動を認める国もある。しかし全般的な傾向として、構造調整に伴う政府の社会サービス機能の縮小や民主化の流れの中でNGOが活動する空間は広まっているといえよう。いくつかの抑圧的な体制下の国も含め、南の政府と内外のNGOとの連携は拡大してきた。

南の政府や二国間・多国間の開発援助機関との連携を深める中で、NGO活動の質・量の拡充と、援助機関の政策にNGOの理念や方法をある程度反映させる可能性を持つ一方で、NGOは独自性や批判性を失わないだろうか、政府セクターのコントラクター（契約請負者）として独自性を持たない下請けになってしまわないだろうかという問題は、NGOにとってつねにジレンマであった。

九〇年代後半以降、貧困解消などに向けた具体的目標の設定が議論されるようになり、二〇〇〇年国連総会でミレニアム開発目標（MDG）が採択された。MDG達成に向け、貧困解消や教育・保健部門ですでに実績のあるNGOの役割はますます重視されよう。

世銀でもウォルフェンソン総裁により開発の非経済的側面にも注目した包括的開発枠組み（CDF）が提案された。その背景には世界で貧困が依然として大きな問題であり、貧富格差が拡大していることへのウォルフェンソンの危機感があり、あるいは従来の経済成長や市場経済化一辺倒の世銀・IMFの路線に対するNGOの批判に応えなければならないことがあった。CDFは南のオーナーシップ（開発における主導性）と南の政府・開発援助機関・市民社会・民間セクター間のパートナーシップを強調した（Wolfensohn 1999）。また九九年の世銀・IMF総会では債務削減対象国や世銀のうちIDA対象国に貧困削減戦略ペーパー（PRSP）の作成を求めることも決定された。PRSPについても南のオーナーシップが強調され、各国政府が市民社会や民間セクターとのコンサルテーションを行いつつ作成されることが望ましいとされる。

CDFやPRSPで貧困の問題に従来よりも焦点が当てられていることや、南のオーナーシップが強調されていることは確かである。しかし世銀がどこまで従来の路線を修正しているのか懐疑的なNGOも少なくない。（PRSPについては本巻西川論文も参照）

PRSPは二国間・多国間の援助機関が協調して被援助国の開発や貧困削減の戦略を支援し、より援助の効果を高めていく基礎として考えられている。問題は、NGOも公的機関と連携する上で、PRSPに沿った活動を求められる可能性があることである。一つ例をあげれば、NGOとの関係では先駆的な試みが多かったカナダ国際開発庁（CIDA）は援助効果向上策を検討する際、PRSPにもとづいた国別政策枠組みの範囲内でNGOに対する資金供与を行うことを提案した。カナダのNGOは、被援助国政府がとりまとめるPRSPでは、市民社会の策定における参加は唱えられているとはいえ、真に貧困層のニーズを反映できるのか疑問であり、NGOはPRSPとは必ずしも一致しない独自の優先順位にもとづいて――それが南のパートナーNGOのオーナーシップにもとづくべきことはいうまでもないが――支援されるべきだと反論した。CIDAは当面NGOは国別戦略枠組み外で支援することになった（高柳 二〇〇三）。この論争の教訓は、援助効果への関心が高まる中で、NGOも国家間関係の枠内で、被援助国政府によりつくられた戦略に沿った活動を援助機関から求められ、市民社会独自の優先順位にもとづいた活動を脅かされる可能性があるということである。

4 まとめ――開発NGOの今後

開発NGOにとって、トランスナショナルなアドボカシーがますます重要な役割となっていて、現場を持ち、草の根の声を反映できる開発NGOにとってこの部門での活動は一層重要性を増すであろう。北のNGOはこの部門での活動の強化を南のNGOから要請されている。南の現場での開発活動も、MDGの採択によりますます期待されるだろう。開発活動の強化は、トランスナショナル・アドボカシーにおけるNGOの代表性の根拠となる現場経験や、南のNGOの強化という点でも重要である。現場での開発活動のアプローチは一様でないにしても、南のNGOの能力形成や、貧困層とその住民組織が力をつけていくことが次第に重視されるようになってきた。しかし慈善的な発想が残った活動も依然として人気がある。

トランスナショナルなアドボカシーでは、現在の政治経済システムとその下で進む経済グローバリゼーションへの批判性が要求される。一方、開発活動では現行システムを前提としつつ、政府の失敗、市場の失敗を補完しながら、貧困などの問題の解消に取り組むこととなる。この部門で南北の政府セクターはNGOとの連携に関心を高めている。問題は、政府セクター、とりわけ開発援助機関はNGOをサービス供給者としてもっぱら期待する傾向がある（Edwards 1999：133）ことである。特に近年の援助の効果向上や戦略的実施が唱えられる中、NGOは政府のコントラクター化が進み、市民社会の取り組みとしての独自性の低い存在になる危険性がある。

NGOの今後の方向性として次の三つがあるのではないだろうか[10]。

①経済グローバリゼーションを受け入れ、政府セクターとの連携を強めながら、政府・市場部門を補完しつつ、貧困者、弱者へのサービス供給者として活動する。

②反グローバリゼーションの立場に立ち、批判者としての活動に徹し、開発活動でも政府セクターとの連携には消極的。

③グローバリゼーションは不可避なものと受け入れつつも、経済中心のグローバリゼーションから、例えばクラークの提案する倫理的グローバリゼーション——その原則は参加、平等、連帯を通じたエンパワーメント、貧困者の安全保障——（Clark, J. 2003a）のような新しいグローバリゼーションのあり方を模索する。政府セクターとは一致できる範囲内で連携しつつ、その変革も試みる。

①は市民社会の取り組みとしての独自性を低め、国家間関係の枠内のコントラクターにすぎな

くなる危険性を伴い、②については代わる世界をどう構想するのか明確でなくどこまで支持が得られるのかという欠点がそれぞれある。③は現実的、創造的かつ批判的な路線で、Oxfam などいくつかのNGOが選択している方向性であるが、高度な運営力、判断力が要求されよう。

最後に開発NGOの今後の課題を二つあげておきたい。一つは南のNGO、また南の中でもPO、GROなどと呼ばれる住民組織の強化は、貧困などの問題に直面する人々がオーナーシップを持つ事業の実施にも、草の根の声をトランスナショナルなアドボカシーに反映させる上でも重要である。必然的に北のNGOの役割は再検討を迫られよう。もう一つは、市民社会の活動とは慈善ではなく、世界の構造を変え、様々な問題に直面する人々が発言力を持てる世界に変革することであることについて、特に北の市民の間で支持を強化することである。これは依然として強い開発NGOの支援者の慈善意識を変えていくことであり、トランスナショナルなアドボカシーでの市民社会の主張への支持を高めることでもある。

注

（1） 日本では、例えば特定非営利活動促進法（NPO法）の制定過程で、当初は市民活動促進法として提案されながら自民党の一部の議員の市民ということばへの抵抗感から現行名に変わったことに現れるように、保守勢力は市民ということばを反政府というニュアンスで捉える傾向がある。また進歩的を自認する人々の間で市民ということばは保守的な人々から自らを区別する意味で表すことばとして用いられてきた傾向も否定できない。

（2） 経済発展や民主主義の基盤としての社会関係資本の重要性を、イタリアにおける南北格差を市民の諸組織の発展の度合いに求めた事例研究をもとに説いたのはパットナムである（Putnam, 1993）。社会関係資本とは「調整された諸活動を活発にすることによって社会の効率性を改善できる、信頼、規範、ネットワークといった社会組織の特徴」（*Ibid.*: 167：邦訳書、206-207）である。邦訳書では社会資本という訳語が使われているが、日本語で社会資本という場合は物的インフラを表すことが多いので、佐藤編（二〇〇一）に倣って社会関係資本と訳す。

（3） 類似の議論は他にもいくつか見られる。マクドナルド（Macdonald, 1997）は中米諸国のNGOを事例にしつつ、新保守主義：構造調整の中で人々のニーズ充足の活動を行い縮小する政府の機能を補う、自由主義・多元主義：人々の政策決定への参加の推進、ポスト・マルクス主義：支配的な政治・社会・経済秩序への挑戦の、三つの立場があるという。ハウエルとピアスの議論に当てはめれば、新保守主義は主流のビジョン、ポスト・マルクス主義はオルタナティブなビジョン、自由主義・多元主義は両者のビジョンを含むものだろう。カルドー（Kaldor, 2003）によれば市民社会には、活動家（activist）：フォーマルな政治機構の外で政策決定に影響を与えるための運動、ネオリベラル：政府の機能を補う慈善その他のボランタリー組織、ポストモダン：多元主義と競争の場、の三つの今日的バージョンがあり、現実は三つのバージョンが混在している。

（4） しばしば、地球市民社会についての議論の中で、グローバルなアドボカシーといわれる。しかし、NGOの国境を超えたアドボカシーは時に特定国、地域を対象とすること（例えば、アジア開発銀行に対するキャンペーン）、NGO・市民社会組織が著しく弱い国や社会があり、真にグローバルとはいえないことなどを考え、ここではトランスナショナルなアドボカシーとして考えたい。

（5）マルティラテラリズムは通常「多国間主義」と訳されるが、ここでは国家以外のアクターである市民社会組織も含んだものであるから、通常の訳語は当てはまらない。

（6）本章の最初でも述べたように、NGOとは非政府・非営利目的という組織形態を表す概念である。社会変革をめざしたアドボカシーへの参加の有無をもとに、社会運動団体、あるいはトランスナショナルな社会運動団体をNGOの一部とみなす見方もある（Kriesberg 1997）。

（7）これらの団体でも組織のあり方は大きく異なる。World Vision と Plan International は世界で単一の方針で運営されている。CARE も似ているが、現場の責任を一〇の CARE で分担している。Oxfam の場合は、従来は各国の Oxfam のゆるやかなネットワークであったが、近年 Oxfam International を公式のネットワークとし、理念の共有、キャンペーンの共同実施、現場での活動の調整などを行っている。

（8）こうした分類も他の類型論同様、理念型的であることを免れないことは明記しておかなければならない。なお、似たような類型への分類として、救援中心、技術援助中心、多部門サービス・インスティトゥーション・ビルディング中心の三類型（Smith, B. 1990）、慈善・福祉NGO、近代化型NGO、コミュニティ開発NGO、インスティトゥーション・ビルディングNGOへの四類型（Lane 1995）などがある。

（9）COとは「無関心で、個人主義的で、声を上げられない貧困層を、ダイナミックで、参加型で、政治的に責任を持ったコミュニティに転換すること」であり、「集団的、参加型、転換的、自由な、持続的な、システマティックな民衆組織（PO）を、民衆の能力とリソースを動員、強化することで、彼らの問題の解決と既存の抑圧的・搾取的な状況を変化させるために作り上げていくこと」と定義される（Batistiana & Murphy 1996 : 75)。

(10) これは、NGOと政府機関との今後について述べたクラークの議論（Clark, J. 2003a）と、グローバルな資本主義に対しNGOはどのような態度をとりうるのか論じたピアスの議論（Pearce 2001）を参考にしつつ、筆者がまとめた。

参考文献

Abugre, Charles (1999) "Partners, Collaborators or Patron Clients : Defining Relationship in the Aid Industry", paper prepared for "Partnership in Question : A CIDA/CCIC Roundtable Discussion".

Batistiana, Ma Brenda & Murphy, Dennis (1996) *Rural Community Organizing in the Philippines*, Quezon City : CO-TRAIN.

Brown, L. David & Fox, Jonathan (2001) "Transnational Coalitions and the World Bank", Edwards & Gaventa eds.

Chandhoke, Neera (2002) "The Limits of Global Civil Society", Marlies Glasius, Mary Kaldor & Helmut Anheier eds., *Global Civil Society 2002*, Oxford & New York : Oxford University Press.

Clark, Anne Marie & Friedman, Elizabeth & Hochstetler, Kathryn (1998) "The Sovereign Limits of Global Civil Society : A Comparison of NGO Participation in UN World Conference on Environment, Human Rights and Women", *World Politics*, Vol. 51, No. 1.

Clark, John (2003a) *Worlds Apart : Civil Society and the Battle for Ethical Globalization* : London :

Earthscan.

Clark, John (2003b) "Introduction : Civil Society and Transnational Action", Clark, J. ed.

Clark, John (2003c) "Conclusions : Globalizing Civic Engagements", Clark, J. ed.

Clark, John ed. (2003) *Globalizing Civic Engagements : Civil Society and Transnational Action*, London : Earthscan.

Eade, Deborah (1997) *Capacity-Building : An Approach to People-Centred Development*, Oxford : Oxfam.

Edwards, Michael (1999) *Future Positive : International Cooperation in the 21st Century*, London : Earthscan.

Edwards, Michael (2001a) "Introduction" in Edwards & Gaventa ed.

Edwards, Michael & Gaventa, John ed. (2001) *Global Citizen Action*, Boulder : Lynne Rinner.

Florini, Ann (2001) "Lessons Learned", Ann Florini ed. (2001) *The Third Force : The Rise of Transnational Civil Society*, Tokyo & Washington D. C. : Japan Center for International Exchange & Carnegie Endowment for Peace.

Fowler, Alan (1997) *Striking a Balance : A Guide to Enhancing the Effectiveness of Non-Governmental Organisations in International Development*, London : Earthscan.

Hately, Lynne & Malhotra, Kamal (1997) *Essays on Partnership in Development*, Ottawa : The North-South Institute.

Howell, Jude & Pearce, Jenny (2002) *Civil Society and Development : A Critical Exploration*, Boulder :

Lynne Rinner.

Hulme, David & Mosley, Paul (1996) *Finance against Poverty*, Volume 1, London : Routledge.

Kaldor, Mary (2003) *Global Civil Society : An Answer to War*, Cambridge : Polity.

Keck, Margaret E. & Sikkink, Kathryn (1998) *Activists beyond Borders*, Ithaca & London : Cornell University Press.

Korten, David C. (1990) *Getting to the 21st Century : Voluntary Action and the Global Agenda*, West Hartford : Kumarian. (渡辺龍也訳『NGOとボランティアの二一世紀』学陽書房、一九九五年)

Kriesberg, Louis (1997) "Social Movements and Global Transformation", Smith, J. et. al. eds.

Lane, Jacquiline (1995) "Non-governmental Organisations and Participatory Development : The Concept in Theory versus Concept in Practice", Nici Nelson & Susan Wright eds., *Power and Participatory Development : Theory and Practice*, London : IT Publications.

Lipshultz, Ronnie (1992) "Reconstructing World Politics : The Emergence of Global Civil Society", *Millennium : Journal of International Studies*, Vol. 21, No. 3.

Macdonald, Laura (1997) *Supporting Civil Society : The Political Role of Non-governmental Organizations in Central America*, London : Macmillan.

Malhotra, Kamal (2000) "NGOs without Aid : Beyond the Global Soup Kitchen", *Third World Quarterly*, Vol. 21, No. 4

Matthews, Jessica (1997) "Power Shift", *Foreign Affairs*, Januray/February 1997. (邦訳「パワーシフト——

グローバル市民社会の台頭」『中央公論』一九九七年三月号）

O'brien, Robert & Goetz, Anne Marie & Scholte, Jan Aart & Williams, Marc (2000) *Contesting Global Governance : Multilateral Economic Institutions and Global Social Movements*, Cambridge : Cambridge University Press.

Pearce, Jenny (2001) "Development : NGOs, and Civil Society : The Debate and its Future", Deborah Eade ed., *Development, NGOs and Civil Society*, Oxford : Oxfam.

Putnam, Robert (1993) *Making Democracy Work : Civic Traditions in Modern Italy*, Princeton : Princeton University Press（河田潤一訳『哲学する民主主義――伝統と改革の市民的構造』NTT出版，二〇〇一年）

Scholte, Jan Aart ed (2002) *Civil Society and Global Finance*, London : Routledge.

Schönleitner, Gunter (2003) "World Social Forum : Making Another World Possible ?", Clark, J.ed.

Smillie, Ian (1995) *Alms Bazaar : Altruism under Fire : Non-Profit Organizations and International Development*, Ottawa : IDRC.

Smith, Brian (1990) *More than Altruism : The Politics of Private Foreign Aid*, Princeton : Princeton University Press.

Smith, Jackie (1997) "Characteristics of Modern Transnational Social Movement Sector", Smith, J. et. al. eds.

Smith, Jackie & Pagnucco, Ron & Chatfield, Charles (1997) "Social Movements and World Politics : A Theoretical Framework", Smith, J et. al. eds.

Smith, Jackie & Pagnucco, Ron & Chatfield, Charles eds., (1997) *Transnational Social Movements and Global Politics : Solidarity beyond the State*, Syracuse : Syracuse University Press.

Van Rooy, Alison (1998) "Civil Society as an Idea : An Analytical Hatstand ?", Alison Van Rooy ed. *Civil Society and the Aid Industry*, London : Earthscan.

Wapner, Paul (1997) "Governance in Global Civil Society", Oran Young ed., *Global Governance : Drawing Insights from Environmental Experience*, Cambridge & London : The MIT Press.

Wolfensohn, James (1999) "A Proposal for A Comprehensive Development Framework : A Discussion Draft", World Bank.

遠藤貢　二〇〇二「ＮＧＯのグローバルな展開と国際社会の変動」　小倉充夫・梶田孝道編『グローバル化と社会変動』東大出版会

大芝亮　二〇〇三「国際ＮＧＯの理論的分析——国連、世界銀行、トランスナショナル・ネットワーク」『国際問題』二〇〇三年六月号

斉藤千宏　一九九八「開発とＮＧＯ」馬橋憲男・斉藤千宏編『ハンドブックＮＧＯ——市民の地球的規模の問題への取り組み』明石書店

佐藤寛編　二〇〇一『援助と社会関係資本——ソーシャルキャピタル論の可能性』アジア経済研究所

高柳彰夫　二〇〇一『カナダのＮＧＯ——政府との「創造的緊張」をめざして』明石書店

高柳彰夫　二〇〇三「カナダの援助効果向上策とＮＧＯ」『国際交流研究』第五号

目加田説子　二〇〇三『国境を超える市民ネットワーク——トランスナショナル・シビルソサエティ』東洋経

済新報社

第10章　国際機構と人間の安全保障

大芝　亮

1　はじめに

一九九四年に国連開発計画（ＵＮＤＰ）が「恐怖からの自由」と「欠乏からの自由」を骨子とする「人間の安全保障」という概念を示してから一〇年が経った。人間の安全保障は、概念としてはなはだ曖昧だとして批判されながらも、国連でのキーコンセプトであることはもちろん、カナダ政府や日本政府もそれぞれの外交政策の柱としてこの理念を位置づけると宣言し、二〇〇三年には緒方貞子とアマルティア・センを両議長とする「人間の安全保障委員会」最終報告書がアナン国連事務総長に提出されるなど、注目されている。

本来、この概念はなにをめざしたのだろうか。なぜ曖昧な概念として批判されながら、ことばとして普及・定着していったのだろうか。さらにこの概念を外交理念として掲げる政府はそこにどのような目的を有しているのだろうか。人間の安全保障報告書では、この概念を精緻化し、そして内容的にも発展させることができたのだろうか。

さらに、人間の安全保障概念にはいまだ検討すべき問題が残されているとしても、仮に人間の安全保障を二一世紀秩序の理念として想定した場合、これを実現するために、国際組織は現実にいかなる取り組みをしてきたのだろうか。また、どのようなグローバル・ガバナンスを形成していくことが必要になるのだろうか。本章では平和学の視点からこれらの問題について考察する。

2 UNDP『人間開発報告書(一九九四年)』

人間の安全保障の概念が国際社会に最初に提起されたのはUNDPの『人間開発報告書(一九九四年)』においてであった。この報告書での議論は次のように整理することができる。[1]

第一に、冷戦後世界にふさわしい新しい安全保障概念として人間の安全保障の考え方が提起された。いうまでもなく、従来、安全保障とは外敵からの領土保全や国益の擁護という国家安全保障を意味し、あるいは、核兵器の恐怖から人類を守るというグローバル安全保障を意味した。しかし、これからは一般市民にとっての安全保障とはなにか、が追求されるべきであるとUNDPは主張しはじめたのである。そして具体的課題として、感染症、飢餓、失業、犯罪、社会騒乱、政治的抑圧、環境破壊などによる脅威からの一般市民の保護をあげる。冷戦後、国家間紛争よりも内戦型の紛争が多く勃発していることから、市民の保護は従来以上に切実になっているというのである。

第二に、人間の安全保障の概念化をUNDPは試みる。人間の安全保障概念の特徴として、まず、人類共通の関心事項である点を主張する。失業、ドラッグ、犯罪、公害、人権侵害などは、その脅威の度合いは、地域により差異があるとしても、すべての人に共通の脅威であるとする。次に、個々の人間の安全保障は相互につながっているという。ある地域（グループ）に所属する人々の人間の安全保障が脅かされるとき、それは他の地域（グループ）の人々の安全保障にも影響をおよぼしていく。最後に、人間の安全保障は、事後的介入によるよりも早期予防により確保しやすいと述べる。

第三に、『人間開発報告書（一九九四年）』は、人間の安全保障の定義として、ひとつは飢餓、疾病、抑圧などの脅威からの安全（safety）確保をあげ、もうひとつは、家庭、職場、地域共同体における日常的生活を突然に痛みを伴うかたちで打ち切られることに対する保護であると述べる。また、「人間開発」という概念が、人々の選択の幅を拡大する過程として定義できるのに対し、人間の安全保障は人々がこうした選択を安全にかつ自由に行使できることを意味するとして、両者を区別する。さらに、人間の安全保障概念は、人々が自立することを強調するものであり、決して防御的な概念ではないとする。

人間の安全保障は「恐怖からの自由」と「欠乏からの自由」の二次元から構成される。国連創設者は両方とも国連の任務として認識していたが、その後、冷戦が展開するなかで後者は軽視されることになったという。しかし、冷戦の終結により、再び、国家安全保障という狭い思考を脱却し、包括的な人間の安全保障概念を中心とすべき時代が到来したと見るのである。領土保全重視型から人間の安全保障重視型へ移行し、また武器による安全保障の確保から持続可能な人間開発による安全保障の確保へと安全保障概念を転換すべき時が来たと主張するのである。このような人間の安全保障に対して現在、グローバルなレベルで挑戦が行われている。(2) グローバル化は確かに一方において繁栄をもたらすが、他方においては貧困を深める。不法移民の数は増え、薬物を扱う組織はグローバル化し、環境汚染は地球規模で広がる。このようにグローバルなレベルでは人間の安全保障に対する脅威が拡大しているとする。

『人間開発報告書（一九九四年）』は、単に人間の安全保障の概念の提示にとどまらず、具体的な対応策を提案する。すなわち、国連による予防外交の重要性を主張し、これを実際に展開するために、人間の安全保障基金の設立をよびかける。(3) そして、この基金の財源には、平和の配当としての軍事費削減分への課金、環境税、そしてODAが要請されている。(4) また、人間の安全保障概念および基金設立の提案は、国連の抜本的な組織改革案にもつながっていく。それは経済安全保障理事会の設立構想であった。

『人間開発報告書（一九九四年）』における人間の安全保障は、冷戦後の国際関係の状況をみながら、UNDPが二一世紀世界の新しい理念として打ち出した、意欲的な概念であった。それゆえに、人間の安全保障概念には、当時の議論が如実に反映されていた。すなわち、冷戦が一九八九年から一九九一年にかけて終結すると、大国間の戦争の可能性は低くなったと先進諸国では強く認識されるようになり、これからは、戦争の問題ではなく、疫病や薬物、そして環境破壊などが新しい脅威として国際政治の中心的テーマになるだろうといわれた。次に、民族紛争などの地域紛争・内戦が頻発し、ジェノサイドがしばしば報道されるようになると、非戦闘員である一般市民の暴力からの保護が最優先課題として登場する。さらに人道的介入と称して空爆が行われると、市民への無差別攻撃に近い状況すら生まれるようになり、いよいよ一般市民の安全確保が至上命令の課題となっていったのである。

但し、UNDPの人間の安全保障に関する議論には未発達な部分も多々みられた。たとえば人間の安全保障を人類共通の課題であると強調することは政治的に当然だろうが、概念としては単純化を招いた。すなわち、人間の安全保障の確保は共通の関心事項であるとはいっても、先進国の人々と開発途上国の人々の間では、貧困、差別、犯罪、人権侵害などの具体的脅威の大きさや切実さに違いがあり、またこうした脅威をのり除くことについて必ずしも同程度の関心・利害を有するとは限らないにもかかわらず、こうした差異は無視されることになるからである。

他方、人間の安全保障概念は、国連システムの改革とも密接にむすびつくものであった。戦後五〇年間を支配した冷戦構造が崩壊し、新しい秩序が模索されるなかで、国連システムの改革はきわめて切実な国際政治上の課題であった。それゆえ、人間の安全保障概念は、人間の安全保障基金および経済安全保障理事会の設立提案とむすびついて提示されたのである。この構想は、直接的には、人間の安全保障基金を管理運営する機関が必要であるとの理由に拠っていたが、より根本的には、二一世紀のグローバル・ガバナンスをにらんで、人間の安全保障の構成要素である「欠乏からの自由」を確保するためには、社会・経済領域で国連の権限を強化する必要があると考えたからである。それはIMF・世界銀行というブレトンウッズ機関を中心としてきたこれまでの国際体制への大きな挑戦であり、国連にとり人間の安全保障はこの挑戦を正当化する理念として位置づけられていたのである[5]。

その後、国連の組織改革に対する国際社会の関心は低下し、人間の安全保障についても、おもに概念・理念の側面に議論が集中していくが、UNDPが一九九四年に人間の安全保障概念を提起した際には、このようなグローバル・ガバナンス構想に基づいていたことを忘れてはならない[6]。

3　カナダと日本の取り組み

一九九六年ごろから、カナダ政府は、アクスワージー外相のもとで、人間の安全保障が確保されてはじめて国家安全保障も意味をもつとの考え方に基づき、カナダ外交の理念として人間の安全保障を強調するようになる[7]。カナダ政府は、人間の安全保障を基本的には国際社会の要請に応じた概念であるとして評価し、また、内容的には必ずしも新しくはないものの、この概念が国際政治の舞台で注目されるようになったのは、UNDPが一九九四年の『人間開発報告書』で取り上げて以降であり、UNDPの功績は大きいという。ただし、カナダ政府はUNDPの提示した概念をそのまま受け入れたわけではない。UNDPの概念はあまりに広範囲すぎて政策手段としては実用性のないものであったと批判する。それゆえ、必ずしも外交の現場で高い評価を受けたわけではない。一九九五年の国連社会開発サミットの準備段階では人間の安全保障は重要な概念であるとされたものの、サミットではそのように扱うことを拒否されたのであり、人間の安全保障概念は、政治的には必ずしもアピール度の高いものではなかったという。UNDPが人間の安全保障概念を低開発との関連性で強調する反面、武力紛争からの人間の安全保障確保について相対的に軽視することも問題であるとする。

もっとも、この最後の点については、ＵＮＤＰの立場からはおそらく、まず「恐怖からの自由」を強調したのでは伝統的な安全保障観とそれほど変わらないのであり、冷戦後の新しい秩序に見合った新しい安全保障概念を打ち出すためには低開発との関連を強調する必要があったと反論するだろう。またＵＮＤＰが人間の安全保障概念をうちだした一九九四年という時点では、ＵＮＤＰは基本的に低開発問題を専門的に取り扱うことが本来の役割であると認識されており、国連システム内での管轄権問題を回避するためにも人間の安全保障概念をＵＮＤＰの本来的な守備範囲である低開発問題とむすびつけて主張することは当然だっただろう。

ＵＮＤＰのいう人間の安全保障概念の問題点を認識しつつも、カナダ政府に人間の安全保障概念の有用性を再認識させたのは、現実の国際政治の動きであった。それは対人地雷禁止条約の成立（一九九七年）であり、国際刑事裁判所設立条約の成立（一九九八年）であった。ここに、人間の安全保障は単なる抽象的な概念にとどまらず、条約として具現化しうる理念であることが立証されたとカナダ政府は判断する。もとより、この二つの条約の成立に大きなイニシアチブを発揮したのはカナダ政府であり、カナダ政府の認識では自らの外交努力により、人間の安全保障概念が実用性のある理念へと発展できたことになろう。

かくしてあらためて人間の安全保障概念をより精緻化する必要性が生まれてきたという。そこで、カナダ政府は、人間の安全保障を「暴力的および非暴力的脅威から人々を安全に守ること」

と定義し、まず、国家安全保障との比較検討を行う。人間の安全保障について「国家、経済、食糧の安全保障といった他の安全保障の概念のように、保護に関する概念」であると述べ、国家安全保障との共通性を指摘する。そして、国家安全保障は人間の安全保障にとって必要条件であり、両者は補完しあうものという。ここで前提とされているのは、民主主義の制度が確立されるならば、国家安全保障は人間の安全保障につながるとの考え方である。それゆえに、「国民を守り、少数民族を保護する有力な民主的国家を築くことは、人の安全保障を促進するための主要な戦略」であると述べる。

ただし、国家安全保障は人間の安全保障にとって十分条件ではなく、むしろ現実には不十分性が拡大しているとする。そして、その原因をグローバル化に求める。グローバル化は多くの恩恵をもたらすと同時に、人間に対する不安も高めるからである。例をあげれば、技術革新と武器拡散がグローバル化し、その結果、非戦闘員の死傷者が膨大な数に上っていることに注目する。それゆえ、非戦闘員の安全の確保が現代の戦争の中心的テーマであり、人間の安全保障は重要な概念となっていると主張する。また、security（安全保障）とsafety（安全）の関係についても、武力紛争により、国家の治安が崩壊し、両者が結びつくようになっているという。

次に、人間の安全保障と人道的行動について、両者は同義ではないとする。人間の安全保障には、不安の原因を取り除き、人に将来的な安全を確保するという、将来への機会確保という面が明瞭に存在しており、また、人権侵害、環境破壊、テロ、国際組織犯罪、性的暴力、感染症そして経済格差からの自由など、人道的活動よりも広範囲の問題が含まれていると考えるからである。

さらに人間開発との関係についても両者は同義ではないが、相互に関連しあい、むしろ貧困と不安が悪循環となって結びついていると指摘する。

さて、カナダ政府は以上のように人間の安全保障について概念整理をしたうえで、この概念を明確に具体的な対外政策とむすびつける。この点は、カナダ外交の特徴であろう。その政策として、第一に、状況が許せばという条件つきながらも、人間の安全保障のためには強硬な行動をとることもあるとし、ボスニアやコソボでの制裁や軍隊の出動を具体例としてあげる。とはいえ、第二に、経済制裁などの措置は一般市民にもっとも被害がおよびやすいとのジレンマがあることも指摘する。そして、このジレンマを回避するためには、民主化や開発と結びついた総合的戦略で人間の安全保障の確保を求めることが必要であるという。第三に、人間の安全保障の確保を求める戦略の主体として国家、国際組織、NGOの役割を重視し、マルチラテラリズムの枠組みの活用を主唱する。但し、そのためには国際機関間の調整が不可欠であるとしている。

こうした一般方針に基づき、具体的課題として、小火器拡散や紛争下の子どもの保護を掲げ、アプローチとして法的規制の強化と規制の施行力を重視する。小火器の不法所持規制や子どもの兵役禁止などの基準設置を求め、国家の民主化、そして国連の強化を要請している。さらに、短期の人道援助、平和構築、そして持続可能な開発の三つの領域での活動を同時並行的に進める必要性を強調する。

なぜカナダ政府はこのように積極的な人間の安全保障政策を推進するのだろうか。冷戦時代においても、カナダ政府は国連平和維持活動への積極的参加を特色としてきた。しかし、冷戦後、アメリカをはじめとする超大国もまた国連平和維持活動に参加するようになった。加藤普章が指摘するように、ここでカナダ政府はあらたな外交基軸を打ち出す必要性に迫られ、アクスワージー外相のもとで、冷戦後のカナダ外交の理念として、人間の安全保障が強く打ち出すようになったのである。(8)

日本もまた、UNDPが人間の安全保障概念を打ち出した数年後の一九九七年に、これを外交理念のひとつとして掲げ、「人間の安全保障委員会」の設立を支援する姿勢を示した。一九九八年には、首相となった小渕恵三が人間の安全保障基金設立を発表し、翌年、日本は五億円を拠出し、国連に信託基金として人間の安全保障基金を設置した。その後も日本は継続してこの基金に拠出し、その累計額は二〇〇二年末で二二九億円となり、この基金は国連における信託基金で最大のものとなっている。日本は国連を通じた人間の安全保障確保の政策のためにまず財政的関与を行ったのである。次に、二〇〇一年にアナン国連事務総長が来日すると、人間の安全保障委員会の創設が発表され、緒方貞子とアマルティア・センがこの委員会の共同議長を務めることになった。こうして日本は人間の安全保障の問題について人的拠点の確保にも成功した。人間の安全保障委員会は、二〇〇三年九月に最終報告書を提出し、今後は人間の安全保障基金を用いて、委員会での提言の実施にとりくむことになる。

なぜ、日本は人間の安全保障委員会や同基金の設置を積極的に支援してきたのだろうか。もとより、人間の安全保障を日本外交のひとつの理念として掲げていることから、国連を通じた人間の安全保障の確保に寄与することは当然の責任ではあろう。

しかし、もちろん、これだけが目的ではない。むしろ、一九九〇年代の日本政府が進めてきた日本の国連安保理常任理事国化という目標を実現するためという面があることはいうまでもない。というのも、安保理の常任理事国となるためには、「安全保障」分野で日本は積極的役割を演じる必要があると考え、PKOに参加するようになった。しかし、この領域での日本の寄与は特に大きいとはいえず、これを補足する政策が求められていたのである。そこで注目されたのが人間の安全保障概念である。「恐怖からの自由」だけでなく、「欠乏からの自由」をも対象とする人間の安全保障概念にしたがえば、日本はODA活動などの実績でもって国際社会の「安全保障問題」に多大の貢献をしてきたと主張できるからである。

4　人間の安全保障に対する批判の展開

UNDPが『人間開発報告書（一九九四年）』において提示した人間の安全保障概念に対しては、多くの批判もなされた。それはまず、概念としてのあいまいさに対する批判であり、また、あまりに対象が広範囲であるために、分析的にも、実用的にも有効なものではないというものであった。次に、一般市民を保護する対象としてみていることへの批判である。この概念自体に、国際組織や国家は市民を保護する主体であり、市民はその保護を受ける客体であるという見方が内在しているとの批判である。たしかに、一九九四年の『人間開発報告書』でも、一般市民が主体性を確立することの重要性は指摘されているが、いかにして主体性を確立し、自らの力で人間の安全保障を確保するのかという点の議論が展開されていないのである。さらに、人間の安全保障には、政治のことばとしての便利さがあることも指摘された。カナダ外交においても、日本外交においても、実際には国益追求の外交でありながら、このことばを理念として掲げることにより、あたかも国際公共利益の追求であるかのようにみえてしまうという批判である。

以上のような点を問題視して、人間の安全保障の概念としての有用性を否定してしまう向きも少なくないが、他方では概念の精緻化、発展をめざす建設的な批判もなされている。そこでの論点の第一は、国家安全保障と人間の安全保障の関係についてである。『人間開発報告書（一九九四年）』では、いずれの関係についても相互補完性が述べられるが、両者が矛盾するケースについての考察が不十分ではないかという批判がなされる。たとえば、経済のグローバル化により、開発途上国から先進諸国への非合法移住・労働が拡大し、また女性やこどもの先進諸国市場への人身売買が進展する。この問題を解決するために、本来は経済のグローバル化自体も検討されるべきところを、実際には、国家の治安維持という視点から、非合法移住者・労働者は犯罪者として警察の取り調べの対象となっている。また、こうした非合法移住者・労働者が国際犯罪組織からの暴力や掠奪から身を守るために警察に訴えようとしても、非合法的滞在者としてその訴えは聞き入れられない。国家安全保障と人間の安全保障が容易には両立し得ないひとつのケースである。

これと関連して、ある人の安全保障を確保するための政策・行動が別の人の安全を脅かすことも少なくないにもかかわらず、こうした問題への考察は少ない。羽後の指摘するとおり、人間の安全保障を確保するという目的の下に人道的介入などの理由で多国籍軍が投入され、また停戦成立後の治安維持のために平和維持軍が展開されてきたが、こうした兵士による現地女性に対するレイプや略奪は、まさに人間の安全保障という名のもとでおこる構造的暴力である。[9]

さらに、国際テロリズムが人間の安全保障を脅かすものであり、また国家安全保障に対する脅威であることは間違いないが、しかし、こうしたテロ組織のなかには貧困層から支持を得ている場合がすくなくないことも事実である。これをいかに説明するのだろうか。UNDPは人間の安全保障は人類に共通の関心事であるというが、実際には集団間、個人間においてそれぞれの人間の安全保障が両立できないケースも見られるのである。

さて建設的批判の第二の論点は、UNDPの議論では、グローバル化を所与のものとして受けとめるために、人間の安全保障が、グローバル化する世界において弱者に対するセーフティネットを供与する理念としての意味合いをもたせられているという点である。[10]

いわば人間の安全保障とはグローバル化の後始末を行うための概念に過ぎないのではないかということであり、このような批判から、人間の安全保障の確保のためには反グローバル化運動が必要だとする意見も登場する。[11]

第三の論点は、「恐怖からの自由」と「欠乏からの自由」の関係についてである。特に、グローバル化が進展する時代において、これらの関係はどうなっているのか、十分な考察がなされていないという批判である。

「構造的暴力は直接的暴力を生む」という警告のとおり、グローバル化した構造的暴力は、グローバルな直接的暴力を生む。グローバル化した構造的暴力がグローバルな直接的暴力にいかに強く結びついているかは、たとえば、フリードマン（T. Friedman）がマクドナルドの世界的拡大はじつはダグラス・マクダネル社の兵器販売とむすびついているとの主張に示されていよう[12]。武器輸出により促進される直接的暴力は、経済のグローバル化の進展に伴う貧富差の拡大と相携えて展開されてきているのである。また、経済のグローバル化により、経済格差は拡大し、貧困がテロの温床となり、グローバル・テロとなって現われる。そしてこのテロ組織は先端的な情報、技術のグローバルなネットワークを活用して行動する。そして、人身売買や非合法移住・労働の斡旋を行う組織は国際犯罪組織として活動し、その利潤を国際的なマネーロンダリングに廻しているともいわれる[13]。

こうした議論のなかで、二〇〇二年三月、武者小路公秀らは、人間の安全保障委員会の両議長宛に公開書簡を発表し、四つの原則のもとに、人間の安全保障を不安から免れる権利として定義することを提案した[14]。その原則とは、第一に、官僚的・客観的な定義ではなく、人々の日常体験での不安を基準に人間の安全保障を定義すること、第二に、もっとも弱い層の人間の安全保障を優先させること、第三に、人権のような普遍主義をいうのではなく、人間の安全保障については多様な認識があることを認めること、そして第四に、人間の安全保障政策についてはひとつの解釈を押し付けるのではなく、対話のなかから方策を考えることである。

私なりの解釈を加えると、第一の原則は、客観と主観の軸にそって、人間の安全保障の定義について、当事者の主観的な不安感を取り込んだものにすることを要求するものである。第二は優先順位の問題である。たしかに、人間の安全保障を脅かすものとして、戦争、飢餓、ドラッグ、環境破壊、人権侵害などがリストアップされることが多いが、これらの諸問題への対応は常に相互に両立するわけではない。第三は、普遍性―多様性の軸を用いて、人権概念が普遍性を主張する傾向にあるのに対して、人間の安全保障概念では、むしろ多様性を認めていこうとする。第一の原則において当事者の主観的不安感を考慮するとすることから、必然的に人間の安全保障は多様性を前提とするものになろう。

5　人間の安全保障委員会最終報告書

二〇〇〇年九月、国連でミレニアム・サミットが開催された。そこでは「恐怖からの自由」と「欠乏からの自由」という二つの目標を達成する必要性が主張され、国連事務総長の要請を受けて、二〇〇一年に人間の安全保障委員会が発足した。人間の安全保障委員会は、人間の安全保障に対する理解を深めること、概念を政策立案・実施に役立つように発展させること、さらに具体的な行動計画を提示することを目的とするものであり、アマルティア・センと緒方貞子を議長とし、この他にブラヒミ国連アフガニスタン問題担当事務総長特別代表やサザランド元GATT事務局長など一〇名の委員から構成された。そして、二〇〇三年までの間、中南米諸国、中央アジア、アフリカなどの識者やNGO活動家などとの公聴会などを経て、二〇〇三年五月、*Human Security Now* と題する最終報告書がアナン事務総長に提出された(15)。

この報告書の特徴は、第一に、人間の安全保障確保のために包括的戦略を提示している点にある。それは、食糧援助や難民支援など、いわゆる人道援助活動が、その目標とするものを達成しようとすれば、食糧や難民の問題にとどまらず、おのずと武装解除や兵士の復員、そして職業訓練から開発援助など、いわゆる人道援助以外の領域での活動をも含めたものにならざるをえないからである。

包括的戦略が必要なもうひとつの理由として、「紛争状態からの移行には、人道活動から復興・再建、そして開発へという過程をこの順にしたがって経ていくことが必要と考えられてきた」が、「実際のところ、暴力を伴う紛争からの回復が直線的な過程をたどることはまずない」ことを述べる。[16] 人道援助、復興支援、開発援助は実際には同時並行的に、相互に関連しあいながら進行する。またテロ対策についても短期的取り組みと長期的取り組みを、順序よく考えればよいというのではなく、むしろ相互に影響しあって進む。それゆえに、「紛争後の移行期におけるいかなる要素も別個に扱うことはできない」として、[17] 人間の安全保障が包括的戦略なくして確保できないことを主張するのである。

逆にいえば、報告書は、問題を個別領域的に設定しようとするアプローチに対して、必ずしも明示しているわけではないが、批判的となる。たとえば、テロへの対応を例とすると、対応策を短期的なものと長期的なものに分けて考えることが必要であることは容易に理解できるものの、まず短期的対応として強制措置の是非が議論されるなかで、往々にして、[18] テロ戦争の是非だけが争点になってしまいかねないのである。

平和学では直接的暴力と構造的暴力が、相互に密接に関連しあっていることは頻ば指摘されるところであるが、この一〇数年間に顕著なことは、外交政策レベルでは直接的暴力に対しては、武力でもって対抗するというアプローチが多く採られていることである。正しい戦争が存在するのではないか、暴力を暴力で抑制することが必要なときもあるのではないかとする正戦論が台頭してきているのである。[19] そこでは、ジェノサイドが報道されているときになにもせずにこれを黙認してしまうことは許されるのだろうか。それはかつて、ナチス・ドイツの侵略行為に対する宥和政策と同じであり、その結果、ホロコーストとよばれる惨事を招いてしまったのではなかったか。このような問いかけがなされる。しかし、この報告書は包括的戦略で問題解決にとりくむ重要性を示唆する。

人間の安全保障の概念については、そのあいまいさが批判されてきた。しかし、この報告書は、人間の安全保障を単なる分析概念としてではなく、現実に活動をすすめるうえで判断基準となる、戦略的概念としてとらえているのではないだろうか。実践的戦略として包括性がもっとも重要であり、それゆえ、人間の安全保障が分析概念としてはあいまいであっても、現実政治にインパクトを及ぼす概念となってきたのであろう。

この報告書の第一の特徴は、一般市民を保護の対象としてみているとの批判に答えるために、保護とともに、市民のエンパワーメントが強調されていることである。人間の安全保障実現のためには、いわば上からのアプローチとして司法制度の整備等を図るとともに、下からのアプローチとして「人々のエンパワーメント」を組み合わせることが必要であるとの考え方が打ち出されている。たとえば、教育についても、経済発展のための人材育成という視点からその重要性が強調されるのではなく、むしろ、暴力から身を守る能力をつける、エンパワーメントの手段として位置づけるのである。

また暴力の文化を平和の文化へと変えていく点でもエンパワーメントは不可欠の要素である。戦争が二〇年、三〇年と長期化するにおよび、直接的暴力の構造化、あるいは戦争の構造社会化とよぶべき現象が生じてきている。その結果、たとえば、長期化する戦争のなかで生まれ、教育を受けることなく子ども兵士として駆り出される。殺人や強姦をおこなうことに慣れ、また敵と味方という二項対立でものごとを考えがちな人間がこうして作り出されてくる。このような暴力が支配する文化構造を変革していくには、上からの改革ではなく、人々自身が自らの力で平和の文化へ変革していかなければならない。

第三の特徴は、研究者でありながら実務経験も豊かな両議長の特性を反映して、現場の眼に基づいて従来の概念への疑問が提起されていることである。たとえば、「難民、帰還民、国内避難民、復員兵といったカテゴリーは、支援を提供する各機関の任務規定を反映したもので、包括的なニーズを反映したものではない[20]」と述べ、われわれの分析概念自身がもつパロキュアリズム（偏狭性）について、実務的な経験から異議申し立てを行っている。

また、人道援助といえば、概して中立的な活動であるとみなされがちであるが、紛争地域では、中立的機関として見られることは必ずしも容易ではないという。医療の中立性すら容易に認めてもらえるわけではない。また、難民キャンプでみられたように、難民の大半が民兵である場合、難民キャンプの中立性が損なわれることもある。

第四に、類似の概念との相違をより明瞭にする努力もなされている。まず、報告書は、人間開発や人権と人間の安全保障とは、違った角度から同じ目標を達成しようとするものであるという。人間開発は「機会の拡大を通じた公平な進歩、すなわち『成長下における衡平の確保』に光を当てた上昇志向の考え方」であるのに対して、人間の安全保障は「『状況が悪化する危険性』をきめ細かく取り込むことにより」人間開発の考え方を補うとする。[21] 次に、人権については、権利ベース・アプローチとしてその有効性をみとめつつも、なにかと政治化しやすい面もあり、そこから諸問題が発生しやすいのに対して、人間の安全保障の基本的考え方は、「当事者にもっとも反対の少ない選択肢を与えられる可能性がある」[22] として、人間の安全保障が戦略的概念としてもつ強みを述べている。

人道・人権とまとめて議論されがちではあるが、両者の差異、特に政治性についての相違を認識することは現場ではきわめて重要であり、この点からも人間の安全保障の概念が必要であるといえよう。

第五として、女性とこどもの人間の安全保障の確保に高い優先順位を与えることも、報告書の特徴としてあげることができる。たとえば、和解の問題について、和解は遠い目標であり、まず共存することをめざすとしたうえで、過去との折り合いについては、「復讐するかすべてを許すかという選択肢のあいだに、幅広くさまざまな方法がありうる」として[23]、二項対立を超えた発想を示している。このように現実的で柔軟な姿勢をうちだしつつも、しかし、紛争下の女性と児童に対する暴力については、恩赦を与えないようにすべきであるとしている。[24]

さて、二一世紀の国際社会の理念として人間の安全保障を考える時、報告書のなかでより議論を深めるべき点ももちろん存在する。それは、第一に国家との関係についての議論である。人間の安全保障委員会の最終報告書ではたしかに国家が人間の安全保障を脅かすことがあることも指摘しつつも、従来の議論と同様に両者が相互補完的であるとする。「国家の安全が人々の安全に取って代わることはない」にせよ、国家の安全保障は人間の安全保障にとって必要条件であるとする。

しかし、これまでも批判されてきた点であるが、そもそも国家の安全保障と人間の安全保障が矛盾することはないのだろうか。特定集団の人間の安全保障を犠牲にすることにより国家の安全保障を確保しようとすることはむしろ現実ではしばしばみられる。例を挙げれば、日米安保条約により、たとえ国家安全保障は確保できるとしても、米軍基地が多数存在する沖縄では米兵による犯罪が発生し、沖縄の人々にとっては人間の安全保障が損なわれ、また有事の際には米軍基地が攻撃対象となる可能性も高いことから、沖縄地域の安全保障も大きな危機にさらされる。人間の安全保障という概念は、国家の安全保障政策により犠牲とされてきた人々（多くの場合、マイノリティ）が国家に対して異議申し立てをするうえで拠ってたつことのできる理念を明瞭にのべたものであり、抵抗の理念なのではないだろうか。[25]

もちろん、こうした認識は人間の安全保障委員会のなかにも存在していたのだろう。人間の安全保障について、国家の視点に基づく対策と個々の地域社会の立場からみた解決方法が異なることは想定されており、それゆえ、地域社会組織支援やＮＧＯの役割への言及もしばしばなされている。そして、現状では、「難民に対してと同様、人道支援関係者はこのような地域社会の活動を十分に活用・支援できていない」ことを、問題点として報告書は指摘している。[26]

第二に、この報告書においても、民間人の安全保障確保が重要なテーマとして取り上げられている。[27] 民兵やテロ組織などによる非正規軍による暴力の行使が拡大し、それに伴い、民間人のうける被害が大きくなってきているからである。なかでも、女性、児童に対する脅威には深刻なものがある。

ただ、ここで気になることは、戦闘員の人間の安全保障の問題はどう扱われるべきなのだろうかという問題である。戦闘員は国家の公的存在として扱われ、それゆえに、彼らの人間の安全保障は軽んじられているのではないだろうか。絶対的平和主義の立場でなくても、兵士の人間の安全保障についての議論もあって然るべきだろう。また、内戦の増大により非正規の戦闘員も増加している。彼らの人間の安全保障はどのように議論すべきなのだろうか。

6　おわりに

たしかに、人間の安全保障委員会の最終報告書は、それまでの批判をそれなりに吸収してきた。しかし、報告書に盛り込まれた諸提案をいかに実践していくのだろうか。この点について日本政府は人間の安全保障基金を設立し、この委員会報告の趣旨に沿って基金運営ガイドラインを設定した。[28] まず、基金の対象となるプロジェクトについて、具体性・持続性のあるもの、トップダウンの保護とボトムアップのエンパワーメントの双方を実践するもの、活動主体として市民社会組織やNGOの参加が確保できるもの、また複数の国際機関の参画を望ましい、としている。次に、優先順位については「各事業では女性と児童の特別な要請や脆弱性にとくに配慮すべきである」として、ここでも明確な基準を設けている。さらに、事業実施についても、ローカルな資源の活用を方針とし、高価な国外専門家をつかうことは極力回避するとしている。

こうしたガイドラインは人間の安全保障委員会報告書の趣旨を生かそうとするものであるが、果たして人間の安全保障という理念を具現化するのに相応しい責任体制になっているのだろうか。UNDPが一九九四年にこの概念を提示したときに描いた人間の安全保障基金は、軍事費削減分への課金、環境税、ODAを主要財源とする公共財的性格の強い基金構想であったが、現実に設立されたのは、日本政府による信託基金であった。いわば次善の策であり、国連と日本政府が協議しながら共同で運営していくとしても、大口スポンサーである日本政府の意向に活動が影響される可能性は否めない。また、国連の他の加盟国からは、人間の安全保障基金は単に日本政府の国連外交の手段としての基金、公共財というよりも私的財に近いものにしか映らない可能性すらあろう。このような問題を克服するには、ガイドラインにも盛りこまれているように実施運営体制において、できるだけ、国際組織や他国、NGOの参画を確保し、公的性格を形成していくことが必要であろう。

加えて、UNDPの一九九四年構想とは異なり、経済安全保障理事会も設立されておらず、経済社会領域においてブレトンウッズ機関が中心とする国際体制に変化はない。経済安全保障理事会構想がどの程度実現可能であったかについては疑問もあるとはいえ、人間の安全保障基金が、グローバル化の進展を所与とし、そこから生じる問題に対する社会的セーフティ・ネットの供給にとどまる可能性はないだろうか。

人間の安全保障は、安全保障の基本単位を国家から人間におきかえるものであり、単に冷戦後の国際政治状況やグローバル化現象を反映して登場してきた概念であるにとどまらず、より根源的には主権国家を基本単位とするウェストファリア体制への挑戦という意味合いをもつ理念である。このような理念を実現していくためには、いまなお基本的には政府間組織としての性格を強く有する国際組織の改革は不可欠であり、人間を基本単位とするグローバル・ガバナンス・システムの模索が続けられるべきであろう。

注

(1) UNDP, *Human Development Report 1994*, pp. 22-25.
(2) *Ibid.*, p. 34.
(3) *Ibid.*, p. 39.
(4) *Ibid.*, pp. 8-9.
(5) *Ibid.*, pp. 10-11. 一九九〇年代には国連の組織改革は、現実的なテーマであり、国連の経済安全保障理事会構想は、モーリス・ベルトランやエール大学国連プロジェクトなどにおいても構想・提案されていた。モーリス、ベルトラン Bertrand, Maurice, Refaire l'ONU : un programme pour la paix（邦訳：横田洋三監訳『国連再生のシナリオ』国際書院、一九九五年）。Russett, Bruce, ed., *The Once and Future Security Council*, New York : St. Martin's Press, 1997.

（6）Commission on Global Governance, *Our Global Neighbourhood : The Report of the Commission on Global Governance*（邦訳：グローバル・ガバナンス委員会、京都フォーラム訳『地球リーダーシップ―新しい世界秩序をめざして』NHK出版協会、一九九五年）。

（7）「人の安全保障：変貌する世界における人々の安全」（一九九九年）http://www.canadanet.or.jp/political/human_security_axworthy.pdf。土佐弘之『安全保障という逆説』（青土社、二〇〇三年）一一三頁。

（8）加藤普章「カナダ外交と人間の安全保障　その意義と取り組み」勝俣誠編著『グローバル化と人間の安全保障――行動する市民社会』（日本経済評論社、二〇〇一年）。

（9）勝俣編著・前掲書（注8）六一頁。

（10）羽後静子「『人間の安全保障』」とジェンダー」平和研究二七号（二〇〇二年）六一頁。

（11）羽後・前掲論文（注10）六二頁。金融のグローバル化はそもそも国内の社会的セーフティネットの構築無関心であるという説明もある（金子勝）。というのは、製造業の発展のためには金融的セーフティネットによる安定的金融システムが必要となり、国家がこうしたセーフティネットの供給を行うが、先進諸国の金融業にとっては、為替市場の流動性はむしろビジネスチャンスと映るからである。そして、「製造業分野で後発国のキャッチアップを受けた覇権国が、基軸通貨の特権を最大限利用して覇権を維持しようとする動きが、グローバリゼーションという現象に他ならない」という（金子勝『反グローバリズム――市場改革の戦略的思考』岩波書店、一九九九年、六一～六五頁参照）。こうして、金融のグローバル化が進展するのにともない、逆にソーシャル・セーフティ・ネットワークの構築の必要性が叫ばれるようになるのであり、WTOやIMF／世界銀行総会に対するNGOを主体とする反グローバル化運動が現れる。これらの現象は、平和研究に則していえば、いわば構造的暴力がグローバル化していった結果であり、またこれへの抵抗運動が起きていると解釈できよう。

（12） トーマス・フリードマン（東江一紀訳）『レクサスとオリーブの木――グローバリゼーションの本体』（草思社、二〇〇〇年）。

（13） フリードマン・前掲書（注12）六五頁。

（14） 武者小路公秀「『人間安全保障』とグローバル覇権の顔――非改良主義的改良のための政策科学を目指して」平和研究二七号（二〇〇二年）一七―一九頁。

（15） *Human Security Now* (http://www.humansecurity-chs.org) 日本語訳は、人間の安全保障委員会『安全保障の今日的課題（人間の安全保障委員会報告書）』（朝日新聞社、二〇〇三年）。

（16） 人間の安全保障委員会・前掲書（注15）一一〇頁。

（17） 人間の安全保障委員会・前掲書（注15）一一二頁。

（18） 人間の安全保障委員会・前掲書（注15）五〇頁。

（19） 代表的なものとして、Waltzer, Michael, *Just War and Unjust War.: A Moral Argument with Historical Illustrations* (Third Edition), New York : Basic Books, 2000.

（20） 人間の安全保障委員会・前掲書（注15）一一八頁。

(21) 人間の安全保障委員会・前掲書（注15）一七頁。

(22) 人間の安全保障委員会・前掲書（注15）五八頁。

(23) 人間の安全保障委員会・前掲書（注15）一二二頁。

(24) 人間の安全保障委員会・前掲書（注15）五四頁。

(25) 吉川元・加藤普章編『マイノリティの国際政治学』（有信堂、二〇〇〇年）。

(26) 人間の安全保障委員会・前掲書（注15）九五頁。

(27) 人間の安全保障委員会・前掲書（注15）五二頁。

(28) 外務省国際社会協力部国連行政課『人間の安全保障基金』（国際連合広報センター、二〇〇三年一一月）。

執筆者紹介（執筆順、*印は、編者）

*高柳《たかやなぎ》　彰夫《あきお》　フェリス女学院大学国際交流学部教授　序　論、Ⅳ―第9章

一九六一年生まれ、一橋大学大学院法学研究科博士後期課程単位取得、北九州市立大学外国語学部助教授を経て現職。専攻・研究分野：国際関係論、国際開発研究、ＮＧＯ・市民社会研究。主な著書・論文：『カナダのＮＧＯ――政府との「創造的緊張」をめざして』（明石書店）、「ＮＧＯと国際協力」『国際関係論とは何か』（法律文化社）。

*ロニー・アレキサンダー　神戸大学大学院国際協力研究科教授（法学研究科兼務）　Ⅰ―第1章

一九五六年生まれ、上智大学大学院（文学博士）、神戸大学法学部助手、同助教授を経て現職。専攻：国際関係論、平和学。主な研究分野：太平洋島嶼国を中心に、内発的安全（ジェンダー、環境など）、ジェンダー・セクシュアリティと平和など。主な著書・論文：『大きな夢と小さな島々』（国際書院）、「平和を阻む『日常』性――ナショナル／トランスナショナル・バイオレンスにかかわる『ジェンダー』」国際協力論集（神戸大学）。

西川《にしかわ》　潤《じゅん》　早稲田大学政治経済学部・大学院アジア太平洋研究科教授　Ⅰ―第2章

早稲田大学大学院経済学研究科（一九六九年）終了　国連調査訓練研究所（ＵＮＩＴＡＲ）特別研究員（一九八一―八三年）、北京大学客員教授（一九九五年）、パリ政治学院客員教授（二〇〇一―）などを経て現職。主な研究分野：経済発展論、平和研究、開発と人権、平和の関連。主な著書：『人間のための経済学』（岩波書店）、『世界経済入門』（岩波新書）。

横山《よこやま》　正樹《まさき》　フェリス女学院大学国際交流学部教授　Ⅰ―第3章

一九四八年生まれ、立教大学大学院経済学研究科博士後期課程研究指導修了、経済学博士、四国学院大学教授などを経て現職。主な研究分野：平和学、フィリピンを始めアジア太平洋における開発・環境問題の平和研究。NPO法人ピースデポ理事。主な著書：『フィリピン援助と自力更生論』（明石書店）、『環境を平和学する！』（共編著、法律文化社）、『開発援助の実像』（共編著、亜紀書房）、『平和学の現在』（共編著、法律文化社）。

森澤《もりざわ》　珠里《じゅり》　慶應義塾大学湘南藤沢研究支援センター事務長　Ⅰ―第4章

一九六一年生まれ、国際基督教大学教養学部卒、インターナショナル・ヘラルド・トリビューンロンドン支社、NHKラジオセンター海外レポーター（駐英）、（社）アムネスティ・インターナショナル日本事務局長などを経て現職。主な研究分野：国際人権、NGO、非営利組織運営。主な著書・論文：『六〇歳からのボランティア』（加除出版）、「デモクラシーから最も遠い国」大学評論（神奈川大学）。

勝間《かつま》　靖《やすし》　国連児童基金駐日事務所事業調整官　Ⅱ―第5章

一九六三年生まれ、カリフォルニア大学サンディエゴ校留学後、ICUで教養学士、大阪大学で法学士と法学修士、ウィスコンシン大学マディソン校でPh.D.を取得、ECFA開発研究所研究員、マッカーサー財団研究員、国連児童基金メキシコ事務所、同アフガニスタン事務所を経て現職。専攻：国際社会学。主な論文：「開発援助を通したNGOの途上国政府への影響力」国際政治。

小泉《こいずみ》　康一《こういち》　大東文化大学国際関係学部助教授　Ⅱ―第6章

一九四八年生まれ、東京外国語大学インドシナ科卒、同大学院修士課程修了、国連難民高等弁務官事務所（UNHC

R）タイ駐在プログラム・オフィサー、英オックスフォード大学難民研究所客員研究員などを経て現職。主な研究分野：難民研究。主な著書：『難民とは何か』（三一書房）、『Refugees, Humanitarianism and Japan』（The Graduate Institute of International Studies, University of Geneva)。

石井《いしい》　正子《まさこ》　国立民族学博物館・地域研究企画交流センター助手　**III—第7章**

上智大学国際関係論博士（二〇〇〇年）、国立民族学博物館COE研究員、日本学術振興会特別研究員などを経て現職。専攻：フィリピン地域研究、国際関係論。主な研究分野：ジェンダー研究、紛争研究。主な著書：『女性が語るフィリピンのムスリム社会』（明石書店）。

佐伯《さえき》奈津子《なつこ》　上智大学外国語学部ほか非常勤講師、インドネシア民主化支援ネットワーク事務局長　**III—第8章**

一九七三年生まれ、上智大学大学院博士後期課程満期退学（二〇〇一年）。専攻：インドネシア地域研究。主な研究分野：インドネシアにおける人権、民主主義、開発にかかわる問題。『インドネシア——スハルト以後』（共著、岩波書店）、『スハルト・ファミリーの蓄財』（共著、コモンズ）『インドネシアを知るための50章』（共編著、明石書店）。

大芝《おおしば》　亮《りょう》　一橋大学法学研究科教授　**IV—第10章**

一九五四年生まれ、一橋大学大学院博士課程退学、イェール大学Ph.D.　上智大学法学部助教授などを経て現職。専攻：国際政治学。主な研究分野：国際関係理論、国際機構論、開発援助論。主な著書：『国際組織の政治経済学』（有斐閣）、『記憶としてのパールハーバー』（共編著、ミネルヴァ書房）。

グローバル時代の平和学 第4巻

2004年7月10日　初版第1刷発行

私たちの平和をつくる
―環境・開発・人権・ジェンダー―

編　者　高《たか》　柳《やなぎ》　彰《あき》　夫《お》
　　　　ロニー・アレキサンダー

発行者　岡　村　　勉

発行所　株式会社　法律文化社
〒603-8053　京都市北区上賀茂岩ヶ垣内町71
電話 075(791)7131　FAX 075(721)8400
URL:http://www.hou-bun.co.jp/

印刷：㈱太洋社／製本：藤沢製本所
装幀　白沢　正
ISBN4-589-02763-1